高等职业教育船舶与海洋工程装备类专业新形态教材

船舶电气控制技术

主　编　张永平
副主编　田　佳
参　编　段丽华　王占文
主　审　王　宇

北京理工大学出版社
BEIJING INSTITUTE OF TECHNOLOGY PRESS

内 容 提 要

本书是根据现代工业与相关专业人才培养的发展要求，以现代工业企业及船舶典型生产实例为蓝本，校企合作，按照以项目为载体、以能力为目标、理实一体的方针编写的项目导向型教材。全书共5个项目、18个任务，主要包括常用低压电器选用、基本电气控制电路安装与调试、典型生产机械电气控制系统、船舶各种常用泵的模块控制、船舶电动机典型控制电路等知识。

本书可作为高等院校船舶电气工程、自动化、机电一体化等专业的教材，也可作为工业企业工程技术人员参考书。

版权专有　侵权必究

图书在版编目（CIP）数据

船舶电气控制技术 / 张永平主编.--北京：北京理工大学出版社，2021.8（2021.11重印）

ISBN 978-7-5763-0279-0

Ⅰ.①船… Ⅱ.①张… Ⅲ.①船用电气设备—电气控制—高等学校—教材　Ⅳ.①U665

中国版本图书馆CIP数据核字（2021）第177603号

出版发行 /	北京理工大学出版社有限责任公司
社　　址 /	北京市海淀区中关村南大街5号
邮　　编 /	100081
电　　话 /	（010）68914775（总编室）
	（010）82562903（教材售后服务热线）
	（010）68944723（其他图书服务热线）
网　　址 /	http://www.bitpress.com.cn
经　　销 /	全国各地新华书店
印　　刷 /	河北鑫彩博图印刷有限公司
开　　本 /	787毫米×1092毫米　1/16
印　　张 /	13.5
字　　数 /	330千字
版　　次 /	2021年8月第1版　2021年11月第2次印刷
定　　价 /	42.00元

责任编辑 /	阎少华
文案编辑 /	阎少华
责任校对 /	周瑞红
责任印制 /	边心超

图书出现印装质量问题，请拨打售后服务热线，本社负责调换

前言

Foreword

船舶电气控制技术作为船电类专业最重要的专业基础课程之一，它不仅包含传统的知识，还需要赋予时代的特色。随着电气自动化技术和船舶智能化技术的不断发展，现代电气控制技术日新月异。但其最基础的部分对任何先进的控制系统来说仍是必不可少的，只不过要精心组织，合理删减，突出应用。

本书是根据现代工业与相关专业人才培养的发展要求，以现代工业企业及船舶典型生产实例为蓝本，按照以项目为载体、以能力为目标、理实一体化的方针编写的项目导向型教材。全书突出应用，淡化理论，注重工艺性、实践性的教学环节，力求内容全面、语言精练、通俗易懂、图文并茂、实例丰富、主次分明、详略得当。应用实例中既包含传统的生产过程电气控制系统，也增添了现代船舶电气控制中常用的模块控制等内容，以适应现代工业及船舶行业发展的要求。

全书由5个项目、18个任务及与之相对应的专项考核标准等主体框架构成，主要讲述了常用低压电器选用、基本电气控制电路安装与调试、典型生产机械电气控制系统、船舶各种常用泵的模块控制、船舶电动机典型控制电路等内容，让学生从实践过程中熟悉低压电器的选用，看懂并学会装接典型的电气控制电路，能使用常用的船用电动机启动器和控制模块。

本书编写组主要成员由教授、高工、高级技师等"双师型"专兼职教师组成，大多具有10年以上的企业技术工作经历和10年以上的电气专业教学经验，同时教材编写组还多次与企业电气控制方面的专家学者共同讨论研究，集大家的智慧编写成书，并达成长期共建的长效机制。

本书由渤海船舶职业学院张永平教授担任主编，由渤海船舶职业学院田佳担任副主编，渤海船舶职业学院段丽华和渤海船舶重工有限责任公司王占文参与编写。具体编写分

Foreword

工如下：项目1、2由张永平编写，项目3由田佳编写，项目4由段丽华编写，项目5由王占文编写，书后习题及附录由段丽华编写，统稿由张永平完成。全书由渤海船舶职业学院王宇教授主审。本书在编写过程中，参阅了许多同行专家的论著文献，同时得到了渤船重工电装分厂和机电分厂李晶、史鸿屿、曹东等专家的大力支持和帮助，在此一并表示衷心的感谢！

  全书以培养实践能力为主，结合考工技能要求，突出应用实施、安装调试、故障检修等方面实践操作能力的提升。本书可作为船舶电气工程、自动化、自动控制、机电一体化、应用电子等专业的课程教材，也可作为有关专业的工程技术人员参考书。

  由于编者水平有限，书中难免会存在一些缺点和不足，真诚希望广大读者批评指正。

编 者

目录

项目1　常用低压电器选用 ·············1
　　任务1.1　低压控制电器选用 ·············1
　　任务1.2　低压保护电器选用 ·············34

项目2　基本电气控制电路安装与调试 ·············50
　　任务2.1　三相异步电动机点动、长动控制 ·············50
　　任务2.2　三相异步电动机顺序控制 ·············60
　　任务2.3　三相异步电动机正反转控制 ·············64
　　任务2.4　三相笼型异步电动机启动控制 ·············73
　　任务2.5　三相异步电动机转速控制 ·············88
　　任务2.6　三相异步电动机制动控制 ·············97

项目3　典型生产机械电气控制系统 ·············110
　　任务3.1　CA6140型普通车床电气控制系统 ·············110
　　任务3.2　M7120型平面磨床电气控制系统 ·············121
　　任务3.3　Z3040型摇臂钻床的电气控制系统 ·············128
　　任务3.4　T68型卧式镗床电气控制系统 ·············135
　　任务3.5　X62W型万能铣床电气控制系统 ·············142
　　任务3.6　桥式起重机电气控制系统 ·············155

项目4 船舶各种常用泵的模块控制 ………………………………………… 167

任务4.1 船舶机舱各负载泵参数及控制方法的选择 ……………………… 167
任务4.2 船用典型控制模块的操作使用 ………………………………… 171

项目5 船舶电动机典型控制电路 ……………………………………………… 186

任务5.1 船舶机舱常用模块控制系统 …………………………………… 186
任务5.2 船舶泵类电动机启动器控制系统 ……………………………… 195

附录 常用电气图形符号和文字符号的新旧对照表 ………………………… 206

参考文献 …………………………………………………………………………… 209

项目 1　常用低压电器选用

项目描述

在现代经济建设和人们生活中,电能的应用越来越广泛。为了安全、可靠地使用电能,电路中必须装设各种对电能进行保护、控制、调节、分配的开关、接触器、继电器等低压电器,即无论低压供电系统还是控制生产过程的电气控制系统,均由各类低压电器组成。随着科学技术和信息社会的不断发展,低压电器的种类、用途与用量持续增多。因此,电气技术人员必须熟悉常用低压电器的结构、原理,并学会正确地选择、使用和维护这些低压电器。

项目分析

本项目共分为 2 个任务,按照低压电器在工程实际应用中的作用,分别介绍各种常用低压控制电器和保护电器的选用。通过对常用低压电器结构、原理、图形文字符号的了解,学会如何选用常用低压电器,怎么安装和维修这类电器元件。

相关知识和技能

1. 了解常用低压电器的结构、工作原理及技术参数。
2. 了解常用低压电器的图形符号和文字符号。
3. 熟悉常用低压电器的用途及选用原则。
4. 能正确选用、安装、检测和维修常用低压电器。
5. 掌握各类不同低压电器的区别及各自的适用场合。

任务 1.1　低压控制电器选用

任务目标

1. 了解低压电器的概念和基本分类。
2. 了解常用低压控制电器的结构、工作原理及技术参数。
3. 熟悉常用低压控制电器的图形和文字符号。
4. 掌握常用低压控制电器的用途及选用原则。
5. 学会安装、检测和维修常用低压控制电器。

任务分析

什么是低压电器?低压电器按照什么来划分可分为低压控制电器和低压保护电器?怎

么选择和使用这些电器？要回答这些问题，就必须从了解低压电器的结构、工作原理、性能特点、技术参数、图形文字符号及选用原则等知识入手，着重掌握常用低压电器的图文符号、选用规范及工程应用等实践性使用技能。

典型的低压控制电器主要有以胶盖闸刀开关、自动开关为代表的开关电器，以按钮、行程开关为代表的主令电器，以交流接触器为代表的电磁继电器。熟悉它们的基本结构、用途和图文符号，掌握它们的拆卸与组装方法，并能正确地使用万用表等仪表对其进行检测，是把握低压控制电器的选择和使用的关键。

🧰 知识准备

1.1.1 低压电器认识

1. 低压电器的定义和分类

(1)低压电器的定义。电器是一种能根据外界的信号和要求，手动或自动地接通或断开电路，实现断续或连续地改变电路参数，以达到对电路或非电对象的控制、切换、保护、检测、变换和调节作用的电工器件。

低压电器通常是指工作在交流 50 Hz 额定电压小于 1 200 V、直流电压小于 1 500 V 的电路中的电器。

(2)低压电器的分类。低压电器的种类繁多，结构各异，用途不同。其分类也不尽相同。

1)按在电路中的作用分类。

①控制电器：主要在电路中起控制、转换作用，包括接触器、开关电器、控制继电器、主令电器等。

②保护电器：主要在电路中起短路、过载、欠压等保护作用，包括熔断器、热继电器、过电流继电器、欠电压继电器等。

2)按控制对象分类。

①低压配电电器：主要用于低压配电系统，包括刀开关、转换开关、熔断器、自动开关等。其主要技术要求是工作可靠、有足够的热稳定性和动稳定性、在系统发生故障的情况下保护动作准确。

②低压控制电器：主要用于电气传动系统，包括接触器、控制继电器、启动器、主令电器、电磁铁等。其主要技术要求是工作可靠、寿命长、操作频率高等。

3)按操作方式分类。

①自动电器：依靠本身参数变化或外来信号的作用自动完成电路接通、分断等动作，包括接触器、继电器等。

②非自动切换电器：依靠外力(如人力)直接操作来完成电路接通、分断等动作，包括按钮、刀开关、转换开关等。

4)按工作原理分类。

①电磁式电器：依据电磁感应原理来工作的电器，如交直流接触器、各种电磁式继电器等。

②非电量控制器：电器的工作是靠外力或某种非电物理量的变化而动作的电器，如刀

开关、行程开关、按钮、速度继电器、压力继电器、温度继电器等。

目前，低压电器正向着体积小、质量轻、安全可靠、使用方便的方向发展。大力发展电子化的新型控制电器，如接近开关、光电开关、电子式时间继电器、固态继电器与接触器等以适应控制系统迅速电子化的需要。

2. 电磁式电器

电气控制系统中以电磁式电器的应用最为普遍。电磁式低压电器是一种用电磁现象实现电器功能的电器类型，此类电器在工作原理及结构组成上大体相同。

从结构上分，电磁式低压电器一般都有感受部分和执行部分两个基本组成部分。感受部分接收从外界输入的信号，并通过转换、放大、判断，做出相应反应使执行部分动作，实现控制的目的。电磁式低压电器的感受部分为电磁机构，执行部分为触头系统。

(1) 电磁机构。电磁机构为电磁式电器的感测机构，它的作用是将电磁能量转换为带动触头动作的机械能量，从而实现触头状态的改变，完成电路通、断的控制。

电磁机构由吸引线圈、铁芯、衔铁等几部分组成，其工作原理：线圈通过工作电流产生足够的磁动势，在磁路中形成磁通，使衔铁获得足够的电磁力用以克服反作用力与铁芯吸合，由连接机构带动相应的触头动作。

(2) 触头系统。触头作为电器的执行机构，起着接通和分断电路的重要作用，必须具有良好的接触性能，故应考虑其材质和结构设计。

对于电流容量较小的电器，如机床电气控制线路所应用的接触器、继电器等，常采用银质材料做触头，其优点是银的氧化膜电阻率与纯银相近，与其他材质(如铜)相比，可以避免因长时间工作，触头表面氧化膜电阻率增加而造成触头接触电阻增大。

触头系统的结构如图 1-1 所示，可分为桥式触头和指式触头两种。其中，桥式触头又可分为点接触式触头和面接触式触头。

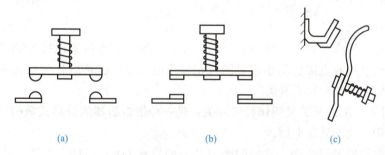

图 1-1 触头系统的结构

(a)点接触式触头；(b)面接触式触头；(c)指式触头

(3) 灭弧系统。

1) 电弧产生的条件：当被分断电路的电流超过 0.25 A，分断后加在触头间隙两端的电压超过 12V(根据触头材质的不同取值)时，在触头间隙中会产生电弧。

2) 电弧的实质：电弧是一种气体放电现象，即触头间气体在强电场作用下产生自由电子，正、负离子呈游离状态，使气体由绝缘状态转变为导电状态，并伴有高温、强光。

3) 熄弧的主要措施有机械性拉弧、窄缝灭弧和栅片灭弧三种。

①机械性拉弧：分断触点时，迅速增加电弧长度，使单位长度内维持电弧燃烧的电场强度不够而熄弧，如图 1-2 所示。

②窄缝灭弧：依靠磁场的作用，将电弧驱入耐弧材料制成的窄缝中，以加快电弧的冷却，如图1-3所示。这种灭弧装置多用于交流接触器。

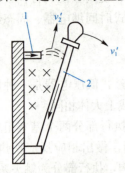
图1-2 机械性拉弧
1—静触点；2—动触点

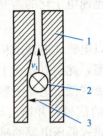
图1-3 窄缝灭弧装置
1—纵缝中的电弧；2—电弧电流；3—灭弧磁场

③栅片灭弧：分断触点时，产生的电弧在电动力的作用下被推入彼此绝缘的多组镀铜薄钢片（栅片）中，电弧被分割成多组串联的短弧，如图1-4所示。

1.1.2 开关电器选用

开关是低压电器中最常用的电器。开关电器的主要作用是实现对电路的通、断控制，常作为电源的引入开关、局部照明电路的控制开关，也可直接控制小电流电动机等电气设备。开关电器应用十分广泛，品种很多，主要有刀开关、组合开关、低压断路器。

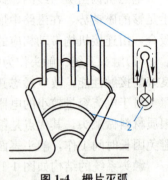
图1-4 栅片灭弧
1—栅片；2—电弧

1. 常用刀开关

刀开关是手动操作电器中结构最简单的一种，一般用来不频繁地接通和分断容量不是很大的低压供电电路或直接启动小容量的三相异步电动机，也可以作为电源隔离开关。常见的刀开关有闸刀开关和铁壳开关。

（1）闸刀开关。闸刀开关又叫作胶盖开关，是一种带熔断器的开启式负荷开关，是一种结构简单且应用广泛的低压电器。

1）闸刀开关的外形与结构。常用的闸刀开关型号有HK1、HK2系列。其中，HK1系列闸刀开关是由刀开关和熔断器组合而成的一种电器。瓷底版上装有进线座、出线座、熔丝、触刀（动触头）、触刀座（静触头）、瓷柄；上边还罩有两块胶盖，使开关在合闸状态时手不会触及导电体，电路分断时产生的电弧也不会飞出胶盖外而灼伤操作人员。上、下胶盖均可打开，便于更换熔体。其结构、外形及图形文字符号如图1-5所示。

2）闸刀开关的技术参数与选择。闸刀开关种类很多，有两极的（额定电压250 V）和三极的（额定电压380 V），额定电流有10～100 A不等，其中60 A及60A以下的才用来控制电动机。在正常情况下，闸刀开关一般能接通和分断其额定电流，因此，对于普通负载可根据负载的额定电流来选择闸刀开关的额定电流。对于用闸刀开关控制电动机时，考虑其启动电流可达4～7倍的额定电流，选择闸刀开关的额定电流，宜选电动机额定电流的3倍左右。

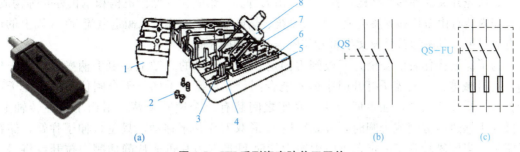

图 1-5　HK 系列瓷底胶盖刀开关

(a)外形图和结构图；(b)、(c)刀开关图文符号

1—胶盖；2—胶盖紧固螺钉；3—进线座；4—接触头；5—瓷底；6—出线座；7—动触头；8—瓷柄

常用的国产闸刀开关，其型号含义如图 1-6 所示。

图 1-6　国产闸刀开关的型号含义

3)使用闸刀开关时的注意事项如下：

①垂直地安装在控制屏或开关板上，不可随意搁置；

②进线座应在上方，接线时不能将闸刀开关与出线座接反，否则在更换熔丝时将会发生触电事故；

③更换熔丝必须先拉开闸刀，并换上与原用熔丝规格相同的新熔丝，同时还要防止新熔丝受到机械损伤；

④若胶盖和瓷底座损坏或胶盖失落，闸刀开关就不可再使用，以防止安全事故。

(2)铁壳开关。图 1-7 所示为铁壳开关，又称封闭式负荷开关，这种开关装有速断弹簧，且外壳为铁壳，故称为铁壳开关。

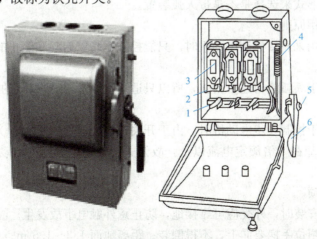

图 1-7　HH 系列铁壳开关

1—触刀；2—夹座；3—熔断器；4—速断弹簧；5—转轴；6—手柄

1)铁壳开关的外形与结构。铁壳开关由刀开关、熔断器、操作机构和钢板外壳等构成。铸铁壳内装有由刀片和夹座组成的触头系统、熔断器和速断弹簧，额定电流 30 A 以上的还装有灭弧罩。其图形符号及文字符号与胶盖开关相同。

为了保证操作者的安全，三极闸刀固定在一根绝缘的方轴上，由手柄操作，操作机构装有机械连锁，使盖子打开时手柄不能合闸；并且操作手柄位于合闸位置时，盖子不能打开。操作机构中，在手柄转轴与底座之间装有一个速断弹簧，用钩子扣在转轴上，当操作手柄进行分闸或合闸时，开始阶段 U 形双刀片并不移动，只是拉伸了弹簧，储存了能量，当转轴转到了一定角度时弹簧力就使 U 形双刀片迅速从静插座中拉开或将刀片迅速嵌入静插座中，使开关的接通与断开速度与手柄操作速度无关，这样有利于迅速灭弧。

2)与闸刀开关相比，铁壳开关具有以下特点：

①触头设有灭弧室(罩)、电弧不会喷出，可不必顾虑会发生相间短路事故。

②熔断丝的分断能力高，一般为 5 kA，高者可达 50 kA 以上。

③操作机构为储能合闸式的，且有机械联锁装置。前者可使开关的合闸和分闸速度与操作速度无关，从而改善开关的动作性能和灭弧性能；后者则保证了在合闸状态下打不开箱盖及箱盖未关妥前合不上闸，提高了安全性能。

④有坚固的封闭外壳，可保护操作人员免受电弧灼伤。

铁壳开关有 HH3、HH10、HH11 等系列，其额定电流有 10～400 A 可供选择，其中 60 A 及 60 A 以下的可用于异步电动机的全压启动控制。

(3)刀开关的选用原则及安装注意事项。

1)刀开关选用的总原则。

①额定电压电流的选择。刀开关选用时，其额定电压必须大于等于电路的工作电压；额定电流对于电热和照明电路应大于等于电路的额定电流。通常用于照明电路时可选用的额定电压为 250 V，额定电流大于等于电路最大工作电流的两极开关；用于电动机直接启动时，可选用的额定电压为 380 V 或 500 V，闸刀开关额定电流大于等于电动机额定电流 3 倍的三极开关。

②类型的选择。根据刀开关的用途和安装位置来选定合适的型号和操作方式，根据刀开关的作用和安装形式来选择是不是带灭弧装置。

2)刀开关的选用原则。

①当闸刀开关用来直接控制电动机时，只能控制不频繁启动和停止的 7.5 kW 以下的小容量的异步电动机。

②铁壳开关由于灭弧能力还不太强，所以只适用控制 20 kW 以下的三相异步电动机的直接启动。

③铁壳开关用于控制异步电动机时，由于开关的通断能力为 $4I_e$ (I_e 为实际电流)，而电动机全压启动电流却在 4 倍额定电流以上，故开关的额定电流应为电动机额定电流的 1.5 倍以上。

3)安装注意事项。

①铁壳开关在安装时，外壳应可靠接地，防止意外触电事故发生。

②安装时，合闸位手柄要向上，不得倒装。距离地面 1.3～1.5 m。

③刀开关接、拆线时，应先断电。

④电源进线应接在静触点一边,负载接在动触点一边。在分闸和合闸操作时,应动作迅速,使电弧尽快熄灭。

2. 组合开关

组合开关又称转换开关,其操作较灵巧,靠动触片的左右旋转来代替闸刀开关的推合与拉开。比刀开关轻巧而且组合性强,能组合成各种不同的电路。

(1)组合开关的外形与结构。组合开关由多个分别装在数层绝体内的双断点桥式动触片、静触片组成。动触片装在附加有手柄的绝缘方轴上,方轴随手柄而旋转,于是动触片也随方轴转动并变更其与静触片分、合位置。所以组合开关实际上是一个多触点、多位置式可以控制多个回路的主令电器。其结构与外形如图 1-8 所示,图形和文字符号如图 1-9 所示。

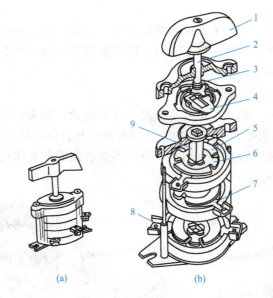

图 1-8　组合开关的外形及结构
(a)外形;(b)结构
1—手柄;2—转轴;3—弹簧;4—凸轮;5—绝缘垫板;6—动触片;7—静触片;8—接线柱;9—绝缘杆

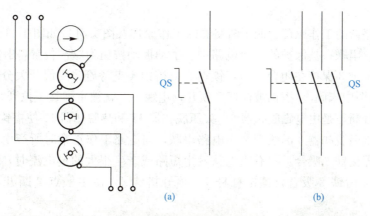

图 1-9　组合开关的图文符号
(a)单极;(b)三极

组合开关具有体积小、寿命长、结构简单、操作方便、灭弧性能较好等优点。选用时，应根据电源种类、电压等级、所需触头数量及电动机的容量进行选择。

(2)组合开关的选用。

1)用于电动机电路时，可控制 7 kW 以下电动机的启动和停止，组合开关的额定电流是电动机额定电流的 1.5～2.5 倍。也可用转换开关接通电源，另由接触器控制电动机时，其转换开关的额定电流可稍大于电动机的额定电流。

2)当操作频率过高或负载的功率因数较低时，转换开关要降低容量使用，否则会影响开关寿命。

3)组合开关的通断能力差，控制电动机进行可逆运转时，必须在电动机完全停止转动后，才能反向接通。

3. 低压断路器

低压断路器又称自动空气开关，可在电路正常工作时，不频繁接通或断开电路。当电路中发生短路、过载、欠压、过压等故障时，低压断路器自动掉闸断开电路，起到保护电路和设备的作用，并防止事故范围扩大。

(1)低压断路器的结构与工作原理。

1)低压断路器的结构。低压断路器主要由 3 部分组成：触头和灭弧系统，各种脱扣器（包括电磁脱扣器、欠压脱扣器、热脱扣器），操作机构和自由脱扣机构（包括锁链和搭钩）。低压断路器的按钮和触头接线柱分别引出壳外，其余各组成部分均在壳内。常用的低压断路器的外形及安装现场如图 1-10 所示。

 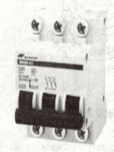  

图 1-10　常用低压断路器的外形及安装现场

2)低压断路器的工作原理。低压断路器的工作原理及图文符号如图 1-11 所示。图中主触头 2 有三对，串联在被保护的三相电路中。手动扳动按钮为"合"位置（图中未画出），这时主触头 2 由锁键 3 保持在闭合状态，锁键 3 由搭钩 4 支持着。要使开关分断时，扳动按钮为"分"位置（图中未画出）搭钩被杠杆 7 顶开，主触头 2 就被主弹簧 1 拉开，电路被分断。断路器的自动分断，是由电磁脱扣器 6、欠压脱扣器 11 和热脱扣器 12 使搭钩 4 被杠杆 7 顶开而完成的，电磁脱扣器 6 的线圈和主电路串联，当电路工作正常时所产生的电磁吸力不能将电磁脱扣器衔铁 8 吸合。只有当电路发生短路或产生很大的过电流时，其电磁吸力才能将电磁脱扣器衔铁 8 吸合，撞击杠杆 7，顶开搭钩 4，使主触点 2 断开，从而将电路分断。

欠压脱扣器 11 的线圈并联在主电路上，当电路电压正常时，欠压脱扣器 11 产生的电磁吸力能够克服弹簧 9 的拉力而将欠压脱扣器衔铁 10 吸合，如果电路电压降到某一值以下时电磁吸力小于弹簧9的拉力，欠压脱扣器衔铁10被弹簧9拉开，衔铁撞击杠杆7，顶开搭钩4，使主触点2断开，从而将电路分断。当电路发生过载时，过载电流通过热脱扣器12的发热元件13而使热脱扣器12受热弯曲，撞击杠杆7，顶开搭钩4，使主触点2断开，从而使电路分断。

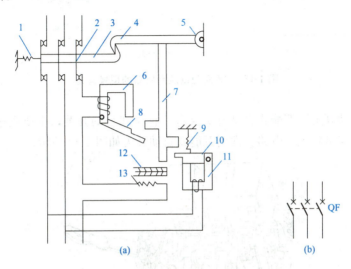

图1-11　低压断路器的工作原理及图文符号
(a)工作原理图；(b)符号

1—主弹簧；2—主触头；3—锁键；4—搭钩；5—轴；6—电磁脱扣器；7—杠杆；8—电磁脱扣器衔铁；
9—弹簧；10—欠压脱扣器衔铁；11—欠压脱扣器；12—热脱扣器；13—发热元件

(2)低压断路器的分类。

1)装置式自动开关。装置式自动开关又叫作塑壳式自动开关，常用作电动机及照明系统的控制开关、供电线路的保护开关等。其外形和内部结构如图1-12所示。

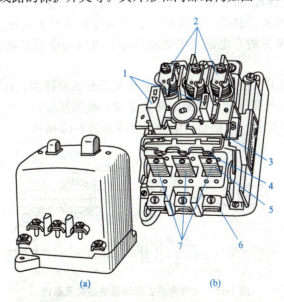

图1-12　DZ5－20型装置式自动开关的外形及结构
(a)外形；(b)结构

1—按钮；2—电磁脱扣器；3—自由脱扣器；4—动触头；5—静触头；6—接线柱；7—热脱扣器

DZ 系列低压断路器的型号含义如图 1-13 所示。

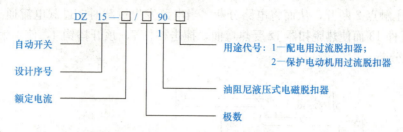

图 1-13　DZ 系列低压断路器的型号含义

2) 万能式自动开关。万能式自动开关又称为框架式自动开关，主要用于低压电路上不频繁接通和分断容量较大的电路。常用万能式自动开关如图 1-14 所示。

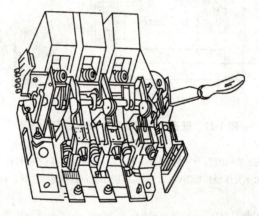

图 1-14　DW10 型万能式自动开关

3) 漏电保护式断路器。漏电保护式断路器(漏电自动开关)是为了防止低压电路发生人身触电、漏电等事故而研制的一种电器。这种漏电自动开关实际上是装有检漏保护元件的塑壳式断路器。常见的有电磁式电流动作型、电压动作型和晶体管(集成电路)电流动作型。

为了经常检测漏电开关的动作性能，漏电开关设有试验按钮，在漏电开关闭合后，按下试验按钮，如果开关断开，则证明漏电开关正常。我国规定，在民用建筑中必须使用漏电保护式断路器。漏电保护式断路器的结构及原理如图 1-15 所示。

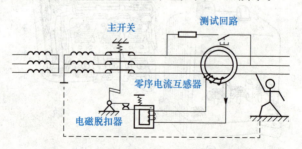

图 1-15　漏电保护式断路器的结构及原理

① 作用：主要用于当发生人身触电或漏电时，能迅速切断电源，保障人身安全，防止

触电事故。有的漏电保护器还兼有过载、短路保护，用于不频繁启、停电动机。

②工作原理：当正常工作时，无论三相负载是否平衡，通过零序电流互感器主电路的三相电流相量之和等于零，故其二次绕组中无感应电动势产生，漏电保护器工作于闭合状态。如果发生漏电或触电事故，三相电流之和便不再等于零，而等于某一电流值 I_s。电流 I_s 会通过人体、大地、变压器中性点形成回路，这样零序电流互感器二次侧产生与 I_s 对应的感应电动势，加到脱扣器上，当 I_s 达到一定值时，脱扣器动作，推动主开关的锁扣，分断主电路。

(3) 低压断路器的选用要求。选用低压断路器，主要应考虑其额定电压、额定电流、允许切断的极限电流、所控制的负载性质等。

选用低压断路器时，首先根据电路的具体情况和类别选用断路器型号，其主要参数可以按以下条件选择：

1) 低压断路器的额定电流和额定电压不小于电路正常工作电流和工作电压。

2) 热脱扣器的额定电流不小于所控制的电动机额定电流或其他负载的额定电流。

3) 电磁脱扣器的瞬时动作整定电流应大于电路正常工作时可能出现的尖峰电流。配电电路可按不低于尖峰电流 1.35 倍的原则确定。做单台电动机保护时，可按电动机启动电流的 1.7～2 倍确定。

(4) 低压断路器的常见故障与排除。

1) 产生触头不能闭合故障的原因如下：

①欠压脱扣器无电压或线圈损坏，则衔铁不闭合，使搭钩被顶无法锁住锁链。

②反作用弹簧力过大，机构不能复位再行锁扣。

2) 产生自动脱扣器不能使开关分断故障的原因如下：

①反作用弹簧弹力不足。

②贮能弹簧弹力不足。

③机械部件卡阻。

1.1.3 接触器选用

接触器是一种可对交、直流主电路及大容量控制电路做频繁通、断控制的自动电磁式开关。它通过电磁力作用下的吸合和反力弹簧作用下的释放使触头闭合和分断，从而控制电路的通断。按触头通过电流种类的不同，接触器可分为交流接触器和直流接触器两类。常用接触器外形如图 1-16 所示。

图 1-16　常用接触器外形

1. 接触器的结构及工作原理

(1)接触器的结构。接触器主要由电磁系统、触头系统、灭弧装置等部分组成。其中,电磁机构包括线圈、铁芯和衔铁。触头系统中的主触头为常开触点,用于控制主电路的通断;辅助触头包括常开、常闭两种,用于控制电路,起电气联锁作用。其他部件还包括反作用弹簧、缓冲弹簧、触头压力弹簧、传动机构和外壳等。图1-17所示为CJO20-63型交流接触器的外形及结构。

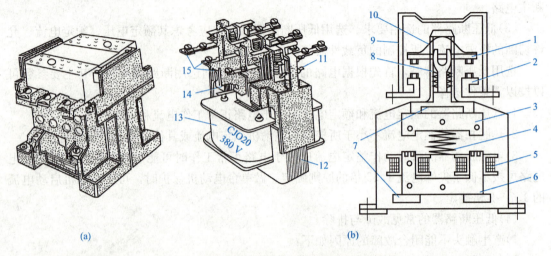

图1-17 CJO20—63型交流接触器的外形及结构
(a)外形;(b)结构
1—动触头;2—静触头;3—衔铁;4—缓冲弹簧;5—电磁线圈;6—铁芯;7—垫毡;8—触头弹簧;9—灭弧罩;10—压力弹簧;11—辅助触头;12—静铁芯;13—线圈;14—动铁芯;15—主触头

(2)接触器的工作原理。接触器是根据电磁原理工作的,当电磁线圈通电后,线圈电流产生磁场,使静铁芯产生电磁吸力吸引衔铁,并带动触头动作,使常闭触头断开,常开触头闭合,两者是联动的。

当电磁线圈断电时,电磁力消失,衔铁在释放弹簧的作用下释放,使触头复原,即常开触头断开,常闭触头闭合。

常用的交流接触器在0.85~1.05倍额定电压下,能保证可靠吸合。

2. 接触器的主要技术参数

接触器铭牌上标注的主要技术参数介绍如下。

(1)额定电压,是指接触器主触点上的额定电压。电压等级通常有以下几种:

1)交流接触器:127 V、220 V、380 V、500 V等。

2)直流接触器:110 V、220 V、440 V、660 V等。

(2)额定电流,是指接触器主触点上的额定电流。电流等级通常有以下几种:

1)交流接触器:10 A、20 A、40 A、60 A、100 A、150 A、250 A、400 A、600 A。

2)直流接触器:25 A、40 A、60 A、100 A、250 A、400 A、600 A。

(3)线圈额定电压,是指接触器线圈两端所加额定电压。电压等级通常有以下几种:

1)交流线圈:12 V、24 V、36 V、127 V、220 V、380 V。

2)直流线圈:12 V、24 V、48 V、220 V、440 V。

(4)接通与分断能力,是指接触器的主触点在规定的条件下能可靠地接通和分断的电流值,而不应该发生熔焊、飞弧和过分磨损等。

(5)额定操作频率,是指每小时接通的次数。交流接触器最高为 600 次/h;直流接触器可高达 1 200 次/h。

(6)动作值,是指接触器的吸合电压与释放电压。国家标准规定接触器在额定电压 85%以上时,应可靠吸合,释放电压不高于额定电压的 70%。

3. 接触器的电气图文符号及型号含义

(1)交流接触器在电气控制系统中的图文符号如图 1-18 所示。

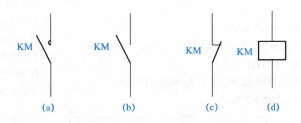

图 1-18 接触器线圈、主触点、辅助触点图形及文字符号
(a)主触头带灭弧装置;(b)常开辅助触头无灭弧装置;
(c)常闭辅助触头无灭弧装置;(d)接触器电磁线圈

(2)型号含义。目前,我国常用的交流接触器主要有 CJ20、CJX1、CJX2、CJ12 和 CJ10 等系列。引进产品中应用较多的有施耐德公司的 LC1D/LP1D 系列等,该系列产品采用模块化生产,产品本体上可以附加辅助触头、通电/断电延时触头和机械闭锁等模块,也可以很方便地组合成可逆接触器、星-三角启动器。另外,常用的交流接触器还有德国 BBC 公司的 B 系列,SIEMENS 公司的 3TB 系列等。新产品结构紧凑,技术性能显著提高,多采用积木式结构,通过螺钉和快速卡装在标准导轨上的方式加以安装。交、直流接触器的主要技术参数有额定电压、额定电流、吸引线圈的额定电压等。

常用的交流接触器型号含义如图 1-19 所示。

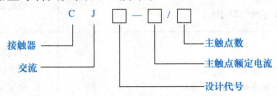

图 1-19 交流接触器型号含义

4. 接触器的选用要求

选择接触器,主要应考虑以下技术参数:

(1)根据负载性质选择接触器类型。
(2)主触点的额定电压和额定电流。
(3)辅助触点的种类、数量及触点额定电流。
(4)电磁线圈的电源种类、频率和额定电压。
(5)额定操作频率(次/h),即每小时允许接通的最多次数等。

5. 接触器的常见故障与排除

接触器可能发生的故障很多，接触器触头、线圈、铁芯等容易发生的故障及处理方法见表1-1。

表1-1 接触器故障及处理方法

故障现象	产生故障的原因	处理方法
吸不上或吸力不足	1. 电源电压过低或波动过大 2. 操作回路电源容量不足或发生断线、触头接触不良及接线错误 3. 线圈技术参数不符合要求 4. 接触器线圈断线，可动部分被卡住，转轴生锈、歪斜等 5. 触头弹簧压力与超程过大 6. 接触器底盖螺钉松脱等原因使静、动铁芯间距太大 7. 接触器安装角度不合规定	1. 调整电源电压 2. 增大电源容量，修理电路和触头 3. 更换线圈 4. 更换线圈，排除可动零件的故障 5. 按要求调整触头 6. 拧紧螺钉，调整间距 7. 电器底板垂直水平面安装
不释放或释放缓慢	1. 触头弹簧压力过小 2. 触头被熔焊 3. 可动部分被卡住 4. 铁芯截面有油污 5. 反力弹簧损坏 6. 用久后，铁芯截面之间的气隙消失	1. 调整触头参数 2. 修理或更换触头 3. 拆修有关零件再装好 4. 清洁铁芯截面 5. 更换弹簧 6. 更换或修理铁芯
线圈过热或烧损	1. 电源电压过高或过低 2. 线圈技术参数不符合要求 3. 操作频率过高 4. 线圈已损坏 5. 使用环境特殊，如空气潮湿、含有腐蚀性气体或温度太高 6. 运动部分被卡住 7. 铁芯截面不平或气隙过大	1. 调整电源电压 2. 更换线圈或接触器 3. 按使用条件选用接触器 4. 更换或修理线圈 5. 选用特殊设计的接触器 6. 针对不同情况设法排除 7. 修理或更换铁芯
噪声较大	1. 电源电压低 2. 触头弹簧压力过大 3. 铁芯截面生锈或粘有油污、灰尘 4. 零件歪斜或卡住 5. 分磁环断裂 6. 铁芯截面磨损过度而不平	1. 提高电压 2. 调整触头压力 3. 清理铁芯截面 4. 调整或修理有关零件 5. 更换铁芯或分磁环 6. 更换铁芯
触头熔焊	1. 操作频率过高或过负荷使用 2. 负载侧短路 3. 触头弹簧压力过小 4. 触头表面有突起的金属颗粒或异物 5. 操作回路电压过低或机械性卡住触头停顿在刚好接触的位置上	1. 按使用条件选用接触器 2. 排除短路故障 3. 调整弹簧压力 4. 修整触头 5. 提高操作电压，排除机械性卡阻故障

续表

故障现象	产生故障的原因	处理方法
触头过热或灼伤	1. 触头弹簧压力过小 2. 触头表面有油污或不平,铜触头氧化 3. 环境温度过高或使用于密闭箱中 4. 操作频率过高或工作电流过大 5. 触头的超程太小	1. 调整触头压力 2. 清理触头 3. 接触器降容使用 4. 调换合适的接触器 5. 调整或更换触头
触头过度磨损	1. 接触器选用欠妥,在某些场合容量不足,如反接制动、密集操作等 2. 三相触头不同步 3. 负载侧短路	1. 接触器降容使用 2. 调整触头使之同步 3. 排除短路故障
相间短路	1. 可逆接触器互锁不可靠 2. 灰尘、水汽油污等使绝缘材料导电 3. 某些零部件损坏(如灭弧室)	1. 检修互锁装置 2. 经常清理,保持清洁 3. 更换损坏的零部件

1.1.4 控制继电器选用

继电器是一种根据外界输入的信号(电量或非电量)的变化来接通或断开控制电路,以完成控制或保护任务的电器。

1. 继电器的结构及工作原理

继电器的结构及工作原理与接触器相似,也是由电磁机构和触点系统组成的,但继电器没有主触点,其触点不能用来接通和分断负载电路,而均接于控制电路,且电流一般小于5 A,故不必设灭弧装置。

2. 继电器的作用

继电器主要用于进行电路的逻辑控制,它根据输入量(如电压或电流),利用电磁原理,通过电磁机构使衔铁产生吸合动作,从而带动触点动作,实现触点状态的改变,使电路完成接通或分断控制。

3. 继电器的分类

继电器应用广泛,种类很多,分类也有许多。这里仅介绍用于电力拖动系统中以实现控制过程自动化和提供某种保护的继电器。按继电器的用途,也就是在电路中所起的作用不同,继电器可分为两大类:一类是在电路中主要起控制、放大作用的控制继电器;另一类是在电路中主要起保护作用的保护继电器。

控制继电器主要有中间继电器、时间继电器、速度继电器、主令电器等。保护继电器主要有过电流继电器、欠电流继电器、过电压继电器、欠电压继电器、热继电器、压力继电器等。

(1)中间继电器。中间继电器属于电控制电器种类,主要用于500 V及500 V以下的小电流控制回路,用来扩大辅助触点数量,进行信号传递、放大、转换、联锁等。它具有触点数量多,触点容量不大于5 A,动作灵敏等特点,得到广泛的应用。

1)结构及工作原理。中间继电器的结构及工作原理与接触器基本相似,不同的是中间继电器触点对数多，且没有主、辅触点之分，触点允许通过的电流大小相同，且不大于5A，无灭弧装置。因此，对于工作电流小于5A的电气控制线路，可用中间继电器代替接触器进行控制。

这里以JZ7系列中间继电器为例介绍其结构及工作原理。JZ7系列中间继电器采用立体布置，由铁芯、衔铁、线圈、触点系统、反作用弹簧和缓冲弹簧等组成。触点采用双触点桥式结构，上下两层各有4对触点，下层触点只能是常开触点，常见触点系统可分为八常开触点、六常开触点、两常闭触点、四常开触点及四常闭触点等组合形式。继电器吸引线圈额定电压有12V、36V、110V、220V和380V等。其外形及结构如图1-20所示。

常用的交流接触器在0.85~1.05倍额定电压下，能保证可靠吸合。

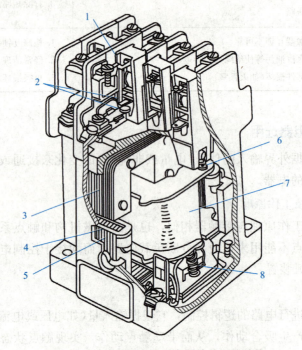

图1-20　JZ7系列中间继电器的外形及结构

1—常用触头；2—常开触头；3—动铁芯；4—短路环；5—静铁芯；6—复位弹簧；7—线圈；8—反作用弹簧

2）电气图文符号。按国标要求，中间继电器在电路图中的电气图文符号如图1-21所示。

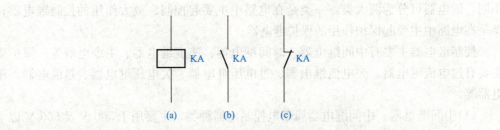

图1-21　中间继电器的图文符号

(a)中间继电器电磁线圈；(b)中间继电器常开触头；(c)中间电路常开触头

3)型号与含义。中间继电器的型号含义如图1-22所示。

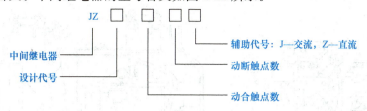

图1-22 中间继电器的型号含义

4)中间继电器的选用。中间继电器的选用主要依据被控制电路的电压等级、所需触点的数量、种类和容量等要求来进行选择。

(2)时间继电器。从得到输入信号起,需经一定的延时后才能输出信号的继电器称为时间继电器,延时方式有通电延时和断电延时。时间继电器按其结构和动作原理可分为直流电磁式时间继电器、空气阻尼式时间继电器、电动式时间继电器和电子式时间继电器。

1)直流电磁式时间继电器。电磁继电器线圈通电或断电时,由于电磁惯性,到触头动作,需一定的时间,这是继电器的固有动作时间,这段时间很短,一般为千分之几秒到百分之几秒。直流电磁式时间继电器利用感应电流所产生的磁通阻碍原主磁通变化的原理,达到延时目的。其结构如图1-23所示。它是电磁式继电器的铁芯上附加一个阻尼铜套组成的。当电磁线圈通电或断电后,主磁通就要减小,由于磁通的变化,在阻尼铜磁中产生感应电流。感应电流产生磁通阻碍原磁通的变化,于是就延长了衔铁的动作时间。一般利用阻尼铜套、铝套、短接线圈产生延时。

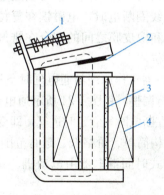

图1-23 直流电磁式时间继电器的结构
1—调整弹簧;2—非磁性垫片;3—阻尼铜套;4—工作线圈

由于直流电磁式时间继电器在通电前是释放状态,磁路气隙较大,线圈电感小,电磁惯性小,故延时时间仅有0.1～0.5 s,而断电延时时间为0.2～10 s。因此,直流电磁式时间继电器一般只在断电延时使用。直流电磁式时间继电器的延时精度和稳定性不高,但适应能力较强。

2)空气阻尼式时间继电器。空气阻尼式时间继电器利用空气气隙阻尼作用原理制成,主要由电磁系统、触头、空气室、传动机构等组成。有通电延时和断电延时两种类型。图1-24所示为JS7-A系列空气阻尼式时间继电器的外形及结构。

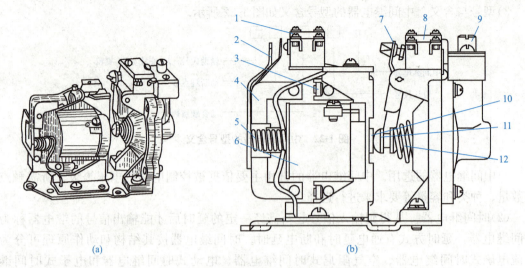

图 1-24　JS7-A 系列空气阻尼式时间继电器的外形及结构
(a)外形；(b)结构
1—瞬时触头；2—弹簧片；3—铁芯；4—衔铁；5—反力弹簧；6—线圈；7—杠杆；8—延时触头；
9—调节螺钉；10—推板；11—推杆；12—宝塔弹簧

通电延时空气尼式时间继电器工作原理：电磁线圈通电时，电磁铁吸合，活塞杆在弹簧力作用下通过活塞带动橡皮膜移动。但受进气孔进气速度的限制，空气进入气囊，使气囊充满气体需经过一段时间，活塞杆才能使微动开关动作，动断触头断开，动合触头闭合。通过改变进气孔的气隙大小调整延时时间。同时，可以通过电磁铁动作直接控制一组微动开关或不需延时的瞬动开关。当线圈断电时，电磁铁在复位弹簧作用下复位，同时推动活塞杆、活塞、橡皮膜，利用活塞和橡皮膜之间的配合在排气时形成单向阀的作用，使气囊中的气体快速排出，微动开关复位。

断电延时空气阻尼式时间继电器工作原理与通电延时空气阻尼式时间继电器工作原理相似，只是在结构上将电磁机构进行调整，将图 1-24 所示通电延时空气阻尼式时间继电器的电磁铁翻转 180°安装后，使电磁铁在断电时气囊延时进气，即变成断电延时型时间继电器。

空气阻尼式时间继电器的结构简单、价格低、延时范围大、误差也较大。

3)电动式时间继电器。电动式时间继电器由电动机、减速器、离合电磁铁、凸轮、触点等组成。

如图 1-25 所示，其工作原理：接通电源开关，电磁铁通电动作，使两齿轮啮合，传动机构接通，电动机通过常闭触点得电工作，通过减速器带动凸轮转动，经过一定时间，凸轮转到凹处时，在弹簧作用下通过杠杆，使常开触点闭合，去控制其他电路。同时，其常闭触点断开，电动机电路断电。当打开电源开关时，电磁场铁断电，使两齿轮分开。同时，凸轮在弹簧作用下恢复到原始位置

电动式时间继电器延时时间是从起始位置到凹处的一段弧长，可通过调整起始位置来调整延时时间。

电动式时间继电器的优点是延时值不受电源电压波动及环境温度变化的影响，重复精度高；延时范围宽，可达数十个小时，延时过程以通过指针表示。但结构复杂，成本高，寿命低，不适合频繁操作，延时误差受电源频率的影响。常用的是 JS11 系列。

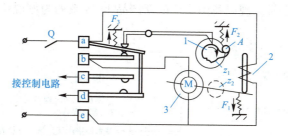

图 1-25　电动式时间继电器工作原理

1—凸轮；2—离合电磁铁；3—减速器

A—挡柱；z_1、z_2—齿轮；F_1、F_2、F_3—弹簧

4）电子式时间继电器。电子式时间继电器也叫作晶体管式时间继电器，具有体积小、精度高、延时范围宽、功耗小、调节方便、可采用数字显示等优点。因此，使用日益广泛。

电子式时间继电器有通电延时和断电延时，按工作原理可分为阻容式、数字式。阻容式时间继电器是利用 RC 充电、放电的过渡过程来延时的。图 1-26 所示为阻容式时间继电器原理，适合中等延时场合(0.05 s～1 h)。数字式时间继电器是采用数字脉冲计数电路来延时的，延时时间长，精度很高，调整延时时间方便，适合高精度、时间长的场合。

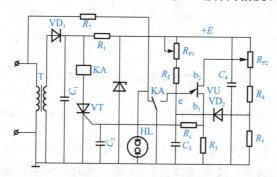

图 1-26　单结晶体管组成的通电延时电路原理

常用的电子式时间继电器有 JS20、JS13、JS14、JS15 等，日本富士公司产区 ST、HH、AR 等。常用国产晶体管式时间继电器外形如图 1-27 所示。

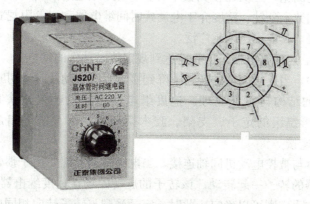

图 1-27　国产晶体管式时间继电器外形

5)时间继电器的型号。现以我国生产的新产品 JS23 系列为例说明时间继电器的型号含义,如图 1-28 所示。

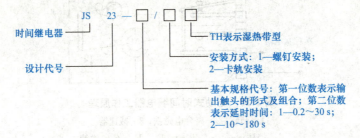

图 1-28 时间继电器的型号含义

6)图形及文字符号。时间继电器的图形及文字符号如图 1-29 所示。

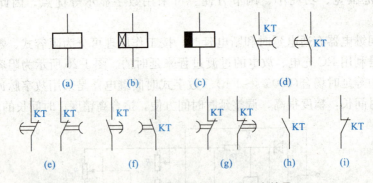

图 1-29 时间继电器的图形及文字符号

(a)线圈一般符号;(b)通电延时线圈;(c)断电延时线圈;(d)延时闭合常开触点;(e)延时断开常闭触点;(f)延时断开常开触点;(g)延时闭合常闭触点;(h)瞬时常开触点;(i)瞬时常闭触点

7)时间继电器的选用。主要考虑控制回路所需要的延时触头的延时方式(通电延时还是断电延时)、瞬动触头的数量、线圈电压等,根据不同的使用条件选择不同类型的时间继电器。

直流电磁式时间继电器结构简单,价格低,但延时较短;空气阻尼式时间继电器结构简单,价格低,延时范围较大(0.4~180 s),但延时误差大;电动式时间继电器延时精确度较高,且延时调节范围宽,可从几秒到数十分钟;最长可达数十个小时;电子式时间继电器延时可从几秒钟到数十分钟,精度介于电动式时间继电器和空气阻尼式时间继电器之间,随着电子技术的发展,其应用越来越广泛。

(3)速度继电器。速度继电器是当转速达到规定值时动作的继电器。它常用于电动机反接制动的控制电路中,当反接制动的转速下降到接近零时自动及时地切断电源。

1)速度继电器的结构与工作原理。速度继电器主要由永久磁铁制成的转子、用硅钢片叠成的铸有笼形绕组的定子、支架、胶木摆杆和触头系统等组成,其中转子与被控电动机的转轴相连接。

由于速度继电器与被控电动机同轴连接,当电动机制动时,由于惯性,它要继续旋转,从而带动速度继电器的转子一起转动。该转子的旋转磁场在速度继电器定子绕组中感应出电动势和电流,由左手定则可以确定。此时,定子受到与转子转向相同的电磁转矩的作用,使定子和转子沿着同一方向转动。定子上固定的胶木摆杆也随着转动,推动簧片(端部有动触头)与静触头闭合(按轴的转动方向而定)。静触头又起挡块作用,限制胶木摆杆继续转动。因此,转子转动时,定子只能转过一个不大的角度。当转子转速接近于零(低于 100 r/min)时,胶木摆杆恢复原来状态,触头断开,切断电动机的反接制动电路。速度继电器结构及图形与文字符号如图 1-30 所示。

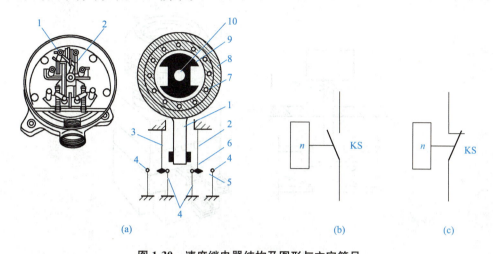

图 1-30　速度继电器结构及图形与文字符号

(a)结构；(b)常开触点符号；(c)常闭触点符号

1—胶木摆杆；2—簧片(动触头)；3—簧片；4—静触头；5—常开；6—常闭；7—定子绕组；
8—定子；9—转子永久磁铁；10—电动机轴

2)速度继电器的类型及选用原则。国内常用的感应式速度继电器有永磁式 JY1 和 JFZ0 系列。一般来说,可根据动作速度的大小来选择速度继电器的类型。JY1 系列能在 3 000 r/min 的转速下可靠工作。JFZ0 型触点动作速度不受定子柄偏转快慢的影响,触点改用微动开关。JFZ0 系列 JFZ0－1 型适用 300～1 000 r/min,JFZ0－2 型适用 1 000～3 000 r/rain。速度继电器有两对常开、常闭触点,分别对应于被控电动机的正、反转运行。一般情况下,速度继电器的触点,在转速达 120 r/min 时能动作,100 r/min 左右时能恢复正常位置。

1.1.5　主令电器选用

主令电器是指在控制电路中发出闭合、断开的指令信号或做程序控制的开关电器。主令电器应用广泛,种类繁多。常见的有按钮、行程开关、接近开关、万能转换开关等。

1. 按钮

按钮是一种短时接通或分断小电流电路的手动电器。它不直接控制主电路的通断,而在控制电路中发出指令去控制接触器、继电器等电器的电磁线圈,再由它们控制主电路的通断。

按钮触头允许通过的电流一般不超过 5 A。一般规格为交流 500 V,允许持续电流为 5 A。

(1)按钮的结构与工作原理。按钮一般由按钮帽、复位弹簧、动触头、静触头和外壳等组成。按钮的结构与外形如图1-31所示。

图1-31所示是一个复合按钮，工作时常闭合常开是联动的，当按下按钮时，常闭触点断开，然后常开触点接通。按钮松开后在弹簧作用下，常开触点断开，然后常闭触点接通。即先断开，后吸合。在分析实际控制电路过程时应特别注意的是：常闭和常开触点在改变工作状态时，先后有一个很短的时间差不能被忽视。

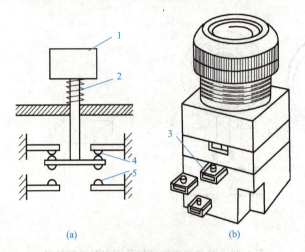

图1-31 按钮的结构与外形
(a)结构；(b)外形
1—按钮帽；2—复位弹簧；3—接线柱；4—常闭触头；5—常开触头

(2)型号含义。按钮可根据实际工作需要组成多种结构形式，如LA18系列按钮采用积木式结构，触头数量按需要拼装，最多可有6对常开触点和6对常闭触点。结构形式：紧急式装有突出的蘑菇形钮帽，以便紧急操作；指示灯式在透明按钮内装有指示灯，做信号显示；钥匙式为使用安全起见，必须用钥匙插入方可旋转操作；旋钮式用手旋转进行操作。通常将按钮的颜色分成黄、绿、红、黑、白、蓝等，供不同场合选用。工作中为便于识别不同作用的按钮，避免误操作，《人机界面标志标识的基本和安全规则 指示器和操作器件的编码规则》(GB/T 4025—2010)对其颜色规定，总结如下：

1)停止和急停按钮：红色。按红色按钮时，必须使设备断电、停车。

2)启动按钮：绿色。点动按钮：优先使用白色、灰色、黑色，绿色也允许使用，但不允许使用红色。

3)启动与停止交替按钮：优先使用白色、灰色、黑色，不得使用黄色和绿色。

4)复位按钮：必须是蓝色、白色、灰色、黑色；当其兼有停止作用时，必须是红色。

主令按钮的结构形式如图1-32所示。

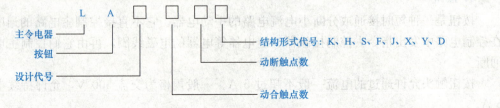

图1-32 主令按钮的结构形式

结构形式代号的含义：K 为开启式；H 为保护式；S 为防水式；F 为防腐式；J 为紧急式；X 为旋钮式；Y 为钥匙操作式；D 为光标按钮。

(3)电气图文符号。按 IEC 标准要求，按钮在电路中的图形及文字符号如图 1-33 所示。

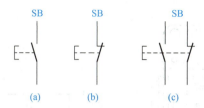

图 1-33　复合按钮图形及文字符号
(a)常开触点；(b)常闭触点；(c)复式触点

(4)按钮的选用。

1)根据使用场合和具体用途的不同要求，按照电器产品选用手册来选择国产品牌、国际品牌的不同型号和规格的按钮。

2)根据控制系统的设计方案对工作状态指示和工作情况要求合理选择按钮或指示灯的颜色，如启动按钮选用绿色、停止按钮选择红色等。

3)根据控制回路的需要选择按钮的数量，如单联钮、双联钮和三联钮等。

2. 行程开关

行程开关又称限位开关或位置开关，其作用与按钮相同，只是其触头的动作不是靠手动操作，而是利用生产机械某些运动部件的碰撞使其触头动作后，发出控制命令以实现近、远距离行程控制和限位保护。

(1)结构与工作原理。行程开关是一种根据运动部件的行程位置而切换电路的电器。它由操作头、触头系统和外壳等组成。其按运动形式可分为直动式和转动式；按结构可分为直动式、滚动式和微动式；按触点性质可分为有触点式和无触点式。常用国产行程开关外形如图 1-34 所示。

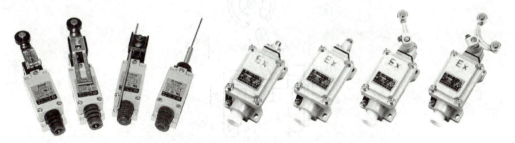

图 1-34　常用国产行程开关外形

1)直动式位置开关。直动式位置开关结构如图 1-35 所示，工作原理与按钮类似，其推杆动作由机械运动部件碰撞动作。结构简单，成本低，分离速度慢，易烧触点。直动式位置开关适用机械运动速度小于 0.4 m/min 的结构。

2)微动式开关。为克服直动式位置开关的缺点，微动式开关采用微动机构，以减轻电流对触点的烧蚀，触点动作具有迅速性和准确性。如图 1-36 所示，按下推杆，弹簧片发生变形，储存能量并产生位移，当推杆达到临界点时，弹簧片带动触点产生瞬时跳跃，

· 23 ·

使常闭触点断开，常开触点接通。当推杆松开时，弹簧释放能量向相反方向跳动，开关恢复原位。

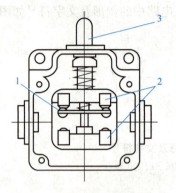

图1-35 直动式位置开关结构
1—动触点；2—静触点；3—推杆

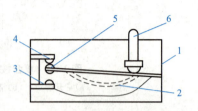

图1-36 微动式开关结构
1—壳体；2—弹簧片；3—常开触点；
4—常闭触点；5—动触点；6—推杆

微动式开关体积小，动作灵敏，适合在小型电器中使用，但推杆操作行程小，结构强度不够高，使用中注意防撞坏。

3）滚轮旋转式位置开关。为克服直动式位置开关的缺点，可采用滚轮旋转式位置开关。如图1-37所示，滚轮1在受到向左的外力作用下，通过上转臂2的转动，压缩转轮3，同时使推杆4向右转动，压缩压缩弹簧11、滚球5，沿操纵件6中点向右移动，移动到操纵件6中点时，压缩弹簧11和弹簧12使操纵件6迅速转动，使动触点迅速与右边静触点分开，并使左边静触点闭合。动作速度快，减少电弧烧蚀触点，工作可靠，适合慢速工作。

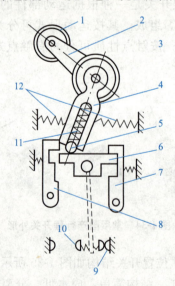

图1-37 滚轮旋转式位置开关
1—滚轮；2—上转臂；3—转轮；4—推杆；5—滚球；6—操纵件；7、8—摆杆；
9—静触点；10—动触点；11—压缩弹簧；12—弹簧

(2) 电气图文符号。按IEC标准要求，行程开关在电路中的图形及文字符号如图1-38所示。

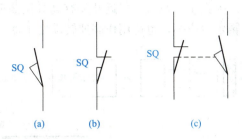

图 1-38　行程开关电气图形及文字符号
(a)动合触点；(b)动断触点；(c)复合触点

(3)型号含义。行程开关型号含义如图 1-39 所示。

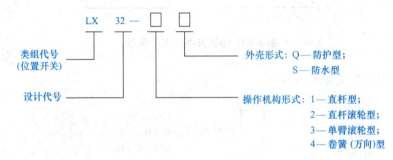

图 1-39　行程开关型号含义

(4)行程开关的选用。选用行程开关，主要应根据被控制电路的特点、要求及生产现场条件和所需触头数量、种类等因素综合考虑。

1)根据额定电压、额定电流、触头换接时间、动作力、动作角度、触头数量等选择类型。

2)根据使用场合和具体用途的不同要求，按照电器产品选用手册来选择国产品牌、国际品牌的不同型号和规格的行程开关。常用国产型号有 LX1、JLX1 系列，LX2、JLXK2 系列，LXW-11、JLXK1-11 系列及 LX19、LXW5、LXK3、LXK32、LXK33 系列等，国外引进德国西门子公司生产的 3SE 等。实际选用时可直接查阅电器产品样本手册。

3)根据控制系统的设计方案对工作状态和工作情况要求合理选择行程开关的数量。

3. 接近开关

接近开关也叫作电子接近开关，是一种无触点式行程控制开关，主要由感应元件、信号整形放大、驱动电路等组成，采用功率晶体管和晶闸管作为输出元件。

图 1-40 所示为高频振荡型接近开关。无金属接近时，电流振荡产生交变磁场。有金属接近时，金属体产生涡流，吸收了振荡能量，使振荡减弱以致停振。振荡和停振时的信号，经整形放大器转换成开关信号，从而产生相应的控制信号，达到位置控制的目的。

接近开关的电子线路装调后，用环氧树脂密封，具有良好的防潮、防腐蚀性能，可靠性高。目前，应用的有 LJ5、LXJ6、LXJ7 等系列，引进的有德国西门子公司的 3SG、LXT3 系列。

接近开关具有灵敏度高、操作频率高、寿命长、重复定位精度高、工作稳定可靠等优点，因而获得广泛的应用。根据工作原理，接近开关有高频振荡型、电容型、感应电桥型、永久磁铁型、光电开关、霍尔效应等，也可用作高速转动发生器、高速计数器等。

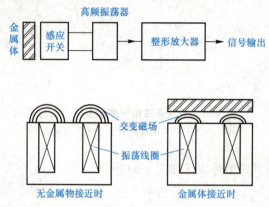

图 1-40 接近开关的工作原理

接近开关型号含义如图 1-41 所示。

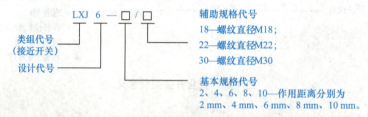

图 1-41 接近开关型号含义

4. 万能转换开关

万能转换开关是一种可以同时控制多条回路的主令电器。它由多组结构相同的开关元件叠装而成，触头的动作挡数很多，主要用于对各种配电装置进行控制；作为电压表、电流表的换相测量开关；小容量电动机的启动、制动、调速、正反转控制等。由于开关的触头挡位很多，用途极为广泛，故称为万能转换开关。万能转换开关的外形如图 1-42 所示。

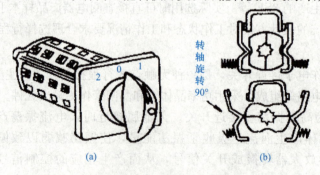

图 1-42 万能转换开关的外形及凸轮通断触点示意
(a)外形；(b)凸轮通断触点示意

(1)结构与工作原理。常用的万能转换开关有 LW2、LW5、LW6、LW8 等系列。LW5 系列的外形及开关单层结构如图 1-43 所示。它的骨架采用热塑性材料制成，由多层

· 26 ·

触头底座叠加而成。每层触头底座内装有 1 对（或 3 对）触头和 1 个装在转轴上的凸轮。操作时，手柄带动转轴和凸轮一起转动，凸轮就可以接通或分断触头。当手柄在不同操作位置时，利用凸轮顶开或靠弹簧恢复动触头，控制它与静触头的分与合，从而达到对电路进行换接的目的。

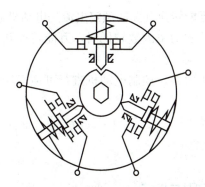

图 1-43　万能转换开关单层结构

(2) 电气图文符号。万能转换开关在电气原理图中的图形符号及各位置的触头通断表如图 1-44 所示。图中"—○　○—"代表一路触头，每根竖的点画线表示手柄位置，点画线上的"●"表示手柄在该位置时，上面这一路触头接通。万能转换开关的文字符号：SA。

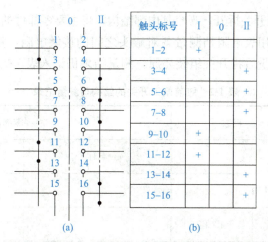

图 1-44　万能转换开关电气图文符号及触头通断表
(a)符号；(b)触头断表

(3) 型号含义。万能转换开关型号含义如图 1-45 所示。

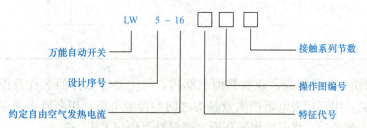

图 1-45　万能转换开关型号含义

(4)万能转换开关的选用。

1)万能转换开关的额定电压应不小于安装地点线路的电压等级。

2)用于照明或电加热电路时,万能转换开关的额定电流应不小于被控制电路中的负载电流。

3)用于电动机电路时,万能转换开关的额定电流是电动机额定电流的1.5~2.5倍。

4)当操作频率过高或负载的功率因数较低时,万能转换开关要降低容量使用否则会影响开关寿命。

5)万能转换开关的通断能力差,控制电动机进行可逆运转时,必须在电动机完全停止转动后,才能反向接通。

任务实施

1.1.6 常用开关电器识别与拆装

1. 工具器材

钢丝钳、尖嘴钳、螺钉旋具、活络扳手等电工工具,万用表1块、兆欧表1块、胶盖闸刀开关1只、铁壳开关1只、自动开关1只。

2. 步骤及内容

(1)把1只胶盖闸刀开关拆开,观察其内部结构,将主要零部件的名称及作用记入表1-2。然后,合上开关,用万用表电阻挡测量各对触头之间的接触电阻,用兆欧表测量每两相触头之间的绝缘电阻。测量后将开关组装还原,测量结果仍记入表1-2。

表1-2 胶盖闸刀开关的结构与测量记录

型号	极数	主要零部件	
		名称	作用
触头接触电阻/Ω			
L1相	L2相	L3相	
相间绝缘电阻/MΩ			
L1—L2	L1—L3	L2—L3	

(2)把1只铁壳开关拆开,观察其内部结构,将主要零部件的名称及作用记入表1-3。然后,合上开关,用万用表电阻挡测量触头之间的接触电阻,用兆欧表测量每两相触头之间的绝缘电阻。测量后,将开关组装还原,测量结果仍记入表1-3。

表 1-3 铁壳开关的结构与测量记录

型号		极数		主要零部件	
				名称	作用
触头接触电阻/Ω					
L1 相	L2 相	L3 相			
相间绝缘电阻/MΩ					
L1－L2	L1－L3	L2－L3			
熔断器					
型号		规格			

(3)把 1 只装置式自动开关拆开，观察其内部结构，将主要零部件的名称及作用和有关参数记入表 1-4（未标明的不记），然后，将开关组装还原。

表 1-4 装置式自动开关的结构及参数记录

名称	作用	有关参数	
		名称	参数

1.1.7 常用主令电器识别与拆装

1. 工具器材

钢丝钳、尖嘴钳、螺钉旋具、镊子等常用电工工具，万用表 1 块、按钮 1 个、行程开关 1 个。

2. 步骤及内容

(1)把 1 个按钮开关拆开，观察其内部结构，将主要零部件的名称及作用记入表 1-5。然后，将按钮开关组装还原，用万用表电阻挡测量各对触头之间的接触电阻，测量结果记入表 1-5。

表 1-5 按钮开关的结构及测量记录

型号		额定电流		主要零部件	
				名称	作用
触头数量/副					
常开		常闭			
触头电阻/Ω					
常开		常闭			
最大值	最小值	最大值	最小值		

注：常开触头的电阻在按钮受压时测量。

(2)把 1 个行程开关拆开，观察其内部结构，将主要零部件的名称及作用记入表 1-6；用万用表电阻挡测量各对触头之间的接触电阻，测量结果记入表 1-6。然后，将行程开关组装还原。

表 1-6 行程开关的结构及测量记录

型号		类型		主要零部件	
				名称	作用
触头数量（副）					
常开		常闭			
触头电阻/Ω					
常开		常闭			
最大值	最小值	最大值	最小值		

注：常开触头的电阻在行程开关受压时测量。

1.1.8 交流接触器拆装与测试

1. 工具器材

(1)工具：钢丝钳、尖嘴钳、螺钉旋具、扳手、镊子等电工工具。
(2)仪器：交流调压器 1 台、万用表 1 块、电流表 1 块、电压表 1 块。
(3)器材：三级开关 1 只、二级开关 1 只、交流接触器 1 个、指示灯 3 只。

2. 步骤及内容

(1)交流接触器的拆卸、装配。把 1 个交流接触器拆开，观察其内部结构，将拆卸步骤、主要零部件的名称及作用，各对触头动作前后的电阻值、各类触头的数量、线圈的数据等记入表1-7。然后，将这个交流接触器组装还原。

表1-7 交流接触器的拆卸与检测记录

型号				拆卸步骤	主要零部件	
容量(A)					名称	作用
触头数量						
主	辅	常开	常闭			
触头电阻						
常开		常闭				
动作前/Ω	动作后/Ω	动作前/Ω	动作后/Ω			
主要参数						
线圈额定电压/V	线圈直流电阻/Ω	触点工作电压/V	线圈匝数			
通电运行测试						
线圈吸合电压/V		线圈吸合电流/mA		线圈释放电压/V		线圈释放电流/mA

（2）交流接触器的校验。将装配好的交流接触器按图1-46所示接入校验电路，选好电流表、电压表量程并调零，将调压变压器输出置于零位。合上QS1和QS2均匀调节调压变压器，使电压上升到接触器铁芯吸合为止，此时电压表的指示值即接触器的动作电压值（小于或等于85%吸引线圈的额定电压）。保持吸合电源值，分合开关QS2做两次冲击合闸试验，以校验动作的可靠性。均匀地降低调压变压器的输出电压直至衔铁分离，此时电压表的指示值即接触器的释放电压（应大于50%吸引线圈的额定电压）。将调压变压器的输出电压调至接触器线圈的额定电压，观察衔铁有无振动和噪声，从指示灯的明暗可判断主触头的接触情况。

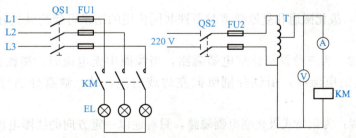

图1-46 交流接触器动作校验电路

3. 注意事项

拆卸过程中应备有盛放零件的容器，以免丢失零件。拆卸过程不允许硬撬，以免损坏电器。通电校验时，接触器应固定在控制板上，并有教师监护，以确保用电安全。通电校验过程中，要均匀缓慢地改变调压器的输出电压，以使测量结果尽量准确。

● 知识拓展

1.1.9 新型控制电器认识

1. 微型继电器

与普通继电器相比，微型继电器具有体积小、质量轻、容量大、可靠性高、功耗低、寿命长等优点，因此被广泛应用于电子设备、自动化仪表、计算机、电子回路的输入/输出接口和可编程序控制器等方面。微型继电器一般只是说它的体积比较小而已，当控制回路的驱动电压只有 5~24 V，电流也较小时，最好选择使用微型继电器。

2. 极化继电器

极化继电器和通用继电器不同，其磁路中由永久磁铁组成极化磁路，因此继电器的动作与输入信号的极性有关，其工作原理如图 1-47 所示。

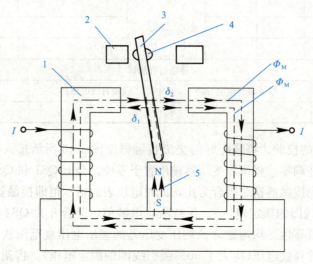

图 1-47 极化继电器原理
1—铁芯；2—静触头；3—衔铁；4—动触头；5—永久磁铁

线圈断电后，极化磁通和复原弹簧对衔铁共同作用的结果可使衔铁处在下面 3 个不同的位置。

（1）中间位置：为三位置极化继电器磁路，当线圈中无电流时，衔铁处于中间位置；当通以不同方向的电流时，衔铁分别吸向左边或右边，动、触点分别与左、右静触头接触。

（2）偏倚位置：为偏倚式极化继电器磁路，只有通以一定方向的线圈电流，继电器才能动作，当线圈断电后，衔铁又回到原来的位置。

（3）任意极面：为双稳态极化继电器磁路，线圈通电并动作后，当线圈断电时，衔铁继续保持在通电动作位置上；当通以相反方向电流时，衔铁吸向另一方；当再次断电时，衔铁继续保持在该位置上。

3. 磁保持继电器

磁保持继电器的工作原理与双稳态极化继电器极为相似，因此又称为双稳态闭锁继电器、脉冲继电器。磁保持继电器有以下特点：

(1) 使继电器动作的输入信号有极性要求，即该继电器有鉴别输入信号极性的能力。

(2) 继电器线圈断电后，继电器仍能保持通电工作时的状态，即该继电器有记忆功能。

(3) 只要有一个很短的输入脉冲，继电器就能动作，这以后可以不再消耗功率，因此磁保持继电器特别省电，适用电源困难的场合。

(4) 磁钢吸持力比较大，而且一般采用平衡力结构，因此磁保持继电器能承受较强的振动和冲击。

(5) 由于磁路有两个工作气隙，在两种磁通的共同作用下，一边的磁通相叠加，另一边相减，因而衔铁动作较快，衔铁的行程也可以做得较大，适宜做成大负荷继电器。

4. 固态继电器

固态继电器是一种具有类似电磁式继电器功能，输入回路与输出回路隔离，无机械运动机构的继电器，由于是无触点结构，因此称为固态继电器。由半导体器件或电子电路功能块与电磁式继电器组成的继电器称为混合式固态继电器。固态继电器与电磁式继电器相比有明显的优点。固态继电器的优点如下：

(1) 无运动零件，因此动作速度快，接触可靠，抗振动、冲击性能好，无动作噪声。

(2) 无燃弧触点，对其他电路干扰小，没有因火花而引起爆炸的危险。

(3) 输入功率小，灵敏度高。

(4) 容易做成多功能继电器。

(5) 使用寿命长。

5. 表面贴装继电器

电子技术的飞速发展对印刷电路板的安装密度提出了新的要求。安装间隔为 12.5 mm 甚至更小的插板式安装将为大多数整机所采用。由于表面贴装技术不需要对电路板打孔，因而表面贴装元件得到了长足的发展，各种表面贴装继电器也应运而生，它是一种更小型化的微型继电器，其中常用产品有表面贴装继电器模块 RM05-4A、G6J-2P-Y-5V 低信号表面贴装继电器等。

任务总结

通过本任务的学习，学习并了解各种低压控制电器的用途和原理及特点，重点掌握了开关电器、断路器、继电器、接触器、主令电器的图形文字符号及选用原则。学会正确使用这些器件，为今后学习电气控制电路打好基础。

注意继电器与接触器的异同点，广义上接触器也属于继电器类，接触器是继电器中能控制大电流的特殊继电器。

任务1.2　低压保护电器选用

🧰 任务目标

1. 了解保护电器的概念和基本分类。
2. 了解常用保护电器的结构、工作原理及技术参数。
3. 熟悉熔断器、热继电器、电压继电器、电流继电器的图形和文字符号。
4. 掌握熔断器、热继电器、电压继电器、电流继电器的用途及选用原则。
5. 学会安装、检测和维修熔断器、热继电器、电压继电器、电流继电器等保护电器。

📋 任务分析

在低压供配电和用电过程中，电路中的主要故障有短路、过载、失压、欠压等。针对这些故障，分别在电路中设置相关的保护电器。这些电器有熔断器、热继电器、过电流继电器、欠电压继电器等。

熟悉典型熔断器、热继电器、过电流继电器、欠电压继电器的基本结构、用途和图文符号，掌握它们的拆卸、组装及调试方法，并能正确地使用万用表等仪表对其进行检测，是把握低压保护电器选用的关键。

🧰 知识准备

1.2.1　熔断器选用

熔断器是一种最常用的简单有效的短路保护电器，使用时将熔断器串联在被保护的电路中。当电路发生短路或严重过载故障时，便有较大的电流流过熔断器，熔断器中的熔体（熔丝或溶片）产生较大的热量而熔断，从而自动分断电路，起到保护作用。

1. 熔断器的结构与工作原理

熔断器主要由熔体和放置熔体的绝缘管或绝缘底座组成。熔体是熔断器的核心，由铅、铅锡合金、锌、铜及银等材料制成丝状或片状，熔点为200 ℃～300 ℃，俗称保险丝。工作中，熔体串接于被保护电路，既是感测元件，又是执行元件；当电路发生短路或严重过载故障时，通过熔体的电流势必超过一定的额定值，使熔体发热，当达到熔点温度时，熔体某处自行熔断，从而分断故障电路，起到保护作用。熔座（或熔管）是由陶瓷、硬质纤维制成的管状外壳。熔座的作用主要是为了便于熔体的安装并作为熔体的外壳，在熔体熔断时兼有灭弧的作用。

2. 熔断器的类型及型号含义

常用的熔断器有瓷插式、螺旋式、封闭管式（有填料封闭管式和无填料封闭管式）及快速熔断器等，如图1-48所示。其型号含义如图1-49所示。

  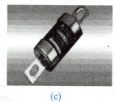 

(a) (b) (c) (d)

图 1-48 熔断器的外形

(a)瓷插式；(b)螺旋式；(c)无填料封闭管式；(d)有填料封闭管式

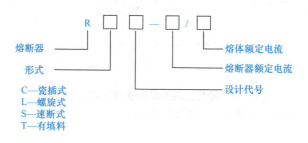

图 1-49 熔断器型号含义

(1)瓷插式熔断器。瓷插式熔断器主要由瓷盖、瓷底座、动触头、静触头和熔丝组成，外形及结构如图 1-50 所示，额定电流 60 A 以上的熔断器的灭弧室中还垫有熄弧用的纺织石棉。瓷插式熔断器分断能力较小，电弧的弧光效应较大，动触头铜片的弹性随着使用而变差，与静触头接触不紧密，容易造成发热。但它价格低，更换方便，多用于 500 V 以下低压分支电路或小容量电动机的短路保护。

(2)螺旋式熔断器。螺旋式熔断器主要由瓷帽，熔断管（芯子），指示器，瓷套上、下接线端及底座等组成。熔断管内装有熔体和石英砂，石英砂用来熄灭电弧。熔断管一端有一红色金属片——指示器，熔断管有红点的一端插入瓷帽，瓷帽上有螺纹，将瓷帽连同瓷管一起拧进瓷底座。

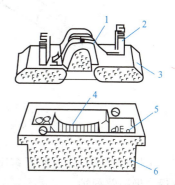

图 1-50 RC1A 系列瓷插式熔断器

1—熔丝；2—动触头；3—瓷盖；
4—石棉带；5—静触头；6—瓷座

透过瓷帽的玻璃窗口可观察到熔断器的工作情况，若红色指示器弹出说明熔体已熔断。产品系列有 RL1 和 RL2 等。常用 RL1 系列螺旋式熔断器的外形结构及熔断器的电气图文符号如图 1-51 所示。额定电压为 500 V，额定电流有 15 A、60 A、100 A、200 A 等。

螺旋式熔断器分断能力较强、体积小、安装方便、使用安全可靠，熔体熔断后有明显指示，常用于交流 380 V、电流 200 A 以内的线路和用电设备做短路保护。

(3)无填料封闭管式熔断器。无填料封闭管式熔断器的产品系列为 RM7、RM10 系列等。额定电压有 220 V、380 V、500 V；额定电流有 15 A、60 A、100 A、200 A、350 A、600 A 等几种规格。其主要由钢纸管、黄铜套管、黄铜帽、熔体、插刀和静插座等组成，熔断管内装有熔体，当大电流通过时，熔体在狭窄处被熔断，钢纸管在熔体熔断所产生的电弧的高温作用下，分解出大量气体增大管内压力，起到灭弧作用，其外形及结构如图 1-52 所示。

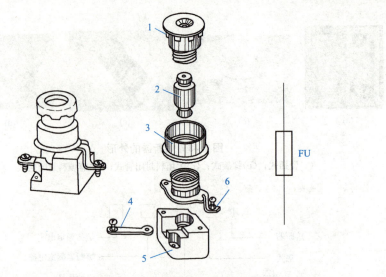

图 1-51 螺旋式熔断器的结构及熔断器符号
1—瓷帽；2—熔断管；3—瓷套；4—下接线端；5—座子；6—上接线端

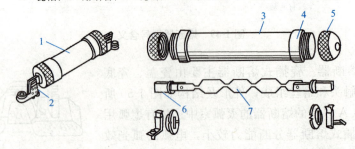

图 1-52 无填料封闭管式熔断器的外形及结构
1—熔断管；2—夹座；3—钢纸管；4—黄铜套管；5—黄铜帽；6—插头；7—熔体

无填料封闭管式熔断器多用于交流 380 V、额定电流 1 000 A 以内的低压线路及成套配电设备做短路保护。

（4）有填料封闭管式熔断器。有填料封闭管式熔断器的产品系列为 RT0 系列，额定电压 380 V，额定电流有 100 A、200 A、400 A、600 A 和 1 000 A 等规格，其外形及结构如图 1-53 所示。

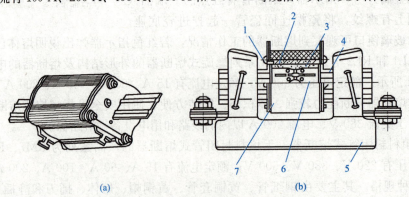

图 1-53 有填料封闭管式熔断器的外形及结构
(a)熔管；(b)整体结构
1—熔断指示器；2—石英砂填料；3—指示器熔丝；4—插刀；5—底座；6—熔体；7—熔管

它主要由熔管、熔体和底座等组成。熔管内填满直径为 0.5~1.0 mm 的石英砂，以加强灭弧功能。其分断能力可达 50 kA，熔断管只能一次性使用，当熔体熔断后，需更换整个熔管。

有填料封闭管式熔断器主要用于交流 380 V、额定电流 1 000 A 以内的高短路电流的电力网络和配电装置中作为电路、电动机、变压器及其他设备的短路保护电器。

3. 熔断器的主要技术参数

(1)额定电压。额定电压是指能保证熔断器长期正常工作的电压。若熔断器的实际工作电压大于额定电压，熔体熔断时可能发生电弧不能熄灭的危险。

(2)额定电流。额定电流保证熔断器在长期工作下，各部件温升不超过极限允许温升所能承载的电流值。它与熔体的额定电流是两个不同的概念。熔体的额定电流：在规定工作条件下，长时间通过熔体而熔体不熔断的最大电流值。通常一个额定电流等级的熔断器可以配用若干个额定电流等级的熔体，但熔体的额定电流不能大于熔断器的额定电流值。

(3)分断能力。分断能力是指熔断器在规定的使用条件下，能可靠分断的最大短路电流值。通常用极限分断电流值来表示。

(4)时间—电流特性。时间—电流特性又称保护特性，表示熔断器的熔断时间与流过熔体电流的关系。熔断器的熔断时间随着电流的增大而减少，即反时限保护特性。

4. 熔断器的选用

常用熔断器型号有 RC1、RL1、RT0、RT15、RT16(NT)和 RT18 等，在选用时可根据使用场合酌情选择。选择熔断器的基本原则如下：

(1)根据使用场合确定熔断器的类型。

(2)熔断器的额定电压必须不低于线路的额定电压。额定电流必须不小于所装熔体的额定电流。

(3)熔体额定电流的选择应根据实际使用情况进行计算。熔体电流的选择是熔断器选择的核心。

1)对于照明线路等无冲击电流负载，其熔体额定电流应等于或稍大于线路工作电流。

2)对一台异步电动机的保护，其熔体额定电流可按电动机额定电流的 1.5~2.5 倍来选择。

3)对多台电动机共用一个熔断器保护，其熔体额定电流可按容量最大一台电动机的额定电流的 1.5~2.5 倍加上其余电动机的额定电流之和来选择。

(4)熔断器的分断能力应大于电路中可能出现的最大短路电流。

1.2.2　保护继电器选用

保护继电器是指在电路中主要起保护作用的电器。常用的保护继电器有热继电器、过电流继电器、过电压继电器和欠电压(零电压、失电压)继电器等。

保护继电器一般由检测机构、中间机构和执行机构 3 个基本部分组成。检测机构把感测到的物理量(电压、电流、温度、压力等)传递给中间机构，与整定值进行比较，当达到整定值(过量或欠量)时，中间机构便使执行机构动作，从而切断电路，起到保护作用。

1. 热继电器

热继电器是利用流过继电器热元件的电流所产生的热效应而反时限动作的保护继电器。

所谓反时限动作，是指热继电器动作时间随电流的增大而减小的性能。热继电器主要用于电动机的过载、断相、三相电流不平衡运行及其他电气设备发热引起的不良状态而进行的保护控制。

(1) 热继电器的结构。图 1-54 和图 1-55 所示为热继电器的结构及动作原理。

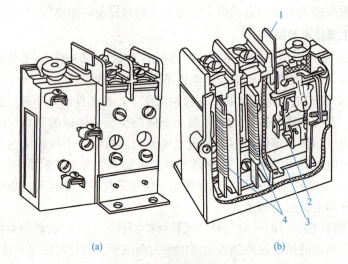

图 1-54　热继电器的外形及结构
(a) 外形；(b) 结构
1—复位按钮；2—常闭触头；3—动作机构；4—热元件

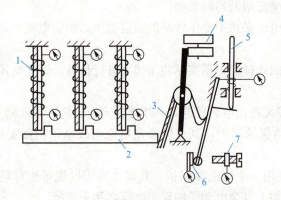

图 1-55　热继电器的动作原理
1—热元件；2—推杆；3—温度补偿器；4—动作电流整定装置；5—复位按钮；6—静触头；7—复位方式调节螺钉

热继电器主要由热元件、触头、动作机构、复位按钮和整定电流装置 5 部分组成。热元件由双金属片及围绕在外面的电阻丝组成。双金属片由两种热膨胀系数不同的金属片（如铁镍铬合金和铁镍合金）复合而成。使用时将电阻丝直接串联在三相异步电动机的两相电路上。

温度补偿器用与主双金属片同样类型的双金属片做成，以补偿环境温度变化对热继电器动作精度的影响。

(2) 热继电器的工作原理。当电动机过载时，过载电流使电阻丝发热，引起双金属片受热弯曲推动推杆向右移动，推动温度补偿器，使动、静触头分开，使电动机控制电路中的接触器线圈断电释放而切断电动机的电源。

热继电器动作后有自动复位和手动复位两种，由螺钉来控制。当螺钉靠左时为自动复位状态；将螺钉向右调到一定位置时为手动复位状态。

热继电器通常有一对常开触头和一对常闭触头。常闭触头串入控制回路，常开触头可接入信号回路。

(3)热继电器的型号触头和热继电器的种类繁多，其中双金属片式热继电器应用最多。按极数划分，热继电器可分为单极、两极和三极3种，其中三极的又包括带断相保护装置和不带断相保护装置；按复位方式划分，热继电器可分为自动复位式和手动复位式。目前常用的有国产的JR16、JR36、JR20、JRS1等系列及国外的T系列、LR2D系列、3UA系列等产品。

以JRS1系列为例，其型号含义如图1-56所示。

(4)电气图形及文字符号。热继电器的常闭触点串入控制回路，常开触点可接入报警信号回路或PLC控制时的输入接口电路。按国标要求，热继电器在电路图中的电气图形符号如图1-57所示。

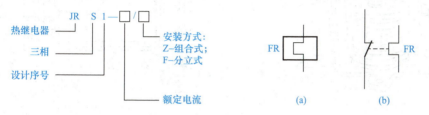

图1-56 热继电器型号含义

图1-57 热继电器的图形及文字符号

(a)热元件；(b)常闭触点

(5)热继电器的选用。热继电器的整定电流靠凸轮调节，一般调节范围是热元件额定电流值的66%~100%。

1)热继电器有3种安装方式，应按实际安装情况选择其安装方式。

2)原则上热继电器的额定电流应按略大于电动机的额定电流来选择。一般情况下，热继电器额定电流的整定值为电动机额定电流的0.95~1.05倍。但是如果电动机拖动的负载是冲击性负载或启动时间较长及拖动的设备不允许停电的场合，热继电器额定电流的整定值可取电动机额定电流的1.1~1.5倍。如果电动机的过载能力较差、热继电器额定电流的整定值可取电动机额定电流的60%~80%。同时，整定电流应留有一定的上、下限调整范围。

3)在不频繁启动的场合，要保证热继电器在电动机启动过程中不产生误动作。若电动机启动电流小于等于6倍额定电流，启动时间小于6 s，很少连续启动时，可按电动额定电流配置。

4)在三相电压均衡的电路中，一般采用两相结构的热继电器进行保护；在三相电源严重不平衡或要求较高的场合，需要采用三相结构的热继电器进行保护；对于三角形接法电动机，应选用带断相保护装置的热继电器。

5)当电动机工作于重复短时工作制时，要注意确定热继电器的允许操作频率。

2. 电流继电器

电流继电器是根据输入电流大小而动作的继电器。使用时，电流继电器的线圈和被保护的设备串联，其线圈匝数少而线径粗、阻抗小、分压小，不影响电路正常工作。电流继电器按用途可分为过电流继电器和欠电流继电器。根据继电器线圈中电流的大小而接通或断开电路。

(1)过电流继电器。当电流超过预定值时，引起开关电器有延时或无延时的动作。它主要用于频繁启动和重载启动的场合，作为电动机主电路的过载和短路保护设备。

1)过电流继电器的结构与工作原理。JL14系列过电流继电器为交流通用继电器，即加上不同的线圈或阻尼圈后可作为电流继电器、电压继电器或中间继电器使用，外形结构和工作原理如图1-58所示，其由线圈、圆柱静铁芯、衔铁、触头系统及反作用弹簧等组成。

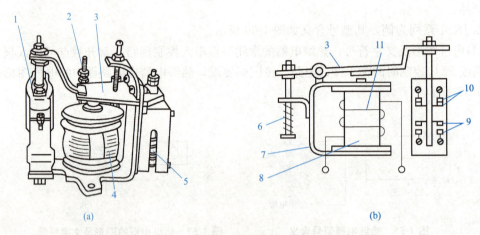

图1-58 JL14系列过电流继电器的外形结构及工作原理
(a)外形结构；(b)工作原理
1—触头；2—静铁芯；3—衔铁；4—线圈；5—反力弹簧；6—反作用弹簧；7—磁轭；8—铁芯；
9—常开触头；10—常闭触头；11—电流线圈

当线圈通过的电流为额定值时，所产生的电磁吸力不足以克服弹簧的反作用力，此时衔铁不动作。当线圈通过的电流超过整定值时，电磁吸力大于弹簧的反作用力，铁芯吸引衔铁动作，带动动断触点断开，动合触点闭合。调整反作用弹簧的作用力，可整定继电器的动作电流值。该系列中有的过电流继电器带有手动复位机构，这类继电器过电流动作后，当电流再减小至零时，衔铁也不能自动复位，只有当操作人员检查并排除故障后，手动松掉锁扣机构，衔铁才能在复位弹簧作用下返回，从而避免重复过电流事故的发生。

2)过电流继电器的电气图文符号。过电流继电器在电路图中的电气图文符号如图1-59所示。

(2)欠电流继电器。欠电流继电器常用的有JL14—Q等系列产品，其结构与工作原理和JL14系列、JL18系列继电器相似。这种继电器的动作电流为线圈额定电流的30%~65%，释放电流为线圈额定电流的10%~20%。因此，当通过欠电流继电器线圈的电流降低到额定电流的10%~20%时，继电器即释放复位，其动合触点断开，动断触点闭合，给出控制信号，使控制电路做出相应的反应。

欠电流继电器的图文符号如图1-60所示。

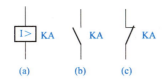
图 1-59　过电流继电器的图文符号
(a)过电流继电器线圈；(b)动合触点；(c)动断触点

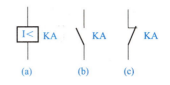
图 1-60　欠电流继电器的图文符号
(a)欠电流继电器线圈；(b)动合触点；(c)动断触点

(3)型号含义。电流继电器的型号含义如图 1-61 所示。

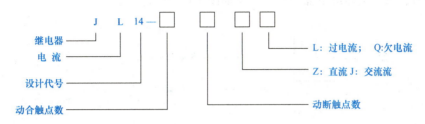

图 1-61　电流继电器的型号含义

(4)电流继电器的选用。电流继电器主要依据被控制电路的电压等级、所需触点的数量、种类和容量等要求来进行选择。

选用过电流继电器保护小容量直流电动机和绕线式转子异步电动机时，其线圈的额定电流一般可按电动机长期工作额定电流来选择；对于频繁启动电动机的保护，继电器线圈的额定电流可选大一级。

3. 电压继电器

电压继电器检测对象为线圈两端的电压变换信号。根据动作电压值的不同，可分为过电压继电器和欠电压继电器。其线圈并联在电路中，根据线圈两端电压的大小而接通或断开电路。其特点是继电器线圈的导线细、匝数多、阻抗大。电压继电器种类繁多，其外形结构如图 1-62 所示。

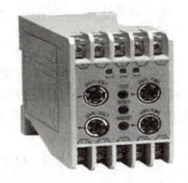

(1)结构与工作原理。过电压继电器和欠电压继电器的结构与工作原理基本相同，过电压继电器是当电压大于整定值时动作的电压继电器，主要用于对电路或设备做过电压保护；欠电压继电器是当电压降至某一规定范

图 1-62　电压继电器的外形结构

围时动作的电压继电器，对电路实现欠电压或零电压保护。这里主要分析常见的 DY—30、LY—30 型电压继电器，它主要由线圈、铁芯、衔铁、触点系统和反作用弹簧等组成，用于检测电气控制线路电压信号的变化而提示报警。

对常用的过电压继电器，其动作电压可在 105%～120% 额定电压范围内调整。对欠电压继电器来讲，其释放电压可在 40%～70% 额定电压范围内整定，欠电压继电器在线路正常工作时，铁芯与衔铁是吸合的，当电压降至低于整定值时，衔铁释放，带动触点动作。

(2)电气图文符号。按国标要求，过电压、欠电压继电器在电路图中的电气图文符号如图 1-63 所示。

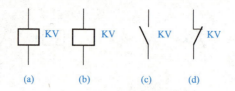

图 1-63 电压继电器图文符号

(a)欠电压继电器线圈；(b)过电压继电器线圈；(c)动合触点；(d)动断触点

(3)型号含义。电压继电器的型号含义如图 1-64 所示。

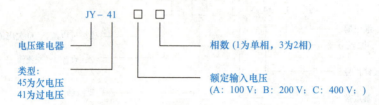

图 1-64 电压继电器的型号含义

(4)电压继电器的选用。选用电压继电器时应注意：其线圈电压等级应与控制电路电压等级相同；选择电压继电器时，主要依据由控制电路的要求选择过电压、欠电压继电器。

任务实施

1.2.3 熔断器及电压、电流继电器拆装与测试

1. 工具器材

(1)工具：钢丝钳、尖嘴钳、螺钉旋具、扳手、镊子等电工工具。

(2)仪器：交流调压器 1 台、万用表 1 块、电流表 1 块、电压表 1 块。

(3)器材：二级开关 1 只、瓷插式、螺旋式、封闭管式(有填料封闭管式和无填料封闭管式)等各类熔断器各 1 只，过电压继电器、过电流继电器、欠电压继电器、过电压继电器各 1 只。

2. 训练步骤及内容

(1)认识常用低压电器。根据低压保护电器的实物，说出各电器的名称，将记录写入表 1-8。

(2)不通电测试。在未通电情况下，用万用表进行简单检测，测量熔断器熔体的直流电阻，测量继电器线圈和触点的直流电阻。将记录写入表 1-8。

(3)通电测试。

1)调节电压或电流继电器的整定值为某一合适数值后，将电压或电流继电器的线圈和触点分别按图 1-65 所示，接入电路。

2)闭合刀开关 QS1，转动调压器手柄使调压器输出在最小挡。闭合刀开关 QS2，转动调压器手柄使电压表电压(或电流表电流)逐渐增大，直到指示灯点亮，记录吸合电压(电流)值。

3)转动调压器手柄，使电压(电流)均匀下降，同时注意继电器的变化，直到指示灯熄灭，记录释放电压(电流)值，并在表 1-8 中记录数据。

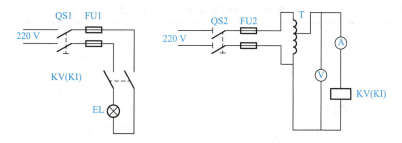

图 1-65 电压(电流)继电器整定值测试电路

表 1-8 保护电器的识别、拆卸与检测记录

型号		容量/A		拆卸步骤	主要零部件			
					名称		作用	
触头数量								
主	辅	常开	常闭					
主要参数								
线圈额定电压/V	线圈直流电阻/Ω	触点额定电压/V		熔断器				
				名称	额定电流/A	熔体电阻/Ω	额定电压/V	
通电运行测试								
线圈吸合电压/V		线圈吸合电流/mA		线圈释放电压/V		线圈释放电流/mA		

3. 注意事项

(1) 接线要求牢靠、整齐、清楚、安全可靠。

(2) 操作时要胆大、心细、谨慎,不允许用手触及电气元件的导电部分以免触电及意外损伤。

(3) 通电观察接触器动作情况时,要注意安全,防止碰触带电部位。

1.2.4 热继电器拆装与检测

1. 工具器材

钢丝钳、尖嘴钳、螺钉旋具、扳手、镊子等电工工具,万用表 1 块、热继电器 1 只。

2. 步骤及内容

将 1 个热继电器拆开,观察其内部结构,用万用表测量各热元件的电阻值,将各零部件的名称、作用及有关电阻值记入表 1-9。然后将热继电器组装还原。

表 1-9　热继电器结构及测量记录

型号	类型	主要零部件	
		名称	作用
热元件电阻值/Ω			
L1 相	L2 相	L3 相	
整定电流调整值/A			

知识拓展

1.2.5　其他低压电器新器件认识

1. 快速熔断器

常用的快速熔断器有 RS0 和 RLS0 系列。其结构与 RT0 系列熔断器相似，但它的熔体是由纯银材料制成。快速熔断器具有分断能力强，分断时间短及动作稳定等特点，熔体通过 3.5 倍额定电流时，动作时间不超过 0.06 s。快速熔断器的熔体不能用普通熔体代替。

快速熔断器被广泛应用在电力电子装置上，用于短路保护。

2. 自复式熔断器

自复式熔断器的特点是能重复使用，不必更换熔体；其熔体采用金属钠，利用它常温时电阻很小，高温气化时电阻值骤升，故障消除后温度下降，气态钠回归固态钠，良好导电性恢复的特性制作而成。

3. 温度继电器

温度继电器主要用于对电动机、变压器和一般电气设备的过载、堵转、非正常运行引起的过热进行保护。使用时，将温度继电器埋入电动机绕组或介质，当绕组或介质温度超过允许温度时，继电器就快速动作切断电路，使电器不会损坏；当温度下降到复位温度时，继电器又能自动复位。

4. CPS

CPS 即"控制与保护开关电器"，是低压电器中的新型产品。CPS 可以是单一的开关电器元件形式，也可以是由电器元件组合而成的但可被认为是一个整体单元形式。目前，国内利用 CPS 研制成适合各种需求的开关电器，常用的形式有基本型、消防型、隔离型、双速电动机成套单元、可逆型、三速电动机成套单元、星三角减压启动器、自耦减压启动器、CPS 双电源等，如图 1-66 所示。

图 1-66 常用的 CPS 外形

(a)凯浩 CPS 系列；(b)ABBCPS 系列；(c)施耐德 CPS 系列；(d)中凯 KB0 系列；(e)凯保 SKB 系列；
(f)常熟 CBI 系列；(g)新菱 XLCPS 系列；(h)国佳 GJKB0 系列；
(i)正泰 NKB300 系列；(j)德力西 CDK1 系列；(k)中国人民电器 RDCPS 系列

  CPS 作为一种控制与保护的多功能电器，主要的技术特征是多功能，即集断路器、接触器、热继电器(或电子式过载继电器)和隔离器的控制与保护功能于一体，解决各电器之间的协调配合问题。且具有连续工作性能，即在分断短路电流后无须维护即可投入使用，也就是具有分断短路故障后的连续运行性能，为低压配电与控制系统提供了一种新型、理想、小型化、多功能的基础元件。图 1-67 所示为 CPS 电气符号，图 1-68 所示为 CPS 智能电气控制系统与分离电气控制系统，其中图 1-68(d)可以替代由图 1-68(a)、(b)、(c)三类分离器件构成的电气控制系统。

  CPS 产品主要是用于交流 50 Hz(60 Hz)、额定电压小于等于 690 V 的电力系统，能够实现可靠接通、承载和分断正常条件下包括规定的过载条件下的电流，且能够分断规定的非正常条件下的电流(如短路电流)，具有断相、缺相、过流、短路、漏电、过压、欠压、三相不平衡保护及启动延时等诸多保护功能。新一代的 CPS 集控制、保护、监控、通信等功能于一体，针对不同用户和不同的使用场合，都可以较合理地被认知和被使用，为电气控制系统提供了高可靠性和解决方案多样性的高端产品。

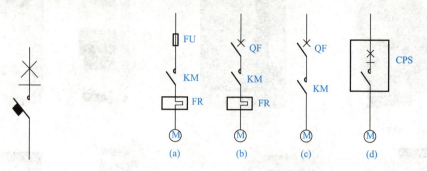

图 1-67　CPS 电气符号　　　图 1-68　CPS 智能电气控制系统与分离电气控制系统
　　　　　　　　　　　　（a）、（b）、（c）分离器件构成的电气控制系统；（d）CPS 构成的电气控制系统

1.2.6　常用低压电器故障分析

1. 接触器的故障分析

（1）触头断相。由于某相触头接触不好或连接螺钉松脱，使电动机缺相运行。

（2）触头熔焊。由于接触器操作频率过高、过载使用、带负载侧短路等，使得两相或三相触头由于过载电流大引起熔焊现象。

（3）相间短路。接触器的正、反转联锁失灵，或因误动作使两个接触器同时投入运行而造成相间短路；或因接触器动作过快，转换时间短，在转换过程中发生电弧短路。

（4）接触器的维护。定期检查接触器各部件工作情况，如有损坏要及时更换或修理；可动部分不能卡住，活动要灵活，坚固件无松脱；触头表面部分与铁芯极面要保持清洁，如有油垢，要及时清洗；触头接触面烧毛时，要及时修整；触头严重磨损时，应及时更换。

2. 热继电器的故障分析

（1）热元件烧断。发生此类故障的原因可能是热继电器动作频率太高、负载侧发生短路等。

（2）热继电器误动作。故障原因：一是整定值偏小，以至未过载就动作，或电动机启动时间过长，使热继电器在启动过程中动作；二是操作频率太高，使热元件经常受到冲击电流的冲击；三是使用场合有强烈的冲击及振动，使其动作机构松动而脱扣。

（3）热继电器不动作。通常是电流整定值偏大，以至过载很久，仍不动作。

（4）热继电器的维护。使用日久，应定期校验其动作可靠性。

3. 时间继电器的故障分析

电磁系统和触头系统的故障处理与接触器的维修所述相同，其余的故障主要是延时不准确。当延时与设定误差较大时，试验几次调整好提前或落后的时间量即可。

4. 速度继电器的故障分析

速度继电器的故障一般表现为电动机停车时不能制动停转。这种故障除了触头接触不良之外，还可能是胶木摆杆断裂，使触头不能动作，或调整螺钉调整不当引起的。

5. 自动开关的故障分析

（1）手动操作的自动开关不能合闸。可能的故障原因有失压脱扣器线圈开路、线圈引线接触不良、贮能弹簧变形、损坏或线路无电。

（2）电动操作的自动开关不能合闸。不能合闸的原因有操作电源不合要求；电磁铁损坏或行程不够；操作电动机损坏或电动机定位开关失灵。

（3）失压脱扣器不能使自动开关分闸。可能的故障原因有反作用弹簧弹力太大或贮能弹簧弹力太小；传动机构卡死，不能动作。

（4）启动电动机时自动掉闸。可能的故障原因有过载脱扣装置瞬时动作整定电流调得太小。

（5）工作一段时间后自动掉闸。可能的故障原因有过载脱扣装置长延时整定值调得太短，应重调；热元件或延时电路元件损坏，应检查更换。

（6）自动开关动作后常开主触头不能同时闭合。

（7）辅助触头不能闭合。

任务总结

通过本任务的学习，学习并了解常用保护电器的用途和原理及特点，重点掌握熔断器、热继电器、电压继电器、电流继电器的图形文字符号及选用原则。并学会正确使用这些器件，为后面学习和掌握电气控制电路做好准备。

注意在选用欠电流继电器与欠电压继电器时，它们都是在额定工作状态时触点已经动作，当电流或电压下降到整定值是复位到原始状态。

项目评价

表 1-10 "常用低压电器选用"项目评价表

姓名_____　　　　班级_____　　　　学号_____　　　　总得分_____

项目编号	1	项目选题		考核时间	
技能训练考核内容(60分)			考核标准		得分
器件识别(15分)			能够正确识别各种器件 识别错误、名称错误一次扣5分		
器件组装与拆卸(15分)			按顺序正确拆装电器元件 顺序不对、工具使用不当一次 损坏元件，每个扣5分		
检测与通电调试(20分)			通电前检测数据正确，错误1次扣5分 通电后运行及调试成功，一次不成功扣10分		
项目实训报告(10分)			字迹清晰、内容完整、结论正确 一处不合格扣2~5分		
知识巩固测试内容(40分)			见练习与思考		
完成日期		年　　　月　　　日		指导教师签字	

项目小结

通过本项目的学习，学习并了解了常用各种控制电器和保护电器的用途和原理及特点，重点掌握了这些低压电器的图形符号和文字符号，并能根据电路工作要求选用相应的低压电器元件。同时学会正确使用这些低压控制器件和保护器件，为后面学习和掌握电气控制电路奠定了基础。

练习与思考

一、填空题

1. 刀开关在安装时，手柄要_____，不得_____，避免由于重力自动下落，引起误动合闸。接线时_____应接在刀开关上端，_____接在刀开关下端。

2. 螺旋式熔断器在装接时，_____应接在下接线端，_____接到上接线端。

3. 自动空气开关又称_____，其热脱扣器做_____保护用，电磁脱扣器做_____保护用，欠电压脱扣器做_____保护用。

4. 交流接触器由_____、_____、_____、_____等部分组成。

5. 接触器按其线圈通过电流的种类不同可分为_____和_____接触器两种。

6. 热继电器是利用电流的_____效应而动作的，它的发热元件应串联在_____，常闭触点应串联在_____，它用作_____保护。

7. 电压继电器按动作电压值的不同，有_____、_____和_____之分。

8. 中间继电器的结构和工作原理与_____相同，故也称为_____继电器，其各对触头允许通过额定电流一般为_____A。

9. 电流继电器的线圈应_____在主电路中。欠电流继电器在通过正常工作电流时动铁芯已经被_____，当主电路的电流其整定电流时，动铁芯才被_____。

10. 速度继电器的文字符号是_____，图形符号是_____。

11. 时间继电器的文字符号是_____，断电延时闭合的触点图形符号是_____。

二、判断题（正确的打√，错误的打×）

1. 刀开关、铁壳开关、组合开关的额定电流要大于实际电路电流。（　　）

2. 刀开关若带负载操作时，其动作越慢越好。（　　）

3. 选择刀开关时，刀开关的额定电压应大于或等于线路的额定电压，额定电流应大于或等于线路的额定电流。（　　）

4. 熔断器应用于低压配电系统和控制系统及用电设备中，作为短路和过电流保护，使用时并接在被保护电路中。（　　）

5. 中间继电器有时可控制大容量电动机的启、停。（　　）

6. 交流接触器除通断电路外，还具备短路和过载保护作用。（　　）

7. 断路器也可以进行短路和过载保护。（　　）

三、选择题

1. 下列哪一种电器不是自动电器（　　）。

　　A. 组合开关　　　　B. 直流接触器　　　C. 继电器　　　　D. 热继电器

2. 接触器的常态是指（　　）。
   A. 线圈未通电情况　　　　　　　　　B. 线圈带电情况
   C. 触头断开时　　　　　　　　　　　D. 触头动作
3. 复合按钮在按下时其触头动作情况是（　　）。
   A. 动合先闭合　　　　　　　　　　　B. 动断先断开
   C. 动合、动断同时动作　　　　　　　D. 动断动作，动合不动作
4. 下列电器不能用来通断主电路的是（　　）。
   A. 接触器　　　B. 自动空气开关　　C. 刀开关　　　D. 热继电器
5. 交流接触器在不同的额定电压下，额定电流（　　）。
   A. 相同　　　　B. 不相同　　　　　C. 与电压无关　D. 与电压成正比

四、简答题

1. 开关设备通断时，触头间的电弧是怎样产生的？通常采取哪些灭弧措施？
2. 写出下列电器的作用、图形符号和文字符号：熔断器、按钮、交流接触器、热继电器、时间继电器、速度继电器、断路器。
3. 在电动机的控制线路中，熔断器和热继电器能否相互代替？为什么？
4. 简述交流接触器在电路中的作用、结构和工作原理。
5. 自动空气开关有哪些脱扣装置？各起什么作用？
6. 如何选择熔断器？
7. 从接触器的结构上，如何区分是交流接触器还是直流接触器？
8. 线圈电压为 220 V 的交流接触器，误接入 220 V 直流电源上；或线圈电压为 220 V 直流接触器，误接入 220 V 交流电源上，会产生什么后果？为什么？
9. 交流接触器铁芯上的短路环起什么作用？若此短路环断裂或脱落后，在工作中会出现什么现象？为什么？
10. 带有交流电磁铁的电器如果衔铁吸合不好（或出现卡阻）会产生什么问题？为什么？
11. 电动机的启动电流很大，启动时热继电器应不应该动作？为什么？
12. 某机床的电动机为 JO2-42-4 型，额定功率为 5.5 kW，额定电压为 380 V，额定电流为 12.5 A，启动电流为额定电流的 7 倍，现用按钮进行启停控制，需有短路保护和过载保护，试选用接触器、按钮、熔断器、热继电器和电源开关的型号。

项目2　基本电气控制电路安装与调试

📋 项目描述

船舶电气设备的正常使用和工业企业生产机械的自动运转，离不开自动控制。选择合适的继电器、接触器、按钮、行程开关、熔断器等电器元件根据一定的控制方式用导线把它们连接起来就组成了各种电气自动控制电路，简称电气控制电路。生产工艺和过程不同，对控制电路的要求也不同。但是，无论哪一种控制，都由一些比较基本的控制环节组合而成。因此，只要掌握控制电路的基本环节及一些典型电路的工作原理、分析方法和设计方法，就很容易掌握复杂电气控制电路的分析方法和设计方法。

📋 项目分析

本项目共划分为6个主要任务，通过对船舶及生产和生活中应用广泛的三相异步电动机的启动、调速、制动的基本控制电路和一些典型控制电路的分析，掌握一些电气控制的典型环节和控制方法，为分析和设计复杂的控制电路打下坚实的基础。

🧰 相关知识和技能

1. 了解三相异步电动机的点动、长动、正反转等基本控制电路的组成和控制特点。
2. 了解三相异步电动机和直流电动机的启动、调速、制动控制电路的组成及实际操作。
3. 能看懂基本的电气控制原理图，掌握电气系统图的识图方法和步骤。
4. 会设计简单的电气控制电路图，能绘制普通电路的电器安装位置图、接线图。
5. 能按原理图或接线图正确安装、接线，完成调试；能对一般的故障予以排除。

任务2.1　三相异步电动机点动、长动控制

🧰 任务目标

1. 了解三相异步电动机的点动控制、长动控制电路的组成和控制特点。
2. 学会并看懂点动控制、长动控制电路原理图，并基本掌握电气系统图的识图方法和步骤。
3. 能按照点动控制、长动控制原理图或接线图正确完成电路的安装、接线和调试。
4. 会设计点动控制、长动控制的系统图，能对点动、长动控制电路的故障予以排除。

任务分析

电动机及电气设备,最简单的控制为手动直接控制,如图 2-1 所示。合上 QS 开关,电动机开始转动,拉下 QS 开关,电动机停止运转。这种控制电路,虽然很简单,但仅适合不频繁启动的小容量电动机,而且也不安全,操作劳动强度大,最重要的是不能实现远距离控制和自动控制。

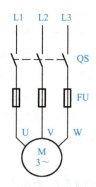

图 2-1 电动机手动控制电路

如何实现自动控制呢?要实现自动控制,除了要有主电路以外,还必须有控制元件和控制电路。电动机及电气设备,在通常情况下,多是连续工作的,可以采用最常见的继电器—接触器长动控制方式来进行自动控制。但也有一些是短时工作的,这就要求进行点动控制。点动控制比长动控制简单,但两者都是最基本、最简单的继电器—接触器电气控制方式。

熟练掌握点动、长动电气控制的原理,看懂其原理图、位置图和接线图,并能正确地安装、调试系统电路,是由浅入深掌握各种电气控制电路安装与调试的最佳路径。为便于以后分析比较复杂的电路,先了解一下电气控制电路图的识读方法也是很有必要的。

知识准备

2.1.1 电气控制系统图的识读

电气控制电路是用导线将电动机、电器、仪表等元器件按照一定规律连接起来并能实现规定的控制要求的电路。电气控制电路的表示方法有电气原理图和电气安装图两种。电气原理图是用图形符号、文字符号和项目代号表示各个电器元件连接关系和电气工作原理的图形,具有结构简单、层次分明、便于研究和分析电路的工作原理等优点。电气安装图是按照电器实际位置和实际接线,用规定的图形符号、文字符号和项目代号画出来的,电气安装图便于实际安装时的操作、调整和维护,检修时查找故障及更换元件等。

1. 电路图

电路图,又叫作电气控制原理图。按电路的功能来划分,控制电路可分为主电路和控制电路,有些还带有辅助电路。一般把电源和起拖动作用的电动机之间的电路称为主电路,它由电源开关、熔断器、热继电器的热元件、接触器的主触头、电动机及其他按要求配置的启动电器等电气元件连接而成。

通常将由主令电器、热继电器的常闭触点、接触器的辅助触头、继电器和接触器的线圈等组成的电路称为控制电路。辅助电路主要是指实现电源显示、工作状态显示、照明和故障报警等的电路，它们也多由控制电路中的元件来控制完成。

2. 电气控制系统中图形符号、文字符号

电气控制电路图涉及大量的元器件，为了表达电气控制系统的设计意图，便于分析系统工作原理，安装、调试和检修控制系统，通常用图形符号来表示一个设备或概念的图形、标记或字符。电气控制电路图必须采用符合国家统一标准的图形符号和文字符号。

文字符号为电气控制电路各种器械或部件提供字母代码和功能字母代码。文字符号通常可分为基本文字符号和辅助文字符号两类。为了便于阅读和理解电气电路图，国家标准局参照国际电工委员会（IEC）颁布的有关文件，制定了我国电气设备的有关国家标准。书后附录汇总出电气控制系统的常用的一些图形文字符号，大家可以对照熟悉。

3. 电气控制系统图的绘制

按照用途和表达方式不同，电气控制系统图可分为电气原理图、电器元件布置图、电气接线图等。

(1)电气原理图。电气原理图是用图形符号和项目代号表示电器元件连接关系及电气工作原理的图形，它是在设计部门和生产现场广泛应用的电路图。现以图 2-2 CW6132 型普通车床的电气原理图为例，来说明识读电气原理图时应注意的几点绘制规则。

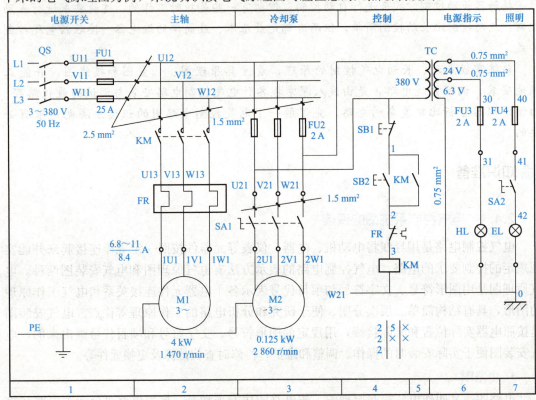

图 2-2　CW6132 型普通车床的电气原理图

1)在识读电气原理图时,一定要注意图中所有电器元件的可动部分通常表示的是在电器非激励或不工作时的状态和位置,即常态位置。

2)电气原理图电路可水平或垂直布置。一般将主电路和辅助电路分开绘制。

3)电气原理图中的所有电器元件不画出实际外形图,而采用国家标准规定的图形符号和文字符号表示,同一电器的各个部件可根据实际需要画在不同的地方,但用相同的文字符号标注。

4)电气原理图上应标注各电源的电压值、极性、频率及相数等;元器件的特性(电阻的阻值、电容的容量等);不常用电器(如位置传感器、手动触头等)的操作方式和功能。

5)在电气原理图上可将图按功能分成若干图区,以便阅读、分析、维修。

(2)电器元件布置图。电器元件布置图用来表示电气设备和电器元件的实际安装位置,是机械电气控制设备制造、安装和维修必不可少的技术文件。安装位置图可集中画在一张图上,或将控制柜、操作台的电器元件布置图分别画出,但图中各电器元件的代号应与有关原理图和元器件清单上的代号相同。在位置图中,电器元件用实线框表示,而不必按其外形形状画出。图中往往还留有10%以上的备用面积及导线管(槽)的位置,以供走线和改进设计时用。同时图中还需要标注出必要的尺寸,方便制作。CW6132型普通车床电器元件布置图如图2-3所示。

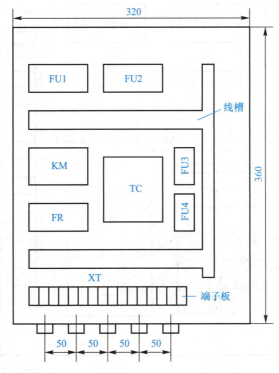

图2-3 CW6132型普通车床电器元件布置图

(3)电气接线图。电气接线图用来表明电气设备各单元之间的接线关系,主要用于安装接线、电路检查、电路维修和故障处理,在生产现场得到广泛应用。图2-4所示是CW6132型普通车床的电气接线图。识读电气接线图时应熟悉绘制电气接线图的4个基本原则。

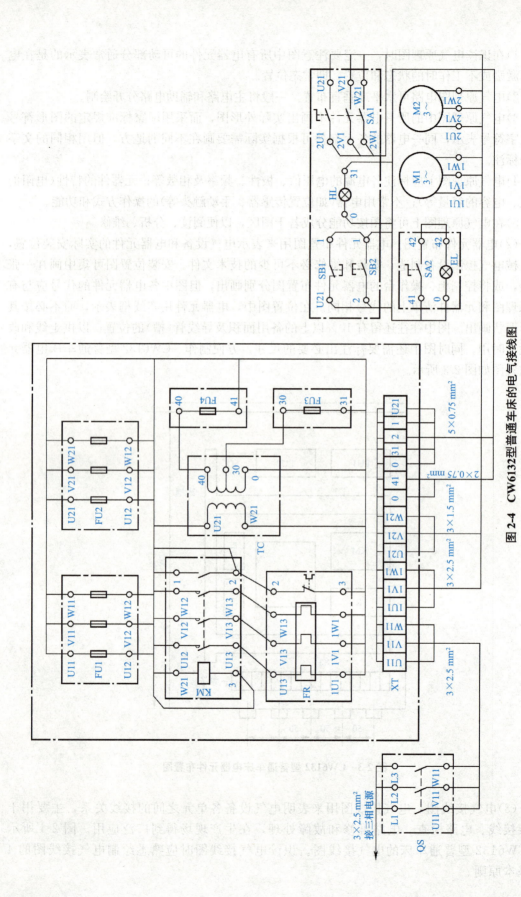

图 2-4 CW6132型普通车床的电气接线图

1)各电器元件的图形符号、文字符号等均与电气原理图一致。

2)外部单元同一电器的各部件画在一起,其布置基本符合电器实际情况。

3)不在同一控制箱和同一配电屏上的各电器元件的连接是经接线端子板实现的,电气互连关系以线束表示,连接导线应标明导线参数(数量、截面面积、颜色等),一般不标注实际走线路径。

4)对于控制装置的外部连接线应在图上或用接线来表示清楚,并标明电源引入点。

(4)原理图中连接端上的标志和编号。在电气原理图中,三相交流电源的引入线采用 L1、L2、L3 来标记,中性线以 N 表示。电源开关之后的三相交流电源主电路分别按 U、V、W 顺序标记,分级三相交流电源主电路采用代号 U、V、W 的前面加阿拉伯数字 1、2、3 等标记,如 1U、1V、1W 及 2U、2V、2W 等。电动机定子三相绕组首端分别用 U、V、W 标记,尾端分别用 U′、V′、W′ 标记。双绕组的中点则用 U″、V″、W″ 标记。

(5)控制电路原理图中的其他规定。在设计和施工图中,过去常常将主电路部分以粗实线绘出,辅助电路则以细实线绘制。完整的电气原理图还应标明主要电器的有关技术参数和用途。例如,电动机应标明其用途、型号、额定功率、额定电压、额定电流、额定转速等。

2.1.2 三相异步电动机的点动、长动控制电路分析

三相笼型异步电动机坚固耐用,结构简单,且价格经济,在生产实际中应用十分广泛。因此,在相关项目及任务中,通常均以三相笼型异步电动机为例来分析常用的电气控制电路。实际上其他类型的三相异步电动机等电气设备的电气控制电路也可以参照使用,又由于电动机的转子由静止状态转为正常运转状态的过程中,电动机的启动电流将增至额定值的 4~7 倍,会造成供电电路电压的波动。另外,频繁启动产生的较大热量会加快线圈和绝缘的老化,影响电动机使用寿命。所以,在设计电动机的控制电路时,必须考虑过载、短路等问题。

1. 电动机单向点动控制电路的分析

在生产过程中,需要点动控制的生产机械也有许多,如机床调整对刀和刀架、立柱的快速移动、电动葫芦的走车等。

(1)点动控制电路。点动控制电路是用按钮和接触器控制电动机的最简单的控制电路,分为主电路和控制电路两部分。主电路的电源引入采用了负荷开关 QS,电动机的电源由接触器 KM 主触点的通、断来控制,控制电路仅有一个按钮的常开触点与接触器线圈串联。点动控制电路的原理图和实物接线图如图 2-5 所示。

(2)工作原理分析。先合上 QS。

1)启动:按下 SB→KM 线圈得电→KM 主触头闭合→电动机 M 接通三相电源并运转。

2)停止:松开 SB→KM 线圈失电→KM 主触头断开→电动机 M 脱离三相电源并停转。

(3)点动控制的概念与特点。当按钮按下时电动机运转,按钮松开后电动机就停转的控制方式,称为点动控制。其优点是电路简单、控制动作迅速,缺点是不能实现电动机的连续运转。

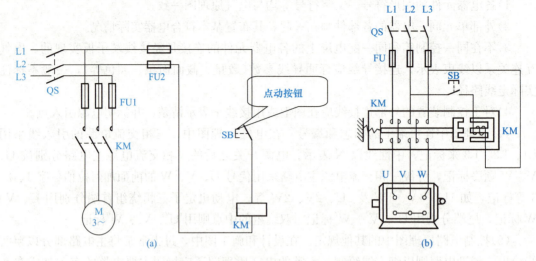

图 2-5　点动控制的原理图与实物接线图

(a)点动控制原理图；(b)点动控制实物接线图

2. 电动机单向长动控制电路的分析

上述点动控制电路要使电动机连续运行，按钮 SB 就必须一直按着不能松开，这显然不符合生产实际。事实上，在工作和生活中，电动机使用最多的是连续控制。图 2-6 所示为最典型的电动机单向长动控制电路。

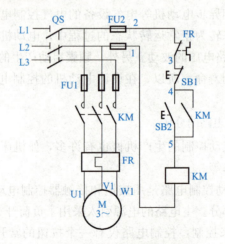

图 2-6　长动控制的原理图

(1)长动控制电路。图 2-6 左侧为主电路，由刀开关 QS、熔断器 FU1、接触器 KM 主触点、热继电器 FR 的热元件和电动机 M 构成；右侧控制电路由熔断器 FU2、热继电器 FR 常闭触点、停止按钮 SB1、启动按钮 SB2、接触器 KM 常开辅助触点和它的线圈构成。

(2)工作原理分析。首先合上电源开关 QS。

(3)自锁的概念。当启动按钮松开后,依靠接触器自身辅助动合触点使其线圈保持通电的现象称为自锁(或自保)。起自锁作用的动合触点,称为自锁触点(或自保触点),这样的控制电路称为具有自锁(或自保)的控制电路。自锁的作用是实现电动机的连续运转。

(4)电路保护环节。

1)短路保护。图 2-6 中由熔断器 FU1、FU2 分别对主电路和控制电路进行短路保护。为了扩大保护范围,在电路中熔断器应安装在靠近电源端,通常安装在电源开关下面。

2)过载保护。图 2-6 中由热继电器 FR 对电动机进行过载保护。当电动机工作电流长时间超过额定值时,FR 的动断触点会自动断开控制回路,使接触器线圈失电释放,从而使电动机停转,实现过载保护作用。

3)欠压和失压保护。图 2-6 中由接触器本身的电磁机构还能实现欠压和失压保护。当电源电压过低或失去电压时,接触器的衔铁自行释放,电动机断电停转;而当电压恢复正常时,要重新操作启动按钮才能使电动机再次运转。这样可以防止重新通电后因电动机自行运转而发生的意外事故。

2.1.3 电动机的点长联动控制电路分析

机床这类电气设备在通常工作时,一般电动机都处于连续运行状态。但机床在试车或调整刀具与工件的相对位置时,又需要对电动机进行点动控制。实现这种控制要求的电路叫作点长联动控制电路。

1. 电路图

电动机单向点长联动控制电路,如图 2-7 所示。

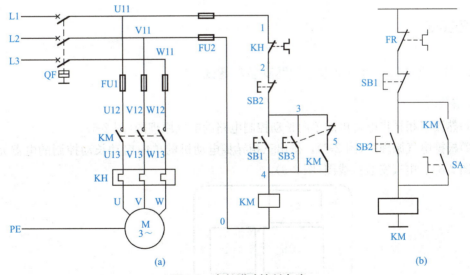

图 2-7 点长联动控制电路
(a)复合按钮切换的点长联动控制电路;(b)转换开关切换的点长联动控制电路

2. 工作原理

(1)复合按钮切换的点长联动控制电路原理。图 2-7(a)所示为复合按钮切换的点长联动控制电路。合上 QF 开关,单独按下 SB3 按钮时,为点动控制;单独按下 SB1 按钮时,为长动控制。其原理如下:

1)连续控制。

2)点动控制。

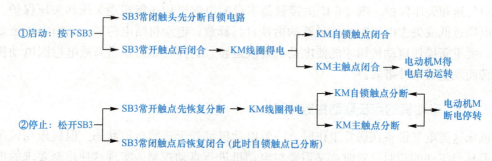

（2）转换开关切换的点长联动控制电路原理。图 2-7(b)所示为转换开关切换的点长联动控制电路。当 SA 开关打开时，与图 2-5(a)一样为点动控制；当 SA 开关闭合时，与图 2-6一样为长动控制。

任务实施

2.1.4 电动机单向长动控制电路安装与调试

1. 安装

（1）熟读三相异步电动机的单向长动控制电路的电气原理图(图 2-6)。

（2）根据电气原理图(图 2-6)，得出三相异步电动机的单向启动长动控制的电器元件布置图(图 2-8)、电气安装接线图(图 2-9)。

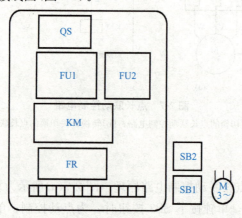

图 2-8　长动控制电器元件布置图

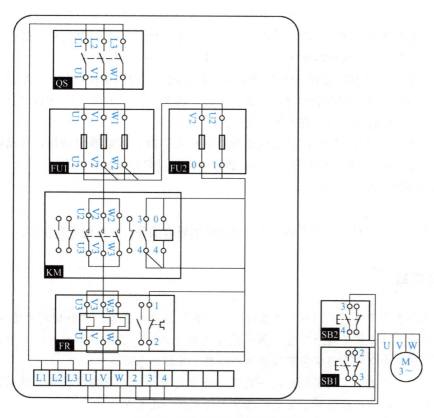

图 2-9　长动控制电气安装接线图

(3)按图 2-8 所示配齐所用电器元件,并进行质量检验。按照电器位置图(图 2-8)安装电器元件。

(4)按电气安装接线图(图 2-9)接线,注意接线要牢固,接触要良好,工艺力求美观。

(5)检查控制电路的接线是否正确,是否牢固。

2. 检查

接线完成后,检查无误,经指导教师检查允许后方可通电调试。检查方法如下:

(1)对照电路图或接线图进行粗查。从电路图的电源端开始,逐段核对接线及接线端子处的线号是否正确;检查导线接点是否牢固,否则,带负载运行时会产生闪弧现象。

(2)用万用表进行通断检查。先查主电路,此时断开控制电路,将万用表置于欧姆挡,将其表笔分别放在 U1—U2、V1—V2、W1—W2 之间的线端上,读数应接近零;人为将接触器 KM 吸合,再将表笔分别放在 U1—V1、V1—W1、U1—W1 之间的接线端子上,此时万用表的读数应为电动机绕组的值(此时电动机应为△接法)。

再检查控制电路,此时应断开主电路,将万用表置于欧姆挡,将其表笔分别放在 U2—V2 线端上,读数应为"∞";按下按钮 SB2 时,读数应为 KM 线圈的电阻值。

(3)用兆欧表进行绝缘检查。将 U 或 V 或 W 与兆欧表的接线柱 L 相连,电动机的外壳和兆欧表的接线柱 E 相连,测量其绝缘电阻应大于或等于 1 MΩ。

3. 调试

(1)在教师的监护下,通电试车。合上开关 QS,按下启动按钮 SB2,观察接触器是否吸合，电动机是否运转。在观察中，若遇到异常现象，应立即停车，检查故障。常见的故障一般分为主电路故障和控制电路故障两类。若接触器吸合，此时电动机不转，则故障可能出现在主电路中；若接触器不吸合，则故障可能出现在控制电路中。

（2）保护试验。若按下按钮 SB2 启动运转一段时间后，电源电压降到 320 V 以下或电源断电，则接触器 KM 主触点会断开，电动机停转。再次恢复电压 380 V（允许±10%波动），电动机应不会自行启动——具有欠压或失压保护。

如果电动机转轴被卡住而接通交流电源，则在几秒内热继电器应动作，自动断开加在电动机上的交流电源（注意不能超过 10 s，否则电动机过热会冒烟导致损坏）。

（3）通电试车完毕，切断电源。

4. 注意事项

接线要求牢靠，不允许用手触及各电器元件的导电部分，以免触电及伤害。

任务总结

通过本任务的学习，了解并熟悉点动、长动电气控制的原理，学会如何看懂其原理图、位置图和接线图，并能正确地安装、调试系统电路。同时还了解一些电气控制电路图的识读方法和步骤，为今后全面掌握识读其他电路打下良好的基础。

在对控制电路进行通电调试时，一定要先让指导教师检查好安装接线正确后，才可以按步骤进行通电试验，试验时一定要有指导教师监护、注意安全。

任务 2.2　三相异步电动机顺序控制

任务目标

1. 了解三相异步电动机多地控制、顺序控制电路的组成和控制特点。
2. 学会并看懂多地、顺序控制电路原理图。进一步掌握电气系统图的识图方法和步骤。
3. 能按照多地、顺序控制电路原理图或接线图正确完成电路的安装、接线和调试。
4. 会设计多地、顺序控制原理图、接线图和电器元件布置图。
5. 能对多地、顺序控制电路的故障予以排除。

任务分析

在多电动机驱动的生产机械上，各台电动机所起的作用不同，设备有时要求某些电动机按一定顺序启动并工作，以保证操作过程的合理性和设备工作的可靠性。例如，船舶柴油发电动机的冷却泵电动机都是在输油泵电动机工作使主机转动后才启动。这就对电动机启动过程提出了顺序控制的要求，实现顺序控制要求的电路称为顺序控制电路。

熟练掌握两台三相异步电动机的顺序控制原理，读懂其原理图，并能按照电器位置图、原理图正确地安装、调试系统电路，就能举一反三地掌握多电动机顺序控制的相关内容。

🧰 知识准备

2.2.1 多地控制电路分析

多地控制是指在两地或两个以上地点进行的控制操作。在大型生产设备上,为使操作人员在不同方位均能进行起停操作,常常要求组成多地控制电路。例如,船内机舱许多泵浦电动机不但要求能在泵的附近进行起停控制,而且要求能在集中控制室进行操纵。而两地控制使用频率最多,所谓两地控制,是指在两个地点各设一套电动机启动和停止用的控制按钮。

图 2-10 所示为两地控制的控制电路。其中 SB11、SB12 为安装在甲地的启动按钮和停止按钮,SB21、SB22 为安装在乙地的启动按钮和停止按钮。电路的特点是:启动按钮应并联接在一起,停止按钮应串联接在一起。这样就可以分别在甲、乙两地控制同一台电动机,达到操作方便的目的。对于三地或多地控制,只要将各地的启动按钮并联、停止按钮串联即可实现。

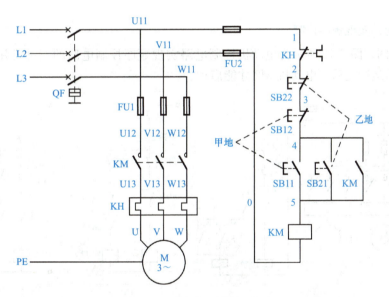

图 2-10 两地控制的控制电路

2.2.2 三相异步电动机的顺序控制电路分析

实现多台电动机的顺序启动的电路也有很多种,下面以两台电动机顺序启动的电路为例介绍几种常见的顺序控制电路。

1. 主电路实现顺序控制

(1)电路图。图 2-11 是两台电动机主电路实现顺序控制电路。电动机 M1 和 M2 分别通过接触器 KM1 和 KM2 来控制。接触器 KM2 的主触点接在接触器 KM1 主触点的下面,这样就保证了当 KM1 主触点闭合,电动机 M1 启动运转后,M2 才可能通电运转。

(2)工作原理。电路工作过程:合上电源开关 QS,按下启动按钮 SB1,接触器 KM1 线圈得电,接触器 KM1 主触点闭合,电动机 M1 启动连续运转。此后,按下按钮 SB2,接触器 KM2 线圈才能吸合自锁,接触器 KM2 主触点也同时闭合,电动机 M2 启动连续运转。按下按钮 SB3,控制电路失电,接触器 KM1 和 KM2 线圈失电,主触点分断,电动机 M1 和 M2 失电停转。

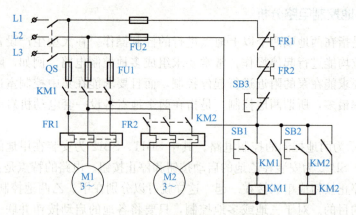

图 2-11　电动机主电路实现顺序控制电路

2. 控制电路实现顺序控制

(1)电路图。图 2-12 所示为电动机控制电路实现顺序控制电路的三种常用电路。电动机 M1 启动后运行之后,电动机 M2 才能启动。

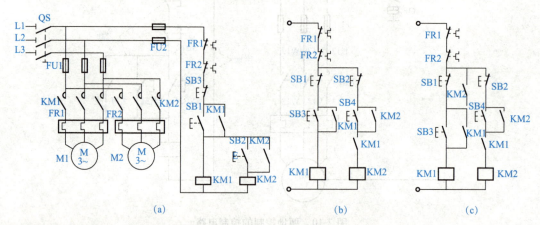

图 2-12　电动机控制电路实现顺序控制电路

(2)工作原理。

1)顺序启动同时停止控制。图 2-12(a)中,接触器 KM2 的线圈串联在接触器 KM1 自锁触点的下方,这就保证了只有当 KM1 线圈得电自锁、电动机 M1 启动后,KM2 线圈才可能得电自锁,使电动机 M2 启动。接触器 KM1 的辅助动合触点具有自锁和顺序控制的双重功能。

工作过程:合上电源开关 QS,按下按钮 SB1→KM1 线圈得电→KM1 主辅触头闭合并自锁→M1 启动运转后,再按下按钮 SB2→KM2 线圈得电→KM2 主触头闭合并自锁→M2 启动运转。

按下按钮 SB3,控制电路失电,接触器 KM1 和 KM2 线圈失电,主触点分断,电动机 M1 和 M2 失电同时停转。

2)顺序启动分别停止控制。图 2-12(b)所示控制电路,是将图 2-12(a)中 KM1 辅助动合触点自锁和顺序控制的功能分开,专门用一个 KM1 辅助动合触点作为顺序控制触点,串联在接触器 KM2 的线圈回路中。当接触器 KM1 线圈得电自锁、辅助动合触点闭合后,接触器 KM2 线圈才具备得电工作的先决条件,同样可以实现顺序启动控制的要求。在该电路中,按下停止按钮 SB1 和 SB2 可以分别控制两台电动机使其停转。

3)顺序启动逆序停止控制。图 2-12(c)所示的控制电路,该电路除具有顺序启动控制功能以外,还能实现逆序停车的功能。图 2-12(c)中,接触器 KM2 的辅助动合触点并联在停止按钮 SB1 动断触点两端,只有接触器 KM2 线圈失电(电动机 M2 停转)后,操作 SB1 才能使接触器 KM1 线圈失电,从而使电动机 M1 停转,即实现电动机 M1、M2 顺序启动,逆序停车的控制要求。

任务实施

2.2.3 顺序控制电路安装与调试

1. 安装

(1)熟悉电气原理图(图 2-12),分析控制电路实现电动机顺序控制电路的控制关系。

(2)对照图 2-12(a)的电气原理图,认真阅读图 2-13 所示的电动机顺序控制电路电气安装接线图。

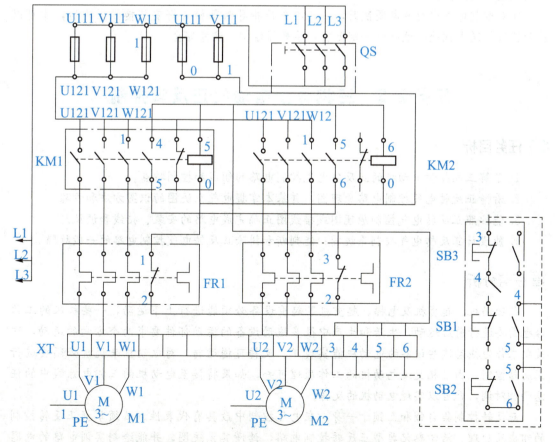

图 2-13 电动机顺序控制电路电气安装接线图

(3)根据实际负载的需要，选择合适的交流接触器、热继电器、按钮等电器元器，并检查元器件是否完好。

(4)在实训控制板上，按照电器元件安装位置图的有关原则，安排固定好电器元件。

(5)按电气安装接线图(图2-13)接线。注意接线要牢固，接触要良好，文明操作。

(6)在接线完成后，若检查无误，经指导教师检查允许后方可通电调试。

2. 调试

(1)接通三相交流电源。按下SB2，观察并记录电动机和接触器的运行状态。

(2)按下SB1，观察并记录电动机和接触器的运行状态。

(3)按下SB1，再按下SB2观察并记录电动机和接触器的运行状态。

3. 注意事项

SB2与KM2的动合触点应接在KM1自锁触点的后面，防止接到前面而不能实现电动机顺序控制。

任务总结

通过本任务的学习，了解并掌握多地、顺序电气控制的电气原理，学会如何看懂其原理图、位置图和接线图，并能正确地安装、调试系统电路。同时进一步熟悉电气控制电路图的识读方法和步骤。

在对控制电路进行通电调试时，一定要先让指导教师检查好安装接线正确后，才可以按步骤进行通电试验，试验时一定要有指导教师监护、注意安全。

任务2.3　三相异步电动机正反转控制

任务目标

1. 了解三相异步电动机的正反转电气控制电路的组成和控制特点。
2. 看懂正反转电气控制电路原理图，并基本掌握电气系统图的识图方法和步骤。
3. 能按照正反转电气控制原理图或接线图正确完成电路的安装、接线和调试。
4. 能设计正反转电气控制系统图；能判断和排除正反转电气控制电路的一般故障。

任务分析

船舶锚机、起货机及电梯、起重机等起重设备必须能进行上下运动，一些机床的工作台也需要进行前后运动，生活和生产中很多拖动设备的运动部件要求两个方向的运动，这就要求作为拖动这些设备的电动机能实现正、反转可逆运转，对电动机来说就必须要进行正反转控制。由三相交流电动机的工作原理可知，如果将接至电动机的三相电源线中的任意两相对调，就可以实现电动机的反转。

正反转控制集自锁和互锁于一身，在电气控制中最具有代表性。必须掌握正反转控制的组成及原理，活学熟记典型正反转控制电路，读懂其系统图，并能绘制实训电路的电器元件布置图，对照绘制电气安装接线图，正确地完成系统电路的安装与调试系统，全面掌握正反转控制电路的典型应用。

知识准备

2.3.1 倒顺开关正反转控制电路分析

倒顺开关控制也叫作可逆转换开关，属于组合开关的类型。它有3个操作位置：Ⅰ（正转）、0（停止）和Ⅱ（反转），图2-14(a)所示为倒顺开关控制的结构。常用倒顺开关控制正反转控制电路有两种：一种是倒顺开关直接正反转控制；另一种是倒顺开关和接触器联合正反转控制。

1. 电路图

倒顺开关控制的结构及正反转控制的电路如图2-14所示。

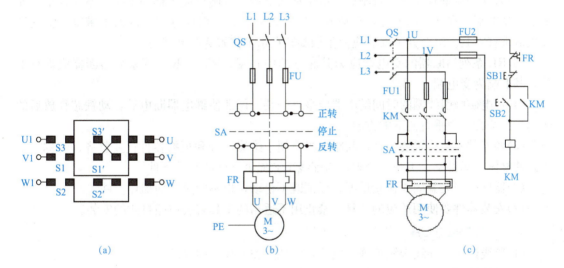

图 2-14 倒顺开关正反转控制电路
(a)倒顺开关控制；(b)倒顺开关直接正反转控制；(c)倒顺开关和接触器联合正反转控制

2. 工作原理及电路特点分析

(1)倒顺开关直接正反转控制原理。如图2-14(b)所示，倒顺开关直接控制电动机正反转的电路，该电路为纯手动控制。工作原理：合上QS开关，当开关手柄置于"正转"位置时，动触片分别将U—L1、V—L2、W—L3相连接，使电动机实现正转；当开关手柄置于"反转"位置时，动触片分别将U—L3、V—L2、W—L1接通，使电动机实现反转；当开关手柄置于中间位置时，两组动触片均不与固定触点连接，电动机停止旋转。

倒顺开关直接正反转控制电路所用电器少，电路简单，但这是一种手动控制电路，频繁换向时操作人员的劳动强度大、操作不安全，因此一般只用于控制额定电流10A、功率在5.5 kW以下的小容量电动机。

(2)倒顺开关和接触器联合正反转控制原理。对于容量大于5.5 kW的电动机，也可用图2-14(c)控制电路进行控制。它是利用倒顺开关来改变电动机相序，预选电动机旋转方向，而由一个接触器KM来接通与断开电源，控制电动机启动与停止。由于采用接触器通断负载电路,则可实现过载保护和失压与欠压保护。但该电路由于操作不太方便,控制也比较烦琐等原因,生产中使用得不太多。

2.3.2 电气控制电路安装工艺

1. 电器安装工艺要求

对于定型产品一般必须按电器元件布置图、接线图和工艺的技术要求去安装电器,要符合国家或企业标准化要求。

在安装电气控制电路时,如果手里只有电气原理图,没有电器元件位置图,这时就要按照电气工艺施工的要求,合理布置、安装好相关电器元器件。布局安排是否合理,在很大程度上不仅影响着整个电路的工艺水平的高低,还影响着整个控制电路的安全性和可靠性。布局方案不求完全一致,但都要注意以下几点:

(1)仔细检查各器件是否良好,规格型号等是否合乎要求。

(2)刀开关应垂直安装。合闸后,应手柄向上指,分闸后应手柄向下指。不允许平装或倒装。受电端应在开关的上方,负荷侧应在开关的下方,保证分闸后闸刀不带电。空气开关也应垂直安装。组合开关安装应使手柄旋转在水平位置为分断状态。

(3)RL系列熔断器的受电端应为其底座的中心端。RT0、RM等系列熔断器应垂直安装,其上端为受电端。

(4)带电磁吸引线圈的时间继电器应垂直安装。保证使继电器断电后,动铁芯释放后的运动方向符合重力垂直向下的方向。

(5)各器件安装位置要合理,间距适当,便于维修查线和更换器件;要整齐、匀称、平正。使整体布局科学、美观、合理,为配线工艺提供良好的基础条件。

(6)器件的安装紧固要松紧适度,保证既不松动,也不因过紧而损坏器件。

(7)安装器件要使用适应的工具,禁止用不适当的工具安装或敲打式的安装。

2. 电气控制电路布线的基本要求及方法

(1)导线连接。导线接线正确,应符合原理图和配线图的要求。

(2)导线排列。

1)横平竖直,即各线束与箱体呈水平或垂直排列。

2)整齐划一,即各柜、屏及各线束布线方式一致,走向一致,捆扎与固定方式及间距一致,线束各层高度一致,垂直位置一致。

3)牢固美观,即各线束中的线均拉直、捆扎并固定牢固。

(3)下线。

1)根据装置的结构形式、元器件的位置确定线束的长短、走向及安装固定方法。

2)装有电子器件的控制装置,一次线和二次线应分开走,尽可能各走一边。

3)过门线一律采用多股软线,下线长度保证门开到极限位置时不受拉力影响。

(4)行线。行线方式分为捆扎法和行线槽法。

1)捆扎法:布线以后,在各电路之间不致产生相互干扰或耦合的情况下,对相同走向的导线可以采用捆扎法形成线束。

2)行线槽法:行线槽法布线将导线按走向分为水平和垂直两个方向布放在行线槽内,而不必对导线施行捆扎。

导线线端的标号方向以阅读方便为原则,一般为水平方向从左至右、垂直方向从下往上。

3. 板前配线的工艺要求

板前配线是指在电器安装板正面明线敷设，完成整个电路连接的一种配线方法。这种配线方式的优点是便于维护维修和查找故障，要求讲究整齐美观，因而配线速度稍慢。

板前配线一般应注意以下几点：

(1) 要把导线伸直拉平，去除小弯。

(2) 配线尽可能短，根数尽可能少，要以最简单的形式完成电路连接。符合同一个电气原理图的实际接线方式会有多种形式，也会由于工作习惯，接法会因人而异。但是，简单实用的方案不仅节约线材，还会使故障隐患点减少，因而，在具备同样控制功能条件下"以简为优"。

(3) 排线要求横平竖直，整齐美观。变换走向应垂直变向，杜绝行线歪斜。

(4) 主、控电路在空间的平面层次，不宜多于3层。

(5) 同类导线，同层密排或间隔均匀。长距离线紧贴敷面并行走，尽可能避免空中飞线。

(6) 同一平面层次的导线应高、低一致，前后一致，避免交叉接线。

(7) 对于较复杂的电路，宜先配控制回路，后配主回路。

(8) 线端剥皮的长短要适当，并且保证不伤芯线。

(9) 压线必须可靠，不松动。既不压线过长而压到绝缘皮，又不露导体过多。

(10) 器件的接线端子，瓦式和插孔式端子采取直压方式，带园垫圈的用圈压法。当直压处直压，该圈压处圈压，并避免反圈压线。一个接（压）线端子上禁止"一点压三线"。

(11) 盘外电器与盘内电器的连接导线，必须经过接线端子板压线。

(12) 主、控回路线头均应穿套线头码（回路编号），便于装配和维修。

应该指出，以上几点要求中，有些要求是相互制约或相互矛盾的，如"配线尽可能短"与"避免交叉"等。这需要反复实践操作，积累一定经验，才能统筹好和掌握好的工艺要领。

4. 槽板配线的工艺要求

槽板配线采用塑料线槽板做通道，除器件接线端子处一段引线暴露外，其余行线隐藏于槽板内的一种配线方法。它的特点是配线工艺相对简单，配线速度较快，适合某些定型产品的批量生产配线。但线材和槽板消耗较多。作业中除了剥线、压线、端子使用等方面与板前配线有相同的工艺要求外，还应注意以下几点要求：

(1) 根据行线多少和导线截面，估算和确定槽板的规格型号。配线后，宜使导线占有槽板内空间容积约70%。

(2) 规划槽板的走向，并按一定合理尺寸裁割槽板。

(3) 槽板换向应拐直角弯，衔接方式宜用横、竖各45°对插方式。

(4) 槽板与器件的间隔要适当，以方便压线和换件。

(5) 安装槽板要紧固可靠，避免敲打而引起破裂。

(6) 所有行线的两端，应无一遗漏地、正确地套装与原理图一致编号的线头码。

(7) 应避免槽板内的行线过短而拉紧，应留有少量裕度，并尽量减少槽内交叉。

(8) 穿出槽板的行线，以尽量保持横平竖直，间隔均匀，高低一致，避免交叉。

2.3.3 电动机正反转控制电路分析

常用的正反转控制电路有接触器联锁的正反转控制电路、按钮联锁的正反转控制电路、按钮和接触器双重联锁的正反转控制电路。电动机正反转控制电路如图 2-15 所示,它们的共同点是由两个按钮分别控制两个接触器来改变电源相序,实现电动机正反向控制。正转接触器 KM1 主触头闭合时,电动机相序：L1—U、L2—V、L3—W。反转接触器 KM2 主触头闭合,电动机相序：L1—W、L2—V、L3—U。

1. 接触器联锁的正反转控制电路的分析

(1)接触器不联锁的正反转控制电路。图 2-15(a)所示为最简单的电动机正反转控制电路。按下启动按钮 SB2 或 SB3,此时 KM1 或 KM2 得电吸合,KM1 或 KM2 主触头闭合并自锁,电动机正转或反转该电路电动机正向(反向)运转。按下停止按钮 SB1,电动机停止运行。

该电路的最大缺点是,当电动机正向(反向)运转时,如果直接按下反向(正向)启动按钮,接触器 KM2(KM1)线圈也同时通电,其主触头闭合,造成电源两相短路。因此,该电路由于可靠性很差,实际中一般不采用。

(2)接触器联锁的正反转控制电路。

1)电路构成。为了避免两个接触器同时得电而造成电源相间短路的事故,改进电路如图 2-15(b)所示,它是在图 2-15(a)的电路基础上将接触器 KM1、KM2 线圈各自的支路中相互串联了对方的常闭辅助触头,以保证接触器 KM1 与 KM2 不会同时通电。两对常闭辅助触头 KM1、KM2 在电路中所起的作用为互锁(联锁),这两对触头称为互锁触头。这种利用接触器(或继电器)常闭触头的互锁方式也称为电气互锁。它要求在改变电动机转向时,必须先按停止按钮 SB1,再按反转按钮,才能使电动机反转。

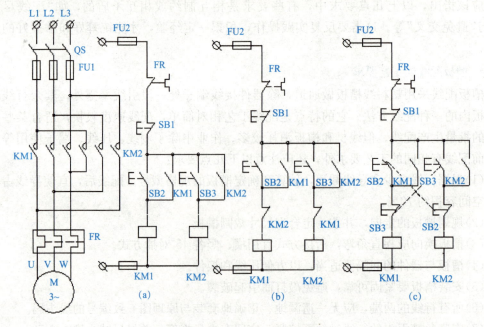

图 2-15 电动机正反转控制电路

2)工作原理。图2-15(b)显示出接触器联锁的正反转控制电路原理,合上电源开关QS。

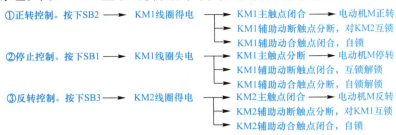

图2-15(b)的控制电路做正反向操作控制时,必须首先按下停止按钮SB1,然后反向启动,因此,此电路只能构成正一停一反的操作顺序。

2. 按钮联锁的正反转控制电路的分析

如要求频繁实现正反转的控制电路,可采用图2-15(c)所示电路,它是将图2-15(b)接触器KM1与KM2的常闭互锁触头去掉,换上正、反转按钮SB2、SB3的常闭触头。利用按钮的常开、常闭触头的机械连接(按下按钮时常闭触头先断开,然后常开触头闭合,释放按钮时常开触头先断开,然后常闭触头闭合)在电路中相互制约。这种互锁方式称为机械互锁。

这种电路操作虽然方便,但容易产生短路故障。例如,当KM1主触头发生熔焊或有杂物卡住,即使其线圈断电,主触头也可能分断不开。此时,若按下SB2,KM2线圈得电,其主触头闭合,这就发生了两接触器主触头同时闭合的情况,造成电源两相短路。因此,单用复合按钮互锁的电路安全性能并不高。在实际工作中,经常采用的按钮和接触器双重联锁的正反转控制电路。

3. 按钮和接触器双重联锁的正反转控制电路的分析

(1)电路构成。按钮和接触器双重联锁的正反转控制电路是在接触器联锁的基础上,又增加了按钮联锁,故兼有两者的优点,使电路更安全、可靠、实用。这种具有电气、机械双重互锁的控制电路是特别适合中、小型电动机的可逆旋转控制,它既可实现正转—停止—反转—停止的控制,又可实现正转—反转—停止的控制,如图2-16所示。

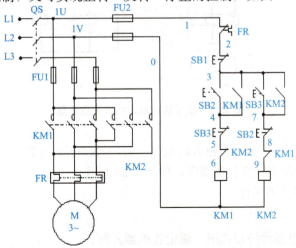

图2-16 按钮和接触器双重联锁的正反转控制电路

(2)工作原理。合上电源开关 QS。

1)正转控制。

2)反转控制。

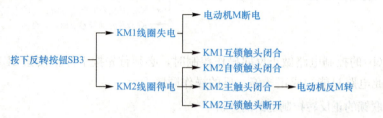

任务实施

2.3.4 接触器联锁正反转控制电路安装与调试

1. 设计

(1)认真观察图 2-15 的电动机正反转控制电路,动手画出三相异步电动机接触器联锁正反转控制电路的实训原理图,并在控制电路图中标上线号,如图 2-17 所示。

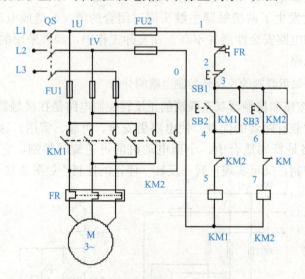

图 2-17 正反转控制电路实训原理图

(2)根据电气原理图,绘制接触器联锁"正—停—反"实训电路的电器元件布置图,如图 2-18 所示。对照绘制电气安装接线图,如图 2-19 所示。

(3)选择并检查各电器元件。

2. 安装

(1)按照图 2-18 电器元件布置图,固定各电器元件。

(2)按照图 2-19 所示的互锁电路的接线图,进行板前明线布线和套编码套管。

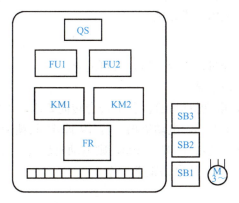

图 2-18 正反转控制电路电器元件布置图

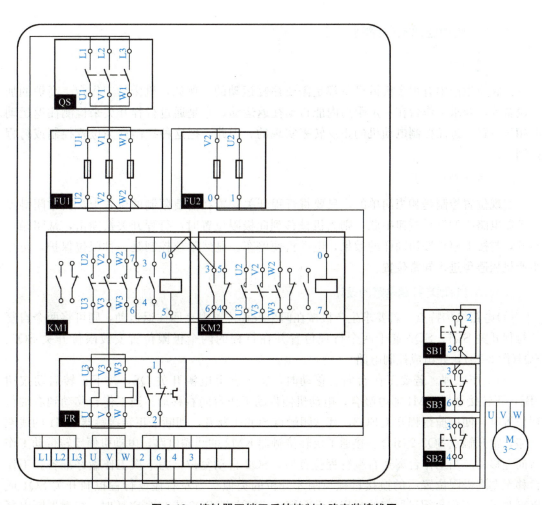

图 2-19 接触器互锁正反转控制电路安装接线图

布线做到：整齐、横平竖直、分布均匀；走线合理；套编码套管正确；严禁损伤线芯和导线绝缘；接点牢靠，不得松动，不得压绝缘层，不反圈、不露线芯太长等。

(3)用万用表检查控制电路是否正确。

3. 调试

(1)安装完毕后，必须经过认真检查后，方可通电。

(2)在教师的监护下，通电试车。

接通电源，按下 SB2，电动机应正转(若不符合转向要求，可停机，换接电动机定子绕组任意两个接线即可)。按下 SB3，电动机仍正转(因 KM1 联锁断开)。如果要电动机反转，应按下 SB1，使电动机停转，然后再按下 SB3，则电动机反转，若电动机不能正常工作，则应立即停车，分析并排除故障，使电路正常工作。

知识拓展

2.3.5 自动往返循环控制

1. 位置控制

工农业生产中有很多机械设备都是需要往复运动的。例如，机床的工作台、高炉的加料设备等，要求工作台在一定距离内能自动往返运动，它是通过行程开关来检测往返运动的相对位置，进而控制电动机的正反转来实现的。因此，把这种控制称为位置控制或行程控制。

2. 位置控制的实现

实现位置控制是相当简单的，只要将行程开关安置在需要限制的位置上，其常闭触点与控制电路中的停止按钮串联，则当机械移到此极限位置时，行程开关被撞击，常闭触点断开，与按下停止按钮同样的效果，电动机便停车。显然限位控制是一种限位保护，防止生产机械避免进入异常位置。

3. 自动往返循环控制电路的设计

(1)电路结构特点。若要求生产机械在两个行程位置内来回往返运动，则可将两个自复位行程开关 SQ1、SQ2 置于两个行程位置并在行程的两个极限位置安放限位开关 SQ3、SQ4(图 2-20)，并组成控制电路。

(2)工作原理。若要工作台向右移动时，首先合上电源开关 QS，按下正转启动按钮 SB2，正转接触器 KM1 通电吸合，电动机便带动工作台向右移动。当工作台移动到右端行程位置时，便碰撞行程开关 SQ2，其常闭触点 SQ2-1 断开，切断了正转接触器 KM1 的线圈电路，常开触点 SQ2-2 闭合，接通了反转接触器 KM2 的线圈电路，电动机便反转带动工作台向左移动。当工作台离开右端行程位置后，SQ2 自动复位，为下次工作做好准备。工作台移至左端极限位置后的换接过程与刚才分析的类似。当左右往返行程控制开关 SQ1 或 SQ2 失灵，工作台超过原定的行程移动范围，碰撞左端 SQ3 或右端 SQ4 时，接触器断电释放，实现了限位保护功能。

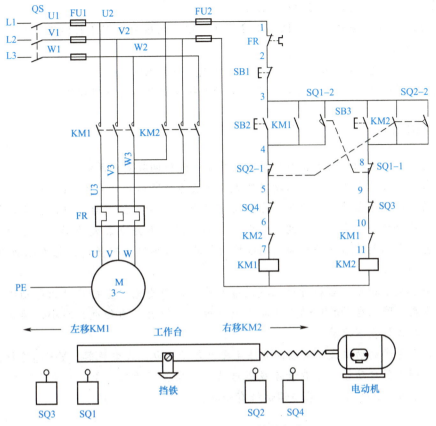

图 2-20 自动往返循环控制电路

任务总结

通过本任务的学习,了解并掌握了典型正反转控制电路的原理;看懂其原理图、位置图和接线图,并能正确地安装、调试其系统电路;较全面地掌握正反转控制电路的典型应用,基本掌握电气控制电路图的识读方法和步骤。

在安装接线时,一定要做到正确、牢固、美观,按照工艺步骤去做。在对电路进行通电调试时,一定要先让指导教师检查好安装接线正确后,才可以按步骤进行通电试验,试验时一定要有指导教师监护、注意安全。

任务2.4 三相笼型异步电动机启动控制

任务目标

1. 了解三相笼型异步电动机启动电气控制电路的组成和控制特点。
2. 读懂三相笼型异步电动机启动电气控制电路图。

3. 较好地掌握电气系统图的识图方法和步骤。

4. 能通过三相笼型异步电动机降压启动电气控制电路原理图或接线图正确完成电路的安装、接线和调试。

5. 能设计出典型的三相异步电动机启动电气控制系统图。

6. 能判断和排除三相笼型异步电动机启动电气控制电路的一般故障。

任务分析

三相笼型异步电动机的启动有全压直接启动和降压间接启动两种。

对于容量不大的交流电动机启动转矩小,一般为额定转矩的 0.8~1.3 倍,适用空载或轻载下启动,待转速上升后,就可以承担额定负载。此时,虽然启动电流很大,但启动时间很短,在几分之一秒至数秒之间,对电动机和电网都不会有太大的影响,可以全压直接启动。这类需要不大的启动转矩和长期连续运行的电拖系统比较多,如电力拖动的离心泵、通风机等机械设备。

有时为了减小和限制启动时对机械设备的冲击,即使允许直接启动的电动机,也采用降压启动方式。降压启动的目的在于减小启动电流,但启动力矩也将减小,因此,降压启动仅适用空载或轻载下启动。

三相笼型异步电动机减压启动的方法主要有定子串电阻或电抗器、Y—△连接、延边三角形和自耦调压器启动等。在看懂各减压启动控制原理图的基础上,再重点掌握典型电路Y—△降压启动控制电路的安装与调试很有必要。

知识准备

2.4.1 定子串电阻或电抗器启动控制分析

全压直接启动和降压间接启动是电动机启动的两种方式,各适用不同状态。

全压直接启动是一种简单、可靠、经济的启动方法,但电动机的启动电流为额定电流的 4~7 倍。过大的启动电流一方面会造成电网电压显著下降,直接影响在同一电网工作的其他电动机及用电设备正常运行;另一方面电动机频繁启动会严重发热,加速线圈老化,缩短电动机的寿命。当三相笼型异步电动机容量较大,不能进行直接启动时,应采用降压间接启动。降压间接启动是指启动时降低加在电动机定子绕组上的电压,启动后再将电压恢复至额定值,使之在正常电压下运行。一般规定:电源容量在 180 kV·A 以上的,电动机的功率在 10 kW 以下的三相笼型异步电动机可采用全电压直接启动。判断一台交流电动机能否全压直接启动,还可以用下面的经验公式来确定:

$$\frac{I_{St}}{I_N} \leqslant \frac{3}{4} + \frac{S_B}{4 \times P_N}$$

式中　I_{St}——启动电流;
　　　S_B——电力变压器容量。

电动机启动时,在定子绕组上串接电阻或电抗,利用电阻或电抗压降,使加在电动机定子绕组上电压低于电源电压,待电动机启动后将电阻(或电抗)短接,进入全电压下正常运行。这就是定子绕组串接电阻(或电抗器)降压启动的方法。

1. 时间继电器控制定子串电阻启动控制基础电路

(1)电路结构。时间继电器控制降压自动启动电路基础电路如图 2-21 所示。

由电路的控制电路可以看出，接触器 KM1 和 KM2 满足顺序控制条件。KM1 为电路接触器，它从启动到正常运行始终通电工作，在启动时为启动接触器。KM2 为运行接触器，又叫作加速接触器，短接启动电阻(或电抗)，SB1 为启动按钮，SB2 为停止按钮，KT 为时间继电器，FR 为热继电器，FU 为熔断器，QS 为开关。启动时只需按下启动按钮 SB1，由启动过程到全压运行便可自动完成。

(2)工作原理。先合上开关 QS，按 SB1 按钮，KM1 线圈经 FR、SB1、SB2 得电并自锁，同时时间继电器 KT 得电，KM1 主触点闭合，电动机串电阻启动。延时 t 时间后，时间继电器常开触点闭合，接触器 KM2 得电并自锁，短路启动电阻 R，电动机进入正常工作状态。

停止时，按动 SB2 停止按钮即可实现。

电动机进入正常运行后，KM1、KT 始终通电工作，不但消耗了电能，而且增加了出现故障的概率。若发生时间继电器触点不动作故障，将使电动机长期在降压下运行，造成电动机无法正常工作，甚至烧毁电动机。

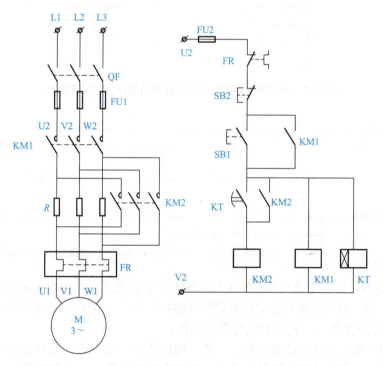

图 2-21 时间继电器控制定子串联电阻降压启动控制基础电路

2. 时间继电器控制定子串电阻启动控制实用电路

图 2-22 所示是对上述图 2-21 基础电路的缺陷进行改进后的常用电路。

(1)电路结构。该电路中的 KM1 和 KT 只是在启动过程中短时接入减压，待电动机全压运行后就从电路中切除。从而延长了 KM1 和 KT 的使用寿命，节约了能源，提高了可靠性。

(2)工作原理。首先合上电源开关 QS。

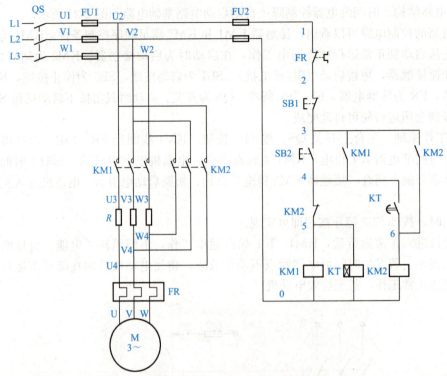

图 2-22 时间继电器控制定子串联电阻启动控制实用电路

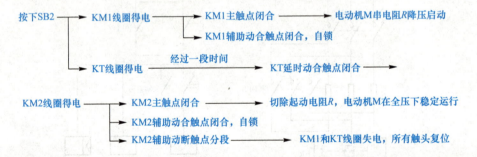

(3)应用选择。因为电动机启动转矩与所加电压平方成正比,当串电阻或电抗降压至额定电压的 50% 时,启动转矩只有全压直接启动转矩的 25%,因此可从定量角度进一步说明此方法仅适用启动转矩不大的空载或轻载的场合。

三相笼型异步电动机的启动电阻,一般采用阻值小、功率大、允许通过较大电流的铸铁电阻,如 ZX1、ZX2 系列电阻器组成,三相所串阻值相等。由于降压启动电阻只在启动的短时间内有电流流过,为了缩小启动电阻的体积,实际选用的电阻功率可取计算功率值 P_g 的 1/4 或 1/5。

采用定子串电阻降压启动的缺点:减小了电动机启动转矩;在电阻上功率损耗较大;如果启动频繁,则电阻的温升很高,对于精密的机床等设备会产生一定的影响。

2.4.2 自耦变压器降压启动控制分析

在自耦变压器降压启动控制电路中,电动机启动电流的限制是依靠自耦变压器的降压作用来实现的。电动机启动的时候，定子绕组得到的电压是自耦变压器的二次电压，一旦启动完毕，自耦变压器便被短接，额定电压即自耦变压器的一次电压直接加于定子绕组，电动机进入全电压正常工作。

1. 两个接触器控制的自耦变压器降压启动控制电路

(1)电路结构。图2-23所示为两个接触器控制的自耦变压器降压启动控制电路。图中KM1为降压接触器，KM2为正常运行接触器，KT为启动时间继电器，KA为启动中间继电器。

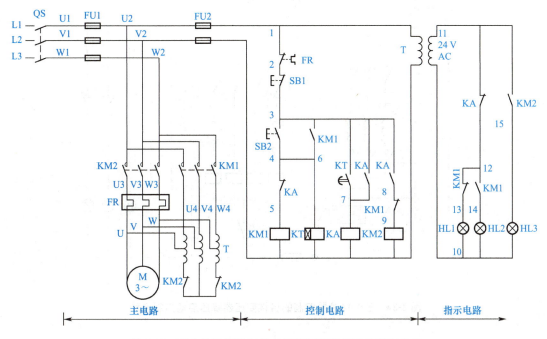

图 2-23 两个接触器控制的自耦变压器降压启动控制电路

(2)工作原理。合上电源开关QS。

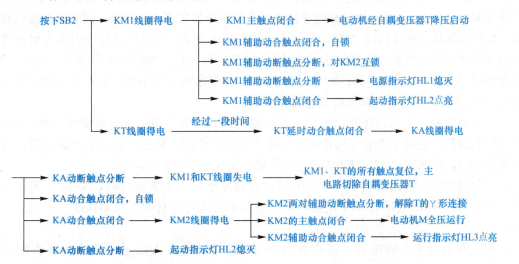

2. 三个接触器控制的自耦变压器降压启动控制电路

(1)电路结构。图 2-24 所示为三个接触器控制的自耦变压器降压启动控制电路。图中选择开关 SA 有自动与手动位置，KM1、KM2 为降压启动接触器，KM3 为正常运行接触器，KA 为启动中间继电器，KT 为时间继电器，HL1 为电源指示灯，HL2 为降压启动指示灯，HL3 为正常运行指示灯。

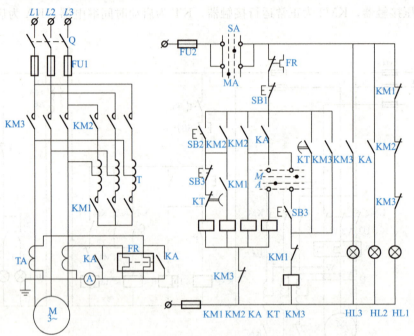

图 2-24　三个接触器控制的自耦变压器降压启动控制电路

(2)工作原理。合上电源开关 Q。

1)自动控制。当 SA 置于自动控制位置 A 时，HL1 点亮，表明电源正常。按下启动按钮 SB2，KM1、KM2 相继通电并自锁，HL1 变暗，KM1 触点先将自耦变压器做星形连接，再由 KM2 触点接通电源，电动机定子绕组经自耦变压器实现降压启动。同时 KA 通电并自锁，KT 也通电，此时 HL2 点亮，表示正在进行降压启动，在启动过程中由 KA 触点将电动机主电路电流互感器二次侧的热继电器 FR 发热元件短接。当时间继电器 KT 延时已到，相应延时触点动作，使 KM1、KM2、KA、KT 相继断电，而 KM3 通电并自锁，指示灯 HL3 点亮进入正常运行，降压启动过程结束。

2)手动控制。若将选择开关 SA 扳在手动控制 M 位置，当按下启动按钮 SB2，电动机降压启动过程的电路工作情况与自动控制时工作过程相同，只是在转接全压运行时，尚需再按下 SB3，使 KM1 断电，KM3 通电并自锁，实现全压下正常运行。

3)其他环节。电路的联锁环节：电动机启动完毕投入正常运行时，KM3 常闭触点断开，使 KM1、KM2、KA、KT 电路切断，确保正常运行时自耦变压器切除，只在启动时短时接入。

中间继电器 KA 断电后，将热继电器 FR 发热元件接入定子电路，实现长期过载保护。

在操作按钮 SB2 时，要求按下时间稍长一点，待 KM2 通电并自锁后才可松开，不然自耦变压器无法接入，不能实现正常启动。

3. 自耦变压器降压启动的应用

自耦变压器降压启动常用于电动机容量较大的场合，启动转矩可以通过改变抽头的连接位置得到改变，如无大容量的热继电器，也可采用电流互感器后使用小容量的热继电器来实现过载保护。

但是由于自耦变压器价格较高，操作麻烦，而且不允许频繁启动，故使用频率并不太高。

2.4.3 延边三角形降压启动控制分析

"延边三角形启动法"，适用定子绕组为特殊设计的 Y 系列（或 JQ3 系列）异步电动机，正常工作时为三角形接法。通常的电动机定子为 6 个接线头，而这类电动机有中间抽头为 9 个接线头，如图 2-25(a)所示。启动时，把定子三相绕组的一部分接成三角形，另一部分接成 Y 形，使整个绕组接成延边三角形，如图 2-25(b)所示，由于图形像一个三角形的三边延长后的图形，所以称为延边三角形。

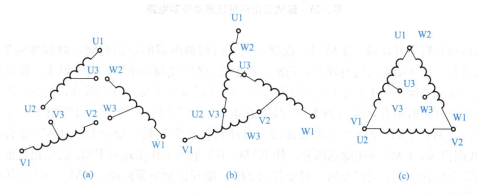

图 2-25　延边三角形接法时绕组连接方法
(a)原始状态；(b)启动时；(c)正常运转

启动时，将电源接在 3 个绕组的始端 U1/V1/W1。待电动机启动完毕后，再将其绕组的 3 个始端分别与 3 个尾端 U2/V2/W2 连接成三角形，电动机正常运行，如图 2-25(c)所示。此时电源分别与 U1 和 W2，V1 和 U2，W1 和 V2 相连接。启动时，每相绕组所承受的电压值，比三角形接法时的相电压要低，比星形接法时的相电压要高，介于两者之间（220～380 V），所以启动电流和启动转矩也介于直接启动和星、三角启动之间。

1. 电路结构

三相笼型异步电动机定子绕组接成的延边三角形降压启动控制电路如图 2-26 所示。图中 KM1 为共用接触器，KM2 为延边三角形降压启动接触器，KM3 为正常运行接触器。

2. 工作原理

先合上 QS 开关。按下启动按钮 SB2，接触器 KM1、KM3 线圈和时间继时器 KT 线圈同时获电，接触器 KM1 和 KM3 的主触头闭合，使电动机绕组 U1/V1/W1 点与电源 L1/L2/L3 接通，U2/V2/W2 三点分别与 V3/W3/U3 三点连接，电动机接成延边三角形降压启动。KM1 和 KM3 相应的辅助触头动作，起自锁、联锁作用。

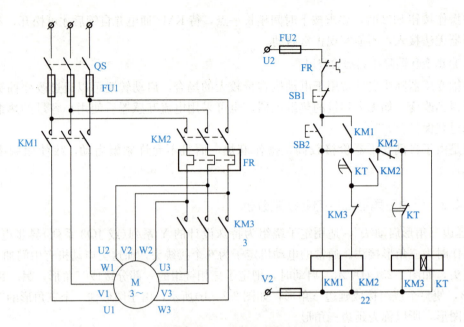

图 2-26 延边三角形降压启动控制电路

当电动机转速升高到一定值时,也就是到了时间继电器的整定时间,时间继电器 KT 的触头动作,使常闭触头延时断开,切断了接触器 KM3 线圈的电源,其主触头、辅助触头均复原,电动机绕组的 U2 与 V3、V2 与 V3、W2 与 V3 三个接点分别断开;同时,时间继电器 KT 常开延时闭合,接触器 KM2 线圈获电,主触头闭合,使电动机绕组 U1 与 W2、V1 与 U2、W1 与 V2 分别为三角形接法,电动机便正常运转。辅助触头 KM2 闭合,使 KM2 线圈自锁,KM2 常闭触点断开,使 KM3、KT 退出工作实现与 KM2 的互相联锁。

SB1 为停止按钮,需停车时,只要按动 SB1,断开控制电源回路,KM1、KM2 线圈失电,电动机停止。

3. 应用情况

三相笼型异步电动机采用延边三角形降压启动时,其启动转矩比现在常用的星形—三角形降压启动时大,并且可以在一定范围内进行选择。从结构上看比自耦变压器降压启动简单,并克服了自耦变压不允许频繁启动的缺点,而且维修方便。经过实际应用证明,它是一种值得推广的启动新方法。由于使用这种新方法要求电动机在制造时备有的抽头较多,而一般普通电动机(只有 6 个出线端头,无抽头)不能使用这种方法,这是目前暂时尚未得到广泛应用的原因,也就是在更大的范围内人们还没有认识它,没有在使用中去体会它的优点和带来的良好效益。

2.4.4 三相异步电动机 Y—△降压启动控制分析

Y—△星形—三角形降压启动是指电动机启动时,把定子绕组接成星形,以降低启动电压,限制启动电流,待电动机启动后,再把定子绕组改接为三角形,使其全压运行。只有正常运转时定子绕组接成三角形接法的三相异步电动机可以采用此降压启动方法。

启动时,定子绕组首先接成星形,待转速上升到接近额定转速时,将定子绕组的接线由星形换接成三角形,电动机便进入全电压正常运行状态。因功率在 4 kW 以上的三相笼型异步电动机均为三角形接法,故都可以采用星形—三角形启动方法。此方法既简便又经济,故使用比较普遍。

1. 按钮切换 Y—△降压启动控制电路

(1)电路结构。图 2-27 所示为按钮切换 Y—△降压启动控制电路。该电路使用了 3 个接触器和 3 个按钮,可分为主电路和控制电路两部分。

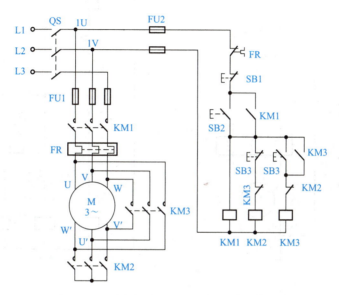

图 2-27 按钮切换 Y—△降压启动控制电路

主电路中,接触器 KM1 和 KM2 的主触点闭合时定子绕组为星形连接(启动);KM1、KM3 主触点闭合时定子绕组为三角形连接(运行)。由控制电路的按钮 SB2 和 SB3 手动控制实现 Y—△切换。

(2)工作原理。

1)电动机 Y 接法启动:先合上电源开关 QS,按下 SB2,接触器 KM1 线圈通电,KM1 自锁触点闭合,同时 KM2 线圈通电,KM2 主触点闭合,电动机 Y 接法启动,此时,KM2 常闭互锁触点断开,使得 KM3 线圈不能得电,实现电气互锁。

2)电动机△接法运行:当电动机转速升高到一定值时,按下 SB3,KM2 线圈断电,KM2 主触点断开,电动机暂时失电,KM2 常闭互锁触点恢复闭合,使得 KM3 线圈通电,KM3 自锁触点闭合,同时 KM3 主触点闭合,电动机△接法运行;KM3 常闭互锁触点断开,使得 KM2 线圈不能得电,实现电气互锁。

这种启动控制电路由启动到全压运行,需要两次按动按钮不太方便,并且,切换时间也不易掌握。为了克服上述缺点,也可采用时间继电器自动切换控制电路。

2. 时间继电器自动切换 Y—△降压启动控制电路

(1)电路结构。图 2-28 所示为时间继电器自动切换 Y—△降压启动控制电路。该电路使用了 3 个接触器和 1 个时间继电器,可分为主电路和控制电路两部分。

在主电路中,接触器 KM1 和 KM3 的主触点闭合时定子绕组为星形连接(启动);KM1、KM2 主触点闭合时定子绕组为三角形连接(运行)。控制电路按照时间控制原则实现自动切换。

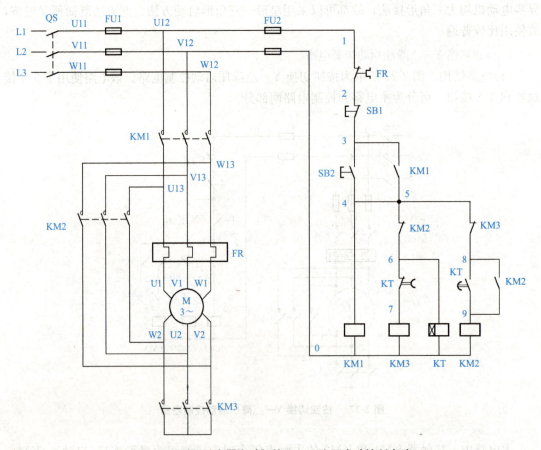

图 2-28 时间继电器自动切换 Y—△降压启动控制电路

(2)工作原理。先合上开关 QS。

SB1 为停止按钮，必须指出，KM2 和 KM3 实行电气互锁的目的，是避免 KM2 和 KM3 同时通电吸合而造成的严重的短路事故。

3. 应用情况

三相笼型异步电动机采用 Y—△降压启动时，定子绕组星形连接状态下启动电压为三角形连接直接启动的电压的 $1/\sqrt{3}$。启动转矩为三角形连接直接启动的 1/3，启动电流也为三角形连接直接启动电流的 1/3。与其他降压启动相比，Y—△降压启动投资少，电路简单，但启动转矩小。这种启动方法，适用空载或轻载状态下启动，同时，这种降压启动方法，只能用于正常运转时定子绕组接成三角形的异步电动机。

任务实施

2.4.5 Y—△降压启动控制电路安装与调试

1. 安装

(1)熟读并能正确说明 Y—△降压启动控制电路图 2-18 的控制原理。

(2)对照绘制图 2-29 的电气安装接线图，正确标注线号。

将主电路中 QS、FU1、KM1、FR、KM3 排成直线，KM2 与 KM3 并列放置，将 KT 与 KM1 并列放置，并且与 KM3 在纵方向对齐，使各电器元件排列整齐，走线美观，检查维护方便。注意主电路中各接触器主触点的端子号不能标错；辅助电路的并列支路较多，应对照原理图看清楚连线方位和顺序。尤其注意连接端子较多 4 号线，应认真核对，防止漏标编号。

(3)固定电器元件。要注意 JS7—1A 时间继电器的安装方位。如果设备安装底板垂直于地面，则时间继电器的衔铁释放方向必须指向下方，否则违反安装规程。

2. 接线与整定调整

(1)按电气安装接线图 2-29 连接导线。注意接线要正确、牢固、美观、接触要良好，文明操作。

(2)检查各电器元件。特别是时间继电器的检查，对其延时类型、延时器的动作是否灵活，将延时时间调整到 5 s(调节延时器上端的针阀)左右。

3. 检验与通电调试

(1)在接线完成后，用万用表检验电路的通断。分别检验主电路，辅助电路的启动控制、联锁电路、KT 的控制作用等。

(2)若检验无误，经指导教师检查允许后，方可通电调试。

通电源，按下 SB2，接触器 KM1、KM3 动作，电动机 Y 形低速启动。运行 5 s 左右后 KM3 断开，KM2 接通，电动机进入△正常运转。若电动机不按正常程序工作，则应立即停车，分析并排除故障，使电路正常 Y—△降压过程工作。

4. 注意事项

(1)进行 Y—△启动控制的电动机，接法必须是△连接。额定电压必须等于三相电源线电压。其最小容量为 2、4、8 极的 4 kW。

(2)接线时要注意电动机的△接法不能接错，同时应该分清电动机的首端和尾端的连接。

(3)电动机、时间继电器、接线端板的不带电的金属外壳或底板应可靠接地。

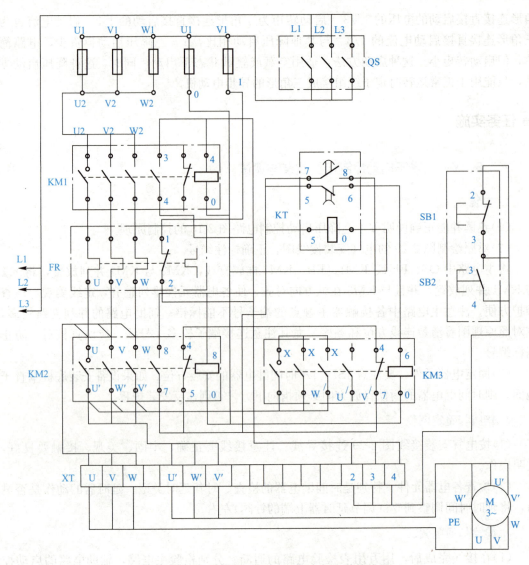

图 2-29 Y—△的降压启动控制电气安装接线图

• **知识拓展**

2.4.6 绕线型三相异步电动机转子串电阻降压启动控制

如果希望在启动时既要限制启动电流，又不降低启动转矩，则可选用绕线型三相异步电动机。启动时在其转子电路串入启动电阻或频敏变阻器，启动完成后，将转子电路串入的启动电阻或频敏变阻器由控制电路自动切除。

绕线型三相异步电动机可以通过滑环在转子绕组中串接外加电阻来改善电动机的机械特性，从而减少启动电流、提高启动转矩，使其具有良好的启动性能，以适用电动机的重载启动。

串接在三相转子绕组中的启动电阻，一般都接成星形接线。在启动前，启动电阻全部接入电路，在启动过程中，启动电阻被逐步地短接。短接的方式有三相电阻平衡短接法和三相电阻不平衡短接法两种。本项目仅分析接触器控制的平衡短接法启动控制电路。

1. 时间原则控制绕线型电动机转子串电阻的启动控制电路

(1)电路结构。图 2-30 所示为按时间原则控制绕线型电动机转子串电阻的启动控制电路。图中 KM1～KM3 为短接转子电阻接触器，KM 为电源接触器，KT1～KT3 为时间继电器。它是依靠 KT1、KT2、KT3 三只时间继电器和 KM1、KM2、KM3 三个接触器的互相配合来实现转子回路三段启动电阻的短接，完成三级启动控制过程。

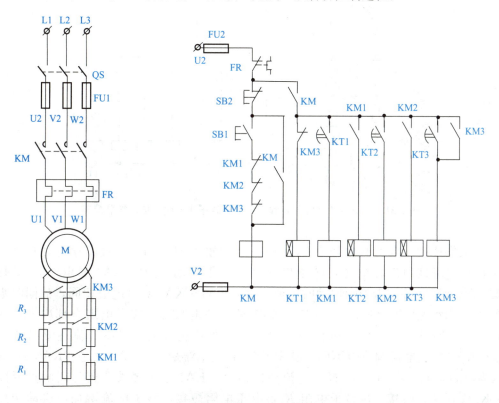

图 2-30　按时间原则控制绕线型电动机转子串电阻的启动控制电路

(2)工作原理。合上电源开关 QS，按下启动按钮 SB2，接触器 KM 线圈通电并自锁，KT1 同时通电，KT1 常开触头延时闭合，接触器 KM1 通电动作，使转子回路中 KM1 常开触头闭合，切除第一级启动电阻 R_1，同时使 KT2 通电，KT2 常开触头延时闭合，KM2 通电动作，切除第二级启动电阻 R_2，同时使 KT3 通电，KT3 常开触头延时闭合，KM3 通电并自锁，切除第三级启动电阻 R_3，KM3 的另一副常闭触点断开，使 KT1 线圈失电，进而 KT1 的常开触头瞬时断开，使 KM1、KT2、KM2、KT3 依次断电释放，恢复原位。只有接触器 KM3 保持工作状态，电动机的启动过程结束，进行正常运转。

2. 电流原则控制绕线型电动机转子串电阻的启动控制电路

(1)电路结构。图 2-31 所示为按电流原则控制绕线型电动机转子串电阻的启动控制电路。图中 KM1~KM3 为短接转子电阻接触器，$R1$~$R3$ 为转子电阻，KA1~KA3 为电流继电器，KM4 为电源接触器，KA4 为中间继电器。

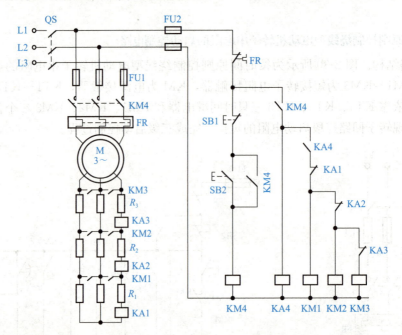

图 2-31 按电流原则控制绕线型电动机转子串电阻的启动控制电路

(2)工作原理。合上电源开关 QS，按下启动按钮 SB2，KM4 线圈通电并自锁，电动机定子绕组接通三相电源，转子串入全部电阻启动，同时 KA4 通电，为 KM1~KM3 通电做好准备。由于刚启动时电流很大，KA1~KA3 吸合电流相同，故同时吸合动作，其常闭触点都断开，使 KM1~KM3 处于断电状态，转子电阻全部串入，达到限流和提高的目的。在启动过程中，随着电动机转速升高，启动电流逐渐减小，而 KA1~KA3 释放电流调节得不同，其中 KA1 释放电流最大，KA2 次之，KA3 为最小，所以当启动电流减小到 KA1 释放电流整定值时，KA1 首先释放，其常闭触点返回闭合，KM1 通电，短接一段转子电阻 R_1，由于电阻短接，转子电流增加，启动转矩增大，致使转速又加快上升，这又使电流下降，当降低到 KA2 释放电流时，KA2 常闭触点返回，使 KM2 通电，切断第二段转子电阻 R_2，如此继续，直至转子电阻全部短接，电动机启动过程结束。

3. 电动机转子绕组串频敏变阻器启动控制电路

绕线型三相异步电动机转子绕组串接电阻的启动方法，在电动机启动过程中，由于逐段减小电阻，电流和转矩突然增大，产生一定的机械冲击力。同时由于串接电阻启动，控制电路复杂、工作很不可靠，而且电阻本身比较粗笨，所以控制箱的箱体较大。

频敏变阻器是一种静止的、无触点的电磁元件，其阻值随电流频率变化而改变。它是由几块 30~50 mm 厚的铸铁板或钢板叠成的三柱式铁芯，在铁芯上分别装线圈，3 个线圈连接成星形，并与电动机转子绕组相接。

从 20 世纪 60 年代开始，我国电气工程技术人员就开始应用和推广自己独创的频敏变阻器。频敏变阻器的阻抗能够随着转子电流频率的下降而自动减小，所以它是绕线型三相异步电动机较为理想的一种启动装置。常用于较大容量的线型异步电动机。

（1）电动机单向旋转转子串频敏变阻器启动控制电路。

1）电路结构。图 2-32 所示为电动机单向旋转转子串频敏变阻器启动控制电路。图 2-32（a）所示为主电路，KM 为电源接触器，KM1 为短接频敏变阻器用接触器。图 2-32（b）所示为控制电路。图 2-32（c）所示为改进后的控制电路。

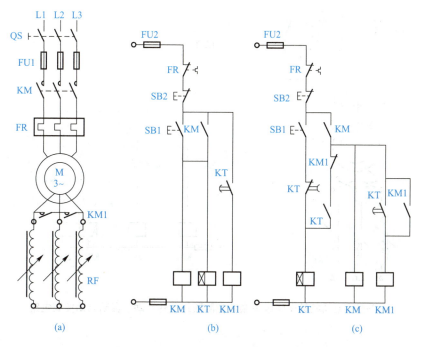

图 2-32　电动机单向旋转转子串频敏变阻器启动控制电路
(a)主电路；(b)控制电路；(c)改进后的控制电路

2）工作原理。合上电源开关 QS，按下 SB1，KM 得电吸合并自锁，电动机串频敏变阻器启动，同时 KT 得电吸合开始延时，当电动机启动完毕后，KT 的延时常开触头闭合，KM1 得电主触头闭合将频敏变阻器短接，电动机正常运行。

3）电路的改进。图 2-32（b）所示的控制电路的缺点：当 KM1 的主触头熔焊或机械部分被卡死，电动机将直接启动，当 KT 线圈出现断线故障时，KM1 线圈将无法得电，电动机运行时频敏变阻器不能被切除。

为了克服上述缺点，可采用图 2-32（c）所示的改进后控制电路，该电路操作时，按下 SB1 时间应稍长点，待 KM 常开触点闭合后才可松开。KM 为电源接触器，KM 线圈得电需在 KT、KM1 触点工作正常条件下进行，若发生 KT、KM1 触点粘连，KT 线圈断线等故障时，KM 线圈将无法得电，从而避免了电动机直接启动和转子长期串接频敏变阻器的不正常现象发生。

（2）电动机转子绕组串频敏变阻器正反转启动控制电路。图 2-33 所示为电动机转子绕组串频敏变阻器正反转手动、自动启动控制电路。SA 为手动与自动切换开关，KM1、KM2 为正反转接触器，KM3 为短接频敏变阻器接触器，KT 为自动切换时间继电器。该电路工作原理可作为练习内容自行分析。

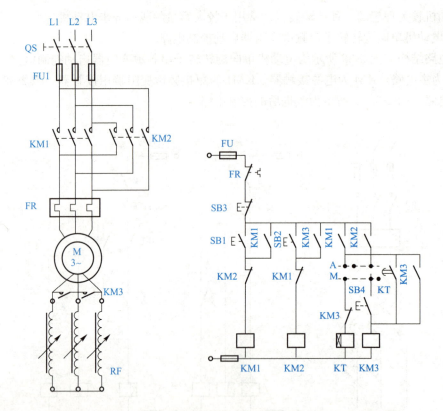

图 2-33　电动机转子绕组串频敏变阻器正反转手动、自动启动控制电路

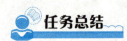

通过本任务的学习，了解并掌握典型三相笼型异步电动机降压启动控制电路的原理；看懂串电阻、自耦变压器、Y—△等降压启动的原理图、位置图和接线图，并能正确地安装、调试其系统电路；较全面地掌握电气控制电路图的识读方法和步骤。

注意在应用 Y—△降压启动时，只针对正常运转时定子绕组接成三角形接法的三相笼型异步电动机。在进行安装接线时，一定要做到正确、牢固、美观，按照工艺步骤去做。在对电路进行通电调试时，一定要先让指导教师检查好安装接线正确后，才可以按步骤进行通电试验，试验时一定要有指导教师监护，注意安全生产、安全操作。

任务 2.5　三相异步电动机转速控制

任务目标

1. 了解三相异步电动机转速控制电路的组成和控制特点。
2. 读懂三相异步电动机调速控制电路图。
3. 较全面地掌握电气系统图的识图方法和步骤。

4. 能通过三相异步电动机转速电气控制电路原理图或接线图正确完成电路的安装、接线和调试。

5. 能设计出典型的三相异步电动机调速控制系统图。

6. 能判断和排除三相异步电动机转速控制电路的一般故障。

任务分析

为了满足生产工艺的要求，常常需要改变电动机的转速。由异步电动机的转速表达式

$$n = n_1(1-s) = \frac{60 f_1}{p}(1-s)$$

可知，改变三相交流异步电动机的转速可通过3种方法来实现：一是改变电动机的磁极对数 p 来达到调速的目的，称为变极调速；二是改变电动机电源频率 f_1 来达到调速的目的，称为变频调速；三是改变转差率 s 调速来达到调速目的，只适用绕线式转子绕组的异步电动机的变转差率调速。

三相笼型异步电动机的变极调速和变频调速控制是最常用的调速控制方式。在看懂典型变极、变频调速控制原理图的同时，试设计制作简单的变频器调速控制系统，从而进一步提高基本电气控制电路的应用能力。

知识准备

2.5.1 三相笼型异步电动机变极调速控制分析

变极调速是三相笼型异步电动机长期以来常用的调速控制方法，由于笼型异步电动机的转子的极数是固定不变的。因此，只能通过改变定子的连接方式来改变磁极对数，从而实现对转速的控制。笼型异步电动动的变极调速属于电气有差（极）调速，常用的多速笼型异步电动机有双速、三速、四速几种，本任务就以感应式双速电动机的控制为例来做分析。

1. 双速电动机定子绕组的连接

图 2-34 所示为 4/2 极的双速异步电动机定子绕组接线示意。图 2-34（a）将电动机定子绕组的 U1、V1、W1 三个接线端接三相交流电源，而将电动机定子绕组 U2、V2、W2 三个接线端悬空，三相定子绕组接成三角形，这样每相绕组中的①、②线圈串联，电动机以四极运行为低速。若将电动机定子绕组的 U2、V2、W2 三个接线端接三相交流电源，而将另外三个接线端 U1、V1、W1 连在一起，则原来三相定子绕组中的三角形接线立即变为双星形接线，此时每相绕组中的①、②线圈相互并联，电动机便以两极启动高速运行。

2. 双速感应电动机按钮控制的调速电路

（1）电路结构。图 2-35 所示为双速电动机按钮控制变极调速电路。图中 KM1 为△连接接触器，KM2、KM3 为双 Y 连接接触器，SB1 为低速按钮，SB2 为高速按钮，SB3 为停止按钮。

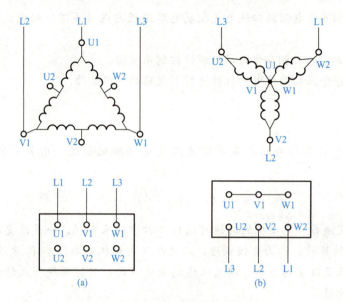

图 2-34 双速异步电动机定子绕组接线示意

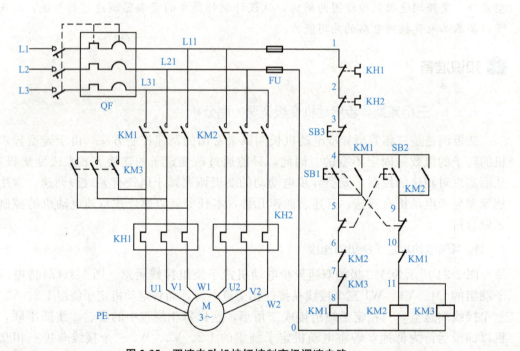

图 2-35 双速电动机按钮控制变极调速电路

(2)工作原理。合上电源开关 QF，按下启动按钮 SB1，KM1 通电并自锁，电动机做△连接，实现四极低速运行。按下高速按钮 SB2，KM2、KM3 通电并自锁，电动机接成双 Y 连接，实现两极高速运行。按下停止按钮 SB3，接触器失电，电动机停止运行。

由于电路采用了 SB1、SB2 的机械互锁和接触器的电气互锁，能够实现低速运行直接转换为高速，或由高速直接转换为低速，无须通过停止按钮才能完成低速、高速切换。

3. 双速感应电动机手动变速和自动变速的控制电路

(1)电路结构。图 2-36 所示为双速电动机手动调速和自动加速控制电路。与图 2-35 相比，引入了一个自动加速与手动变速选择开关 SA、时间继电器 KT、电源指示灯 HL1、低速指示灯 HL2、高速指示灯 HL3。

(2)工作原理。当选择手动变速时，将开关 SA 扳在 M 位置。时间继电器 KT 电路切除，电路工作情况与图 2-36 相同。当需要自动加速工作时，将 SA 扳在 A 位置。按下 SB2，KM1 通电并自锁，同时 KT 相继通电并自锁，电动机按△连接低速启动运行，当 KT 延时常闭触点打开、延时常开触点闭合时，KM1 断电，而 KM2、KM3 通电并自锁，电动机便由低速自动转换为高速运行，实现了自动控制。

当 SA 置于 M 位置，仅按下低速启动按钮 SB2 则可使电动机只做三角形接法的低速运行。随后，再按下 SB3，电动机 YY 高速运行。

时间继电器 KT 自锁触头作用是在 KM1 线圈断电后，KT 仍保持通电，直至已进入高速运行即 KM2、KM3 线圈通电后，KT 才断电，一方面使控制电路可靠工作；另一方面使 KT 只在换接过程中短时通电，减少 KT 线圈的能耗。

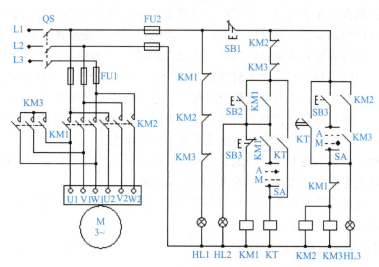

图 2-36 双速电动机手动调速和自动加速控制电路

2.5.2 三相异步电动机变频调速控制分析

随着控制技术和电力电子技术的发展，变频器的使用越来越广泛。一是由于变频调速性能好，而且可以很方便地实现无级(差)调速；二是变频器的价格有了大幅度下降，国内外生产厂家很多，产品的数量和质量也很高。

变频器调速的应用领域非常宽广。它用于大容量的风机、泵类、搅拌机、挤压机等节能效果极其明显；用于精密设备如数控机床等加工机械，可极大地提高加工质量和生产率。

1. 变频调速的基本概念

根据异步电动机原理 $n = n_1(1-s) = \dfrac{60 f_1}{p}(1-s)$ 可知，改变电源频率 f_1 可改变电动机

同步转速。异步电动机采用变频进行调速时,为了避免电动机磁饱和,要控制电动机磁通,同时抑制启动电流,这就需要根据电动机的特性对供电电压、电流、频率进行适当的控制,使电动机产生必需的转矩。

变频器的控制方式可分为两种,即开环控制和闭环控制。开环控制有 V/F 控制方式,闭环控制有矢量控制等方式。

(1) V/F 控制。异步电动机的转速由电源频率和极对数决定,所以改变频率,电动机就可以调速运转。但是频率改变时电动机内部阻抗也改变。仅改变频率,将会产生由弱励磁引起的转矩不足或由过励磁引起的磁饱和现象,使电动机功率因数和效率显著下降。

V/F 控制是这样一种控制方式,即改变效率的同时控制变频器输出电压,使电动机的磁通保持一定,在较广泛的范围内调速运转时,电动机的功率因数和效率不下降。这就是控制电压与频率之比,所以称为 V/F 控制。

V/F 控制比较简单,多用于通用变频器,如风机和泵类、家用电器等。

(2) 矢量控制。众所周知,直流电动机的电枢电流控制方式,使直流电动机构成的传统系统的调速和控制性能非常优良。矢量控制按照直流电动机电枢电流控制思想,在交流异步电动机上实现该控制方法,并且达到与直流电动机具有相同的控制性能。

矢量控制方式将供给异步电动机的定子电流从理论上分为两部分:产生磁场的电流分量(磁场电流)和与磁场相垂直、产生转矩的电流分量(转矩电流)。该磁场电流、转矩电流与直流电动机的磁场电流、电枢电流相当。在直流电动机中,利用整流子和电刷机械换向,使两者保持垂直,并且可分别供电。对异步电动机来说,其定子电流在电动机内部,利用电磁感应作用,可在电气上分解为磁场电流和垂直的转矩电流。

矢量控制就是根据上述原理,将定子电流分解成磁场电流和转矩电流,任意进行控制。两者合成后,决定定子电流大小,然后供给异步电动机。

矢量控制方式使交流异步电动机具有与直流电动机相同的控制性能。目前采用这种控制方式的变频器已广泛用于生产实际。

2. 各种控制方式的变频器特性比较

(1) V/F 控制变频器的特点。

1) 它是最简单的一种控制方式,不用选择电动机,通用性优良。

2) 与其他控制方式相比,在低速区内电压调整困难,故调速范围窄,通常在 1∶10 左右的调速范围内使用。

3) 急加速、减速或负载过大时,抑制过电流能力有限。

4) 不能精密控制电动机实际速度,不适合同步运转场合。

(2) 矢量控制变频器的特点。

1) 需要使用电动机参数,一般用作专用变频器。

2) 调速范围在 1∶100 以上。

3) 速度响应性极高,适合急加速、减速运转和连续四象限运转,能在任何场合使用。

3. 变频器的操作和显示

一台变频器应有可供用户方便操作的操作器和显示变频器运行状况及参数设定的显

示器。用户通过操作器对变频器进行设定及运行方式的控制。通用变频器的操作方式一般有 3 种，即数字操作器、远程操作器和端子操作方式。变频器的操作指令可以由此 3 处发出。

(1)数字操作器和数字显示器。新型变频器均采用数字控制，使数字操作器可以对变频器进行设定操作。如设定电动机的运行频率、运转方式、V/F 类型、加减速时间等。数字操作器有若干个操作键，不同厂商生产的变频器的操作器有很大的区别，但 4 个按键是不可少的，即运行键、停止键、上升键和下降键。运行键控制电动机的启动，停止键控制电动机的停止，上升键或下降键可以检索设定功能及改变功能的设定值。数字操作器作为人机对话接口，使得变频器参数设定于显示直观清晰，操作简单方便。

在数字操作器上，通常配有 6 位或 4 位数字显示器，它可以显示变频器的功能代码及各功能代码的设定值。在变频器运行前显示变频的设定值，在运行过程中显示电动机的某一参数的运行状态，如电流、频率、转速等。

(2)远程操作器。远程操作器是一个独立的操作单元，它利用计算机的串行通信功能，不仅可以完成数字操作器所具有的操作功能，而且可以实现数字操作器不能实现的一些功能，特别是在系统调试时，利用远程操作器可以对各种参数进行监视和调整，比数字操作器功能强，而且更方便。

变频器的日益普及，使用场地相对分散，远距离集中控制是变频器应用的趋势，现在的变频器一般都具有标准的通信接口，用户可以利用通信接口在远处，如中央控制室对变频器进行集中控制，如参数设定、启动/停止控制、速度设定和状态读取等。

(3)端子操作。变频器的端子包括电源接线端子和控制端子两大类。电源接线端子包括三相电源输入端子、三相电源输出端子、直流侧外接制动电阻用端子及接地端子。控制端子包括频率指令模拟设定端子，运行控制操作输入端子、报警端子、监视端子。不同类型的变频器端子的设置与排列有差别，但共同点很多，在后面变频器应用中再详细介绍。

4. 变频器调速应用举例

目前使用的变频器种类很多，国内应用最早的是西门子系列和三菱系列等产品，下面以西门子 MICROMASTER440 为例，简要说明变频器的使用。

MICROMASTER440 是一种集多种功能于一体的变频器，它适用电动机需要调速的公众场合。它可通过数字操作面板或通过远程操作器方式，修改其内置参数，即可工作于各种场合。其主要特点：内置多种运行控制方式；快速电流限制，实现无跳闸运行；内置式制动斩波器，实现直流注入制动；具有 PID 控制功能的闭环控制，控制器参数可制动整定；多组参数设定且可相互转换，变频器可用于控制多个交替工作的生产过程；多功能数字、模拟输入/输出口，可任意定义其功能和具有完善的保护功能。

(1)控制方式。变频器运行控制方式，即变频器输出电压与频率的控制关系。控制方式的选择，可通过变频器相应的参数设置。主要有以下 7 种控制方式。

1)线性 V/F 控制。变频输出电压与频率为线性关系，用于恒定转矩负载。

2)带磁通电流控制(FCC)的线性 V/F 控制。在这种模式下，变频器根据电动机特性实时计算所需要的电压，以此来保持电动机的磁通处于最佳状态，此方式可提高电动机效率和改善电动机动态响应特性。

3）平方 V/F 控制。变频输出电压平方与频率为线性关系，用于变转矩负载，如风机和泵。

4）特性曲线可编程的 V/F 控制。变频器输出电压与频率为分段性关系，此种控制方式可应用于某一特定频率下为电动机提供特定的转矩。

5）带"能量优化控制（ECO）"的线性 V/F 控制。此方式的特点是变频器自动增加或降低电动机电压，搜寻并适用电动机运行在损耗最小的工作点。

6）无传感器矢量控制。用固有的滑差补偿对电动机的速度进行控制。采用这一控制方式时，可以得到大的转矩、改善瞬时响应特性和具有优良的速度稳定性，而且在低频时可提高电动机的转矩。

7）无传感器的矢量转矩控制。变频器可以直接控制电动机的转矩。当负载要求具有恒定的转矩时，变频器通过改变向电动机输出的电流，使转矩维持在设定的数值。另外，还有与纺织机械相关的 V/F 控制方式。

（2）保护特性。过电压及欠电压保护、变频器过热保护、接地故障保护、短路保护、电动机过载保护和用 PTC 为传感器的电动机过热保护等。

（3）变频器功能的方框图。图 2-37 所示为变频器内部功能方框图，此变频器共有 20 多个控制端子，分为数字信号输入端子、模拟信号输入端子、监视信号端子和通信接口端子四类。

1）DIN1～DIN6 为数字信号输入端子，一般用于变频器外部控制，其具体功能由相应设置决定。例如，出厂时设置 DIN1 为正向运行，DIN2 为反向运行，根据需要通过修改参数可改变功能。使用输入信号端子可以完成对电动机的正反转控制、复位、多级速度设定、自由停车、点动等控制操作。PTC 端子用于电动机内置 PTC 测温保护，为 PTC 传感器输入端。

2）AIN1、AIN2 为模拟信号输入端子，分别作为频率给定信号和闭环时反馈信号输入。变频器提高了 3 种频率模拟设定方式：外接电位器设定、0～10 V 电压设定和 4～20 mA 电流设定。当用电压或电流设定时，最大的电压或电流对应变频器输出频率设定的最大值。变频器有两路频率设定通道，开环控制时只用 AIN1 通道，闭环控制时使用 AIN2 通道作为反馈输入，两路模拟设定进行叠加。输出信号的作用是对变频器运行状态的指示或向上位机提供这些信息。

3）KA1、KA2、KA3 为继电器输出，其功能也是可编程的，如故障报警、状态提示等。AOUT1、AOUT2 端子为模拟量输出 0～20 mA 信号，其功能也是可编程的，用于输出指示运行频率、电流等。

4）P＋、N－为通信接口端子，是一个标准的 RS－485 接口，通过此通信接口，可以实现对变频器的远程控制，包括运行/停止及频率设定控制，也可以与端子控制进行组合完成对变频器的控制。

变频器可使用数字操作面板控制，也可使用端子控制，还可使用 RS－485 通信接口对其进行远程控制。

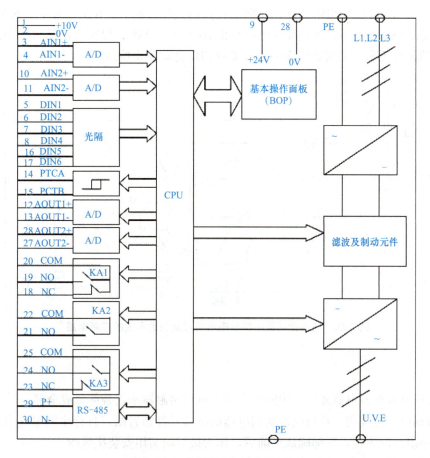

图 2-37 变频器内部功能方框图

任务实施

2.5.3 变频调速控制系统设计、安装与调试实训

1. 实训任务

设计并绘制一个电动机变频调速的实用控制电路。要求：电路能实现电动机的正反向运行、调速和点动控制功能。

2. 设计

（1）设计思路。根据功能要求，首先要对变频器编程并修改参数。根据控制要求选择合适的运行方式，如线性 V/F 控制、无传感矢量控制等；频率设定值信号源选择模拟输入。实训拟选择 V/F 控制方式。

（2）选择控制端子的功能。将变频器 DIN1、DIN2、DIN3 和 DIN4 端子分别设置为正转运行、反转运行、正向点动和反向点动功能。除此之外还要设置如斜坡上升时间、斜坡下降时间等参数。

（3）实用电路。设计并绘制如图 2-38 所示的实训电路。

在图 2-38 中，SB3、SB4 为正、反向运行控制按钮，KA4、KA5、KA6、KA7 为正反转和点长动的中间继电器，运行频率由电位器 R_P 给定。SB5、SB6 为正反向点动运行控制按钮，点动运行频率由变频器内部设置。按钮 SB1 为总停止控制。

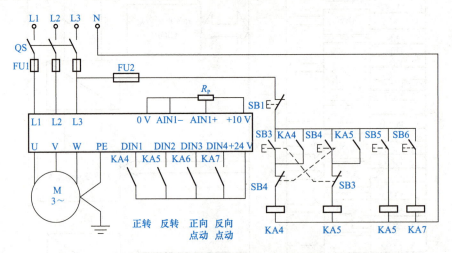

图 2-38　使用变频器的异步电动机可逆调速系统的控制电路

3. 安装

(1) 选择并检查各电器元件，中间继电器也可用接触器来代替部分或全部。

(2) 根据电气原理图，自行绘制实训电路的电器元件布置图，自行绘制电气安装接线图简图。经小组讨论确定，教师确认正确后，作为最后的实用安装接线图。

(3) 按照电器元件布置图，固定好各电器元件及变频器和电动机。

4. 接线

对照接线图，进行板前明线布线接线，先接控制电路，后接与变频器连接的主电路。布线做到：正确、牢固、美观、接触要良好，文明操作。

5. 检查

在接线完成后，用万用表检查电路的通断。分别检查主电路，控制电路的启动控制、联锁电路，若检查无误，经指导教师检查允许后，方可通电调试。

6. 通电调试

(1) 运行控制。合上总电源开关，对照变频器手册，先调整变频器的设定参数。然后分别按下 SB3~SB6 等按钮，完成正反转和点动控制操作实训。

(2) 调速控制。调整 R_P 电位器改变频率进行手动调速控制。进一步可改变变频器内部参数进行自动调速。

(3) 若出现异常，则应立即停车，分析并排除故障。

7. 注意事项

(1) 变频器要固定在安全位置，电动机的容量要小于变频器的额定容量。变频器的电位器旋钮调整要慢慢旋转。变频器的参数设定，应看清楚再修改，不得乱改。

(2) 接线要求牢靠，不允许用手触及各电器元件的导电部分，以免触电及伤害。

任务总结

通过本任务的学习，了解并掌握典型三相异步电动机转速控制电路的原理；看懂变极调速、变频调速控制的原理图、位置图和接线图，并能正确地安装、调试其系统电路；较全面地掌握电气控制电路图的识读方法和步骤。

在进行变频调速系统的装调时，一定要遵照原理图和接线图。在进行板前明线布线接线时，应先接控制电路，后接与变频器连接的主电路。布线做到：正确、牢固、美观、接触要良好，文明操作。在对电路进行通电调试时，一定要先让指导教师检查好安装接线正确后，才可以按步骤进行通电试验，试验时一定要有指导教师监护，注意安全生产。

任务2.6　三相异步电动机制动控制

任务目标

1. 了解三相异步电动机制动控制电路的组成和控制特点。
2. 读懂三相异步电动机制动控制电路图，拓展看懂直流电动机的典型控制电路。
3. 全面地掌握电气系统图的识图方法和步骤。
4. 能通过三相异步电动机制动电气控制电路原理图或接线图正确完成电路的安装、接线和调试。
5. 能设计出简单的三相异步电动机制动控制系统图。
6. 能判断和排除三相异步电动机制动控制电路的一般故障。

任务分析

由于机械惯性的影响，高速旋转的电动机从切除电源到停止转动要经过一定的时间。这样往往满足不了某些生产工艺快速、准确停车的控制要求，这就需要对电动机进行制动控制。

所谓制动，就是给正在运行的电动机加上一个与原转动方向相反的制动转矩迫使电动机迅速停转。电动机常用的制动方法有机械制动和电气制动两大类。机械制动是利用机械装置使电动机断开电源后迅速停转的制动方法。机械制动常用的方法有电磁抱闸和电磁离合器制动。

电气制动是使电动机产生一个和转子转速方向相反的电磁转矩，让电动机的转速迅速下降。三相交流异步电动机常用的电气制动方法有能耗制动和电源反接制动两种。掌握电气制动控制的组成及原理，能正确分析电路工作过程。根据典型能耗制动电气控制原理图，参考设计出电气安装系统图，并完成电路的安装与调试。

知识准备

2.6.1　三相异步电动机反接制动分析

将电动机的三根电源线的任意两根对调称为反接。若在停车前，将电动机反接，则其定子旋转磁场便反方向旋转，在转子上产生的电磁转矩也随之反方向，成为制动转矩，在制动转矩作用下电动机的转速便很快降到零，称为反接制动。

必须指出，当电动机的转速接近零时，应及时切除反接电源，以免电动机反向运转。在控制电路中常用速度继电器来实现这个要求。为此采用速度继电器来检测电动机的速度的变化。在 120~3 000 r/min 范围速度继电器触头动作，当转速低于 100 r/min 时，其触头恢复原位。

1. 单方向启动的反接制动控制电路

(1)电路结构。图 2-39 所示为单方向反接制动控制电路。图中 KM1 为单方向旋转接触器，KM2 为反接制动接触器，KS 为速度继电器，R 为反接制动电阻。

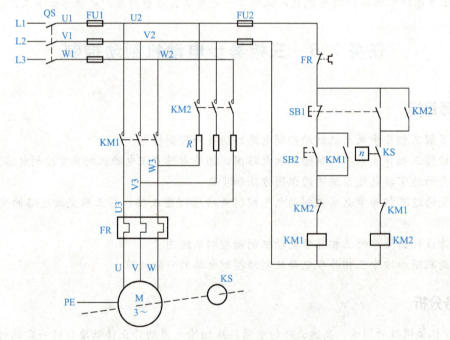

图 2-39　单方向反接制动控制电路

(2)工作原理。合上电源开关 QS。

1)启动过程。

2)制动停车过程。

2. 电动机可逆运行反接制动控制电路

(1)电路结构。图 2-40 所示为可逆运行反接制动控制电路。图中 KM1、KM2 为正、反转接触器，KM3 为短接电阻接触器，KA1～KA3 为中间继电器，KS 为速度继电器，其中 KS1 为正转闭合触点，KS2 为反转闭合触点，R 为启动与制动电阻。

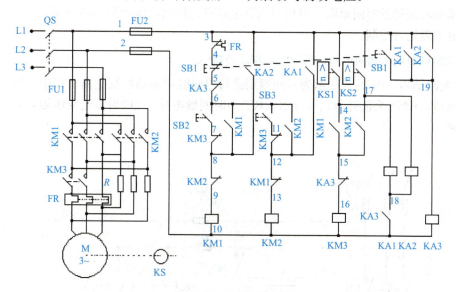

图 2-40 可逆运行反接制动控制电路

(2) 工作原理。

1) 启动过程：合上电源开关 QS，按下正转启动按钮 SB2，KM1 通电并自锁，电动机串入电阻接入正序电源启动，当转速升高到一定值时 KS1 触点闭合，KM3 通电，短接电阻，电动机在全压下启动进入正常运行。

2) 制动过程：需要停车时，按下停止按钮 SB1，KM1、KM3 相继断电，电动机脱离正序电源并串入电阻，同时 KA3 通电，其常闭触点又再次切断 KM3 电路，使 KM3 无法通电，保证电阻 R 串接在定子电路，由于电动机惯性仍以很高速度旋转，KS1 仍保持闭合使 KA1 通电，触点 KA1(3～12) 闭合使 KM2 通电，电动机串接电阻接上反序电源，实现反接制动；另一触点 KA1(3～19) 闭合，使 KA3 仍通电，确保 KM3 始终处于断电状态，R 始终串入。当电动机转速下降到 100 r/min 时，KS1 断开，KA1、KM2、KA3 同时断电，反接制动结束，电动机停止。

电动机反向启动和停车反接制动过程与上述工作过程相同，这里不再赘述，可自行分析。

3. 反接制动的特点

反接制动时，转子与旋转磁场的相对速度接近两倍的同步转速，所以定子绕组中流过的反接制动电流相当于全电压直接启动电流的两倍，因此反接制动特点之一是制动迅速、效果好、冲击力大，通常仅适用 10 kW 以下的小容量电动机。

为了减小冲击电流，通常要求在电动机主电路中串接一定的电阻以限制反接制动电流，这个电阻称为反接制动电阻。反接制动的制动力矩较大，冲击强烈，易损坏传动零件，而且频繁反接制动可能使电动机过热。使用时必须引起注意。

2.6.2 三相异步电动机能耗制动分析

所谓能耗制动，就是在电动机脱离三相交流电源之后，定子绕组上加一个直流电压，即通入直流电流,以产生静止磁场,利用转子的机械能产生的感应电流与静止磁场的作用以达到制动的目的。

根据能耗制动的时间原则,可用时间继电器进行控制,也可根据能耗制动的速度原则,用速度继电器进行控制。

1. 按时间原则控制的单向运行的能耗制动控制电路

(1)电路结构。图 2-41 所示为时间原则进行单向能耗制动控制电路。图中 KM1 为单向运行接触器,KM2 为能耗制动接触器,KT 为时间继电器,TC 为整流变压器,VC 为桥式整流电路。

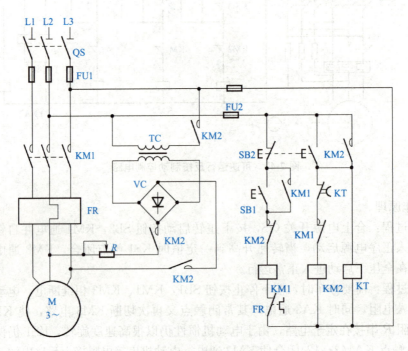

图 2-41 时间原则进行单向能耗制动控制电路

(2)工作原理。

1)启动过程:合上电源开关 QS,按下正转启动按钮 SB1,KM1 通电并自锁,电动机正常运行。

2)制动过程:按下停止按钮 SB2,KM1 断电,电动机定子脱离三相电源,同时 KM2 通电并自锁,将二相定子接入直流电源进行能耗制动,在 KM2 通电同时 KT 也通电。电动机在能耗制动作用下转速迅速下降,当接近零时,KT 延时时间到,其延时触点动作,使 KM2、KT 相继断电,制动过程结束。

2. 按速度原则控制的可逆运行的能耗制动控制电路

(1)电路结构。图 2-42 所示为速度原则控制的可逆运行的能耗制动控制电路。图中 KM1、KM2 为正反转接触器,KM3 为制动接触器,KS1、KS2 为速度继电器。

(2)工作原理。

1)启动过程:合上电源开关 QS,根据需要可按下正转或反转启动按钮 SB2 或 SB3,相应接触器 KM1 或 KM2 通电并自锁，电动机正常运转。此时速度继电器相应触点 KS1 或 KS2 闭合，为停车时接通 KM3，实现能耗制动做准备。

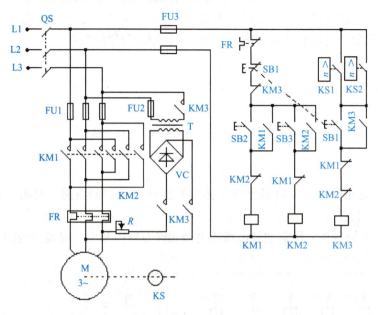

图 2-42　速度原则控制的可逆运行的能耗制动控制电路

2) 制动过程：按下停止按钮 SB1，电动机定子绕组脱离三相交流电源，同时 KM3 通电，电动机接入直流电源进行能耗制动，转速迅速下降到 100 r/min 时，速度继电器 KS1 或 KS2 触点断开，此时 KM3 断电，能耗制动结束，以后电动机自然停车。

3. 无变压器单管能耗制动控制电路

上述任务的能耗制动均为带变压器的单相桥式整流电路，其制动效果好。对于功率较大的电动机应采用三相整流电路，但所需设备多，成本高。对于 10 kW 以下的电动机，在制动要求不高时，可采用无变压器单管能耗制动控制电路，这样设备简单、体积小、成本低。图 2-43 所示为无变压器单管能耗制动控制电路，其工作原理可自行分析。

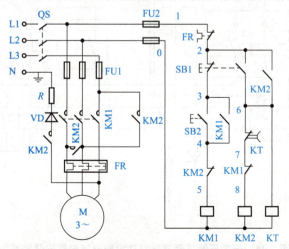

图 2-43　无变压器单管能耗制动控制电路

4. 能耗制动的特点

由以上分析可知，能耗制动比反接制动消耗的能量少，其制动电流也比反接制动电流小得多，但能耗制动效果不及反接制动明显，同时需要一个直流电源，控制电路相对比较复杂，通常能耗制动适用电动机容量较大和启动、制动频繁的场合。

任务实施

2.6.3 三相异步电动机能耗制动控制系统设计、安装与调试

1. 分析设计

（1）认真观察并分析图2-43的无变压器单管能耗制动控制电路，写出工作过程，并在控制电路图中标上线号。

（2）根据电气原理图，绘制实训电路的电器元件布置图和电气安装接线图。实用安装接线参考图，如图2-44所示。

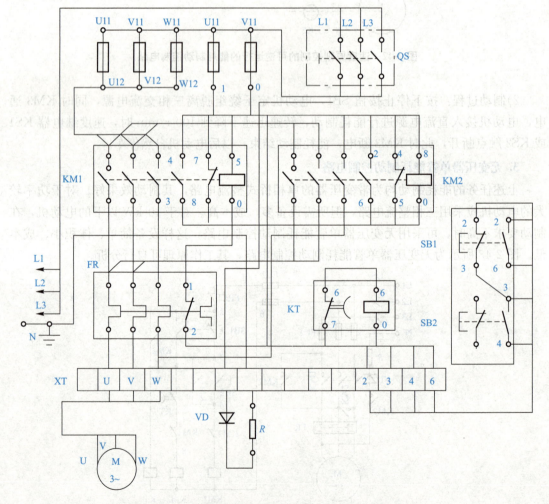

图2-44 无变压器单管能耗制动控制电路电气安装接线图

2. 安装接线

(1) 选择并检查各电器元件，整流二极管的额定电压取 600 V，额定电流选电动机额定电流的两倍左右。

(2) 按照电器元件布置图，固定好各电器元件、二极管、电阻和电动机。

(3) 对照接线图，进行板前明线布线接线，先接控制电路，后接主电路。布线做到：正确、牢固、美观、接触良好、文明操作。

3. 检查

在接线完成后，用万用表检查电路的通断。分别检查主电路、控制电路的启动和制动控制、联锁电路，若检查无误，经指导教师检查允许后，方可通电调试。

4. 通电调试

正常启动运行一段时间，待正常启动和运行无异常后，再按制动按钮，进行制动操作。

(1) 启动：合上电源开关 QS，按下启动按钮 SB2，KM1 得电并自锁，电动机全压正常运转。同时，KM1 互锁点打开。

(2) 制动：按下停止按钮 SB1，KM1 断电，电动机定子脱离三相电源，同时 KM1 互锁点复位闭合。SB1 按到底，使 KM2 通电并自锁，主电路中 KM2 三个常开触点闭合，将 L3 单相交流电经定子线圈，通过单管二极管整流形成直流制动电源进行能耗制动，在 KM2 通电同时 KT 也通电。电动机在能耗制动作用下转速迅速下降，当接近零时，KT 延时时间到其延时触点动作，使 KM2、KT 相继断电，制动过程结束。

5. 注意事项

(1) 试验时应注意启动、制动不可过于频繁，防止电动机过载或整流器过热。

(2) 试验前应反复核查主电路接线，并一定要先进行空操作试验，直到电路动作正确可靠后，再进行带负荷试验，避免造成损失。

(3) 制动电流不能太大，一般取 3～5 倍电动机的空载电流，可通过调节制动电阻 R 来实现。制动时 SB1 必须按到底。

• 知识拓展

2.6.4 机械制动控制

利用机械装置，使电动机在脱离电源后迅速停转的方法，称为机械制动。机械制动主要有：电磁抱闸制动和电磁离合器制动。最常用的是电磁抱闸制动。

1. 电磁抱闸的结构

电磁抱闸主要由制动电磁铁和闸瓦制动器两部分组成。制动电磁铁由铁芯、衔铁、线圈 3 部分组成，一般有单相和三相之分。闸瓦制动器由闸轮、闸瓦、杠杆、弹簧等组成，闸轮与电动机装在同一转轴上。制动强度可通过调整机构来改变。电磁抱闸又有断电制动控制与通电制动控制两种。电磁抱闸的结构如图 2-45 所示。

2. 电磁抱闸断电制动控制电路

(1) 电路结构。如图 2-46 所示，制动控制电路属于断电制动控制类型，当主电路通电时，抱闸线圈获电使闸瓦与闸轮分开；当主电路断电时，闸瓦与闸轮抱住。

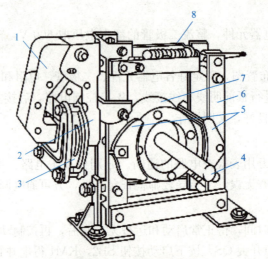

图 2-45 电磁抱闸的结构
1—衔铁；2—铁芯；3—线圈；4—轴；5—闸瓦；6—杠杆；7—闸轮；7—弹簧

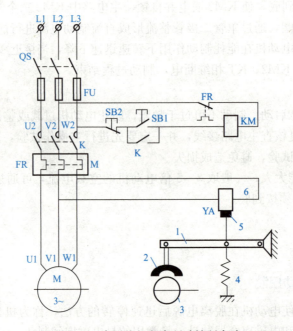

图 2-46 电磁抱闸断电制动控制电路
1—杠杆；2—闸轮；3—闸斗；4—弹簧；5—衔铁；6—线圈

(2) 工作原理。合上电源开关 QS，按下启动按钮 SB1，接触器 KM 得电动作，辅助（常开）触头闭合使 KM 自保，同时主触头闭合，电动机通电启动，KM 主触头使电磁抱闸线圈也同时获电，吸引衔铁，使它与铁芯闭合，衔铁克服弹簧拉力，迫使制动杆向上移动，从而使制动器的闸瓦与闸轮分开，电动机进入正常运行。当停车时，按下 SB2，接触器 KM 线圈断电释放，主触头断开电源，电动机失电，电磁抱闸线圈也失电，使抱闸衔铁与铁芯分开，在弹簧拉力作用下，闸瓦与闸轮紧紧抱住，电动机和工作机械被迅速制动而停转。

(3) 电路特点。这种制动在起重设备上被广泛采用。当重物吊到一定高度时，按动停止按钮 SB2，电动机断电，电磁抱闸立即抱住闸轮，由于电动机迅速制动而停转，吊起的重物在空中被准确定位。突出优点是可以防止重物自由跌落。即电动机在工作时，如果电源故障突然失电时，电磁抱闸迅速使电动机制动，防止重物自由跌落和倒拉反转事故发生。但是这种制动器线圈通电时间与电动机工作时间同时，因此很不经济；而且有些设备要求电动机制动停转后能调整位置，则不能采用此种制动方法，而要采用通电制动控制方法。

3. 电磁抱闸通电制动控制电路

电磁抱闸通电制动控制电路如图 2-47 所示。当主电路有电流流过时，电磁抱闸线圈无电，这时闸瓦与闸轮松开；当主电路断电而通过复合按钮 SB2 的常开触头的闭合使 KM2 线圈有电，使电磁抱闸线圈获电时，抱闸闸瓦与闸轮抱紧呈制动状态。在电动机不转动的常态下，电磁抱闸线圈无电，抱闸与闸轮也处于松开状态。

控制电路工作原理很简单，可自行分析，需要提醒的是，在图 2-47 所示的控制电路中，只有将停止按钮 SB2 按到底才有制动作用。电路的设计可根据实际工况的需要，确定制动的时间长短，从而延长电磁抱闸和机械设备的使用寿命。

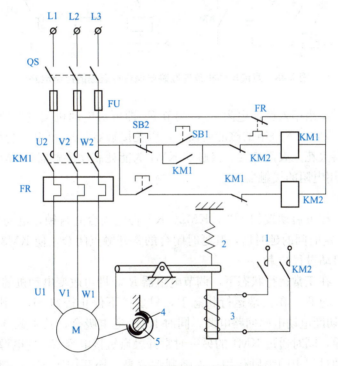

图 2-47 电磁抱闸通电制动控制电路
1—电源；2—弹簧；3—自磁铁；4—闸瓦；5—闸轮

电磁抱闸制动定位准确、制动迅速，广泛地应用在电梯、卷扬机、吊车等工作机械上。

2.6.5 直流电动机控制电路分析

直流电动机的突出优点是能在很大的范围内具有平滑、平稳的调速性能。转速调节的主要技术指标有调速范围 D、负载变化时对转速的影响即静差率 s、调速时的允许负载性质等。

直流电动机转速调节主要有 4 种方法：改变电枢回路电阻值调速、改变励磁电流调速、改变电枢电压调速和混合调速。通常采用改变励磁电流调速得比较多。

(1) 电路结构。图 2-48 所示为改变励磁电流进行调速的控制电路，它是 T4163 坐标镗床主传动电路的一部分。电动机的直流电源采用两相零式整流电路。启动时电枢回路中串入启动电阻 R，以限制启动电流，启动过程结束后，由接触器 KM3 切除。同时该电阻还兼作制动时的限流电阻。

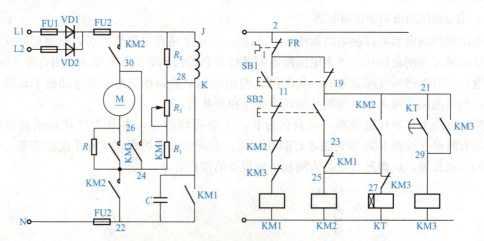

图 2-48　直流电动机改变励磁电流进行调速的控制电路

电动机的并励绕组串入调速电阻 R_3，调节 R_3 即可对电动机实现调速。与励磁绕组并联的电阻 R_2 是为吸收励磁绕组的磁能而设置，以免接触器断开瞬间因过高的自感电动势而击穿绝缘或接触器火花太大而烧蚀。接触器 KM1 为能耗制动接触器，KM2 为工作接触器，KM3 为切除启动用电阻的接触器。

(2) 工作原理。

1) 启动过程。按下启动按钮 SB2，KM2、KT 得电吸合并自锁，电动机 M 串入电阻 R 启动，KT 经过一定时间的延时后，其延时闭合的常开触点闭合，使 KM3 吸合并自保，切除启动电阻 R，启动过程结束。

2) 调速过程。在正常运行状态下，调节电阻器 R_3，即可改变电动机的转速。

3) 停车及制动过程。在正常运行状态下，只要按下停止按钮 SB1，则接触器 KM2 及 KM3 断电释放，切断电动电枢回路电源，同时 KM1 通电吸合，其主触点闭合，通过 R 使能耗制动回路接通，同时通过 KM1 的另一对常开触点短接电容 C，使电源电压全部加于励磁绕组以实现制动过程中的强励作用，加强制动效果。松开按钮 SB1，制动结束，电路又处于准备工作状态。

任务总结

通过本任务的学习，全面了解并掌握典型三相异步电动机制动控制电路的原理；看懂反接制动、能耗制动控制的原理图、位置图和接线图，进一步拓展掌握机械制动和直流电动机控制的机理，并能正确地安装、调试其系统电路；全面掌握电气控制电路图的识读方法和步骤。

在进行制动控制系统的装调时,一定要遵照原理图和接线图。在进行板前明线布线接线时,必须做到:正确、牢固、美观、接触良好。在对电路进行通电调试时,一定要先让指导教师检查好安装接线正确后,才可以按步骤进行通电试验,试验时一定要有指导教师监护,启动时尽可能空载或轻载,且制动不可频繁,防止过载。必须做到文明操作、安全生产。

项目评价

表 2-1 "基本电气控制电路安装与调试"项目评价表

姓名_____   班级_____   学号_____   总得分_____

项目编号	2	项目选题		考核时间	
技能训练考核内容(60分)			考核标准		得分
安装布置(10分)			电器、电动机等元件,安装位置正确; 错一处扣 5 分		
参数整定(10分)			可调参数设定正确,不正确每次扣 5 分		
接线连接(15分)			电路连接不正确一次扣 10 分 接线不牢固、不美观一处扣 2~5 分		
通电调试(15分)			一次不成功扣 10 分 两次不成功扣 15 分		
安全文明操作(10分)			违反安全文明操作规程一次扣 5~10 分		
知识巩固测试内容(40分)			见练习与思考		
完成日期		年 月 日		指导教师签字	

项目小结

通过本项目的学习,重点了解典型电气设备三相异步电动机的基本控制及启动、调速、制动控制电路的特点和工作原理,学会对照原理图按步骤分析和读懂电气控制原理图的方法;具有按照原理图、位置图和接线图,正确地安装、调试电气控制电路的能力;能处理电气控制电路的一般故障,会设计简单的电气控制电路图,为后续分析和设计较复杂的电气控制电路打下良好的基础。

练习与思考

一、填空题

1. 电气控制的系统图包括_____、_____、_____。
2. 三相笼型异步电动机的启动方式有_____和_____,直接启动时,电动机启动电流 I_s 为额定电流的_____倍。

3. 依靠接触自身的辅助触点保持线圈通电的电路称为_____电路。
4. 多地控制是用多组_____、_____来控制的,就是把各启动按钮的常开触头_____连接,各停止按钮的常闭触头_____连接。
5. 三相笼型异步电动机常用的降压启动有_____、_____、_____等。

二、判断题(正确的打√,错误的打×)

1. 在接触器正、反转控制电路中,若正转接触器和反转接触器同时通电会发生两相电源短路。(   )
2. 点动控制,就是按下按钮就可以启动并连续运转的控制方式。(   )
3. 反接制动适用要求制动迅速、系统惯性较大、制动不频繁的场合。(   )
4. 能耗制动法是将电动机旋转的动能转变为电能,消耗在制动电阻上。(   )

三、选择题

1. 采用交流接触器、按钮等构成的笼型异步电动机直接启动控制电路,在合上电源开关后,电动机启动、停止控制都正常,但转向反了,原因是(   )。
   A. 接触器线圈反相   B. 控制回路自锁触头有问题
   C. 引入电动机的电源相序错误   D. 电动机接法不符合铭牌标注
2. 由接触器等构成的电动机直接启动控制回路中,如漏接自锁环节,其后果是(   )。
   A. 电动机无法启动   B. 电动机只能点动
   C. 电动机启动正常,但无法停机 D. 电动机无法停止
3. 下列电器不能用来通断主电路的是(   )。
   A. 接触器   B. 自动空气开关   C. 刀开关   D. 热继电器
4. 在三相笼型异步电动机反接制动过程中,当电动机转速降至很低时,应立即切断电源,防止(   )。
   A. 损坏电动机 B. 电动机反转   C. 电动机堵转   D. 电动机失控

四、简答题

1. 动合触点串联或并联,在电路中起什么样的控制作用?动断触点串联或并联,在电路中起什么样的控制作用?
2. 电动机能耗制动与反接制动控制各有何优缺点?分别适用什么场合?
3. 电动机常用的保护环节有哪些?各应用于什么场合?
4. 什么叫降压启动?常用的降压启动方法有哪几种?
5. 电动机在什么情况下应采用降压启动?定子绕组为Y形连接的三相异步电动机能否用Y—△减压启动?为什么?
6. 分析图2-49中各控制电路按正常操作时会出现什么现象?若不能正常工作请加以改进。

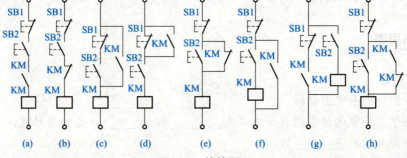

图2-49　简答题6

五、设计题

1. 试设计可从两地对一台电动机实现连续运行和点动控制的电路。
2. 设计一个两地控制的电动机正、反转控制电路,要有过载、短路保护环节。
3. 如图 2-50 所示,要求按下启动按钮后能依次完成下列动作:
(1)运动部件 A 从 1 到 2;   (2)接着 B 从 3 到 4;
(3)接着 A 从 2 回到 1;   (4)接着 B 从 4 回到 3。
试画出电气控制电路图。

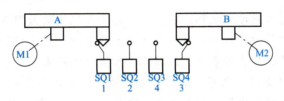

图 2-50   设计题 3

4. 要求三台电动机 M1、M2、M3 按下列顺序启动:M1 启动后,M2 才能启动;M2 启动后,M3 才能启动。停止时按逆序停止,试画出控制电路。
5. 一台 △—YY 接法的双速电动机,按下列要求设计控制电路:能低速或高速运行;高速运行时,先低速启动;能低速点动;具有必要的保护环节。
6. 根据下列要求画出三相笼型异步电动机的控制电路:能正反转;采用能耗制动;有短路、过载、失压和欠压等保护。

项目3 典型生产机械电气控制系统

📖 项目描述

金属切削机床素有工业母机之称。现在,绝大多数机床仍采用继电器、接触器等电器元件控制,也就是继电接触式控制。随着科学技术的进步,现代化的数控机床,正在不断涌现,但是其控制器件和对象并未改变。因此,掌握传统机床电气控制电路的分析方法具有重要的现实意义。起重机、电梯等起重设备,被广泛地应用于生产和人们的日常生活,掌握其基本电气工作原理和故障处理的方法,作为电气技术人员很有必要。

📖 项目分析

本项目共分为6个主要任务,通过对5台常用典型机床和1台桥式起重机电气控制系统的分析,来了解常用生产设备典型控制环节的应用特点,明晰机床及起重设备控制电路的工作原理,进一步提高分析能力、阅读图能力,加深对电气控制系统的全面认识。

🧰 相关知识和技能

1. 了解典型车床、磨床、镗床、铣床、钻床、桥式起重机的主要结构与运动形式。
2. 了解典型生产机械电气控制电路的分析方法与电气控制系统图的分析步骤。
3. 能看懂机床及起重机电气控制说明书,可指导工人按要求进行现场操作。
4. 掌握典型机床与桥式起重机常见电气故障的诊断与处理步骤。
5. 能按典型机床与桥式起重机的电气原理图和接线图,完成安装接线。

任务3.1 CA6140型普通车床电气控制系统

🧰 任务目标

1. 了解CA6140型等普通车床结构与运动形式。
2. 看懂CA6140型等普通车床的电气控制原理图。
3. 全面掌握电气控制系统图的分析和步骤。
4. 能判断和处理CA6140型等普通车床的电气故障。
5. 会根据CA6140型等普通车床的电气原理图和接线图,完成安装接线。

📖 任务分析

车床是一种应用极为广泛的金属切削机床。在金属切削机床中,车床所占的比例最大,而且应用也最广泛。其主要用于切削外圆、内圆、端面、螺纹和定形表面,也可装置钻头、绞刀、镗刀等进行转孔等加工。

普通车床有两个主要运动部分：一是卡盘或顶尖带着工件的旋转运动，即车床主轴的运动；另一个是溜板带着刀架的直线运动，称为进给运动。车床工作时，绝大部分功率消耗在主轴运动上。下面以CA6140型普通车床为例，重点了解其结构与运动形式，掌握其控制原理，会处理其常见电气故障，能制作简单车床的配电盘，并完成调试。

知识准备

3.1.1　CA6140型普通车床的主要结构和运动分析

1. CA6140型普通车床结构及型号

(1)CA6140型普通车床结构。普通车床主要由床身、主轴变速箱、进给箱、溜板箱、刀架、尾架、光杆和丝杠等部分组成。CA6140型普通车床外形及结构如图3-1所示。

图3-1　CA6140型普通车床外形及结构

1—主轴箱；2—卡盘；3—方刀架；4—小滑板；5—尾架；6—丝杠；7—光杆；8—横溜板；
9—溜板箱；10—纵溜板；11—车身；12—进给箱

(2)CA6140型普通车床型号含义如图3-2所示。

图3-2　CA6140型普通车床型号含义

2. 车床的主要运动形式及控制要求

(1)车床的主要运动形式。

1)主运动。工件的旋转运动，由主轴通过卡盘或顶尖带动工件旋转。

车削速度是指工件与刀具接触点的相对速度。根据条件的不同，要求主轴有不同的切削速度。主轴变速主要由主轴电动机经皮带传递到主轴变速箱来实现。CA6140普通车床主轴正转速度有24种，反转速度有12种。

2)进给运动。刀架带动刀具的直线运动。溜板箱把丝杆或光杆的转动传递给刀架部分,变换溜板箱外的手柄位置,经刀架部分使车刀做纵向或横向进给。

3)辅助运动。机床上除切削运动以外的其他一切必需的运动,如刀架的快速移动、工件的夹紧与放松等。

(2)电力拖动特点及控制要求。

1)主拖动电动机从经济性、可靠性考虑,一般选用三相笼型异步电动机,不进行电气调速。为满足调速要求,采用机械变速,主拖动电动机与主轴间采用齿轮变速箱。

2)为了车削螺纹(主轴要求有正反转),对于小型车床,主轴正反转由主拖动电动机正反转来实现,当主拖动电动机容量较大时,主轴上正反转采用电磁摩擦离合器的机械方法来实现。

3)主电动机启动停止应能实现自动控制,采用按钮操作,容量小的可直接启动,容量大的常采用Y—△减压启动,停车必须有制动措施,一般采用机械或电气制动的方法。

4)车削加工时,刀具与工件温度较高,必须配合冷却,且冷却泵电动机应在主轴电动机启动之后方可选择启动与否,当主轴电动机停止时,冷却泵电动机应立即停止。

5)控制电路应具有必要的过载、短路、失欠压等保护装置,同时还应有安全可靠的电压和局部照明装置(即必须使用36 V或24 V的安全电压)。

3.1.2 电气控制系统的分析方法和步骤

1. 电气控制系统分析的内容

电气控制线路是电气控制系统各种技术资料的核心文件。分析的具体内容和要求主要包括以下几个方面:

(1)设备说明书。设备说明书由机械(包括液压部分)与电气两部分组成。

(2)电气控制原理图。电气控制原理图是控制电路分析的中心内容,主要由主电路、控制电路和辅助电路等部分组成。

(3)电气设备总装接线图。阅读分析总装接线图,可以了解系统的组成分布状况,各部分的连接方式,主要电气部件的布置和安装要求,导线和穿线管的型号规格。电气设备总装接线图是安装设备不可缺少的资料。

(4)电器元件布置图与接线图。电器元件布置图与接线图是制造、安装、调试和维护电气设备必须具备的技术资料。在调试和检修中可通过布置图和接线图方便地找到各种电器元件和测试点,进行必要的调试、检测和维修保养。

2. 查线读图法

查线读图法是分析继电-接触控制电路的最基本方法。继电-接触控制电路主要由信号元器件、控制元器件和执行元器件组成。

用查线读图法阅读电气控制系统图时,一般先分析执行元器件的线路(主电路)。

查看主电路有哪些控制元器件的触点及电气元器件等,根据它们大致判断被控制对象的性质和控制要求,然后根据主电路分析的结果所提供的线索及元器件触点的文字符号,在控制电路上查找有关的控制环节,结合元器件表和元器件动作位置图进行读图。

控制电路的读图通常是由上而下或从左往右,读图时假想按下操作按钮,跟踪控制线路,观察有哪些电气元器件受控动作。再查看这些被控制元器件的触点又怎样控制另外一些控制元器件或执行元器件动作的。如果有自动循环控制，则要观察执行元器件带动机械运动将使哪些信号元器件状态发生变化，并又引起哪些控制元器件状态发生变化。在读图过程中，特别要注意控制环节相互之间的联系和制约关系，直至将电路全部看懂为止。

查线读图法的优点是直观性强，容易掌握。缺点是分析复杂电路时易出错。因此，在用查线读图法分析线路时，一定要认真细心。

3. 电气控制原理图的分析步骤

电气控制原理图通常由主电路、控制电路、辅助电路、保护联锁环节及特殊控制电路等部分组成。分析控制电路最基本的方法就是查线读图法。

(1) 分析主电路。从主电路入手，根据每台电动机和电磁阀等执行电器的控制要求去分析它们的控制内容，包括电动机启动、转向控制、调速和制动等基本控制电路。

(2) 分析控制电路。根据主电路中各电动机和电磁阀等执行电器的控制要求，逐一找出控制电路中的控制环节，将控制电路"化整为零"，按功能不同划分成若干个局部控制电路来进行分析。

(3) 分析辅助电路。辅助电路包括执行元件的工作状态显示、电源显示、参数测定、照明和故障报警等部分。辅助电路中很多部分是由控制电路中的元器件来控制的，所以分析辅助电路时，还要对控制电路的这部分电路进行分析。

(4) 分析联锁与保护环节。生产机械对安全性、可靠性有很高的要求，实现这些要求，除了合理地选择拖动、控制方案之外，在控制电路中还设置了必要的电气联锁和一系列的电气保护。必须对电气联锁与电气保护环节在控制线路中的作用进行分析。

(5) 分析特殊控制环节。在某些控制电路中，还设置了一些与主电路、控制电路关系不密切，相对独立的某些特殊环节，如产品计数装置、自动检测系统、晶闸管触发电路和自动调温装置等。这些部分往往自成一个小系统，其读图分析的方法可参照上述分析过程，并灵活运用所学过的电子技术、变流技术、自控系统、检测与转换等知识进行逐一分析。

(6) 总体检查。经过"化整为零"，逐步分析每一局部电路的工作原理及各部分之间的控制关系后，还必须用"集零为整"的方法，全面检查整个控制电路，看是否有遗漏。特别要从整体角度去进一步检查和理解各控制环节之间的联系，机电液的配合情况，了解电路图中每一个电气元器件的作用，熟悉其工作过程并了解其主要参数，由此可以对整个电路有清晰的理解。

3.1.3　CA6140 型普通车床电气控制电路和故障分析

1. CA6140 型普通车床电气控制电路的分析

图 3-3 所示为 CA6140 型普通车床的电气控制电路，分为主电路、控制电路及照明电路 3 部分。

(1) 电路结构。

1) 主电路。主电路共有 3 台电动机：M1 为主轴电动机；M2 为冷却泵电动机；M3 为刀架快速移动电动机。三相交流电源经转换开关 QS1 引入。主轴电动机 M1 由接触器 KM1 控制启动，热继电器 KH1 为主轴电动机 M1 的过载保护。冷却泵电动机 M2 由接触器 KM2 控制启动停止，热继电器 KH2 为其过载保护。刀架快速移动电动机 M3 由接触器 KM3 控制启动停止，由于 M3 是短期工作，故未设过载保护。

2) 控制电路。控制回路的电源由控制变压器 TC 二次侧输出 110 V 电压提供(或用 220 V)。

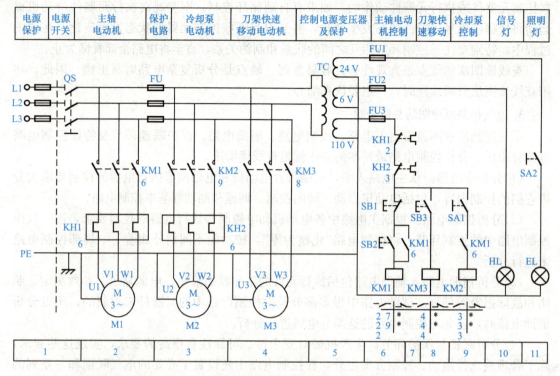

图 3-3　CA6140 型普通车床的电气控制电路

(2) 工作原理。接通电源开关 QS，信号灯 HL 点亮。

1) 主轴启动。按下启动按钮 SB2，接触器 KM1 通电自锁，KM1 主触点闭合，KM1 辅助触点也闭合，M1 主轴电动机通电启动，主轴运转。

2) 冷却泵启动。拨动开关 SA1，因 KM1 常开辅助触点已接通，所以接触器 KM2 通电，KM2 主触点闭合，M2 电动机通电启动。

3) 刀架快速移动。按下点动按钮 SB3，接触器 KM3 通电，KM3 主触点闭合，M3 电动机通电启动；松开点动按钮 SB3，接触器 KM3 断电，KM3 主触点分断，M3 电动机停止。

4) 停止。按下停止按钮 SB1，主轴、冷却泵电动机均停止工作。

5) 照明灯工作。车床工作时，按下开关 SA2，照明灯 EL 工作。

工作结束后，断开电源开关 QS，信号灯 HL 熄灭。

2. CA6140 型普通车床电气故障的分析

(1) 主轴电动机 M1 不能启动。主轴电动机 M1 不能启动分为多种情况，例如，按下启动按钮 SB2，M1 不能启动；运行中突然停车，并且不能立即再启动；按下 SB2，FU2 熔丝熔断；当按下停止按钮 SB1 后，再按启动按钮 SB2，电动机 M1 不能再启动。

发生以上故障，应首先确定故障发生在主电路还是在控制电路，依据是接触器 KM1 是否吸合。若是主电路故障，应检查车间配电箱及支电路开关的熔断器熔丝是否熔断；导线连接是否有松脱现象；KM1 主触点接触是否良好。若是控制电路故障，主要检查熔断器 FU2 是否熔断；过载保护 FR1 是否动作；接触器 KM1 线圈接线端子是否松脱；按钮 SB1、SB2 触点接触是否良好等。

(2) 主轴电动机 M1 启动后不能自锁。当按下启动按钮 SB2 时，主轴电动机能启动运转,但松开 SB2 后,M1 也随之停止。造成这种故障的原因,是接触器 KM1 动合辅助触点(自锁触点)的连接导线松脱或接触不良。

(3)主轴电动机 M1 不能停止。这类故障的原因,多数为接触器 KM1 的主触点发生熔焊或停止按钮 SB1 击穿短路,或接触器 KM1 动合辅助触点(自锁触点)的连接点错误。

(4)刀架快速移动电动机 M3 不能启动。首先检查熔断器 FU 的熔丝是否熔断,然后检查接触器 KM3 的主触点接触是否良好;若无异常或按下点动按钮 SB3 时 KM3 接触器不吸合,则故障必在控制电路中。这时应依次检查热继电器 KH1 和 KH2 的动断触点,点动按钮 SB3 及继电器 KM3 的线圈是否有断路现象。

3.1.4 普通车床配电板制作与调试训练

1. 普通车床现场操作练习

在教师和现场岗位工作人员的指导下对普通车床进行操作,了解车床的各种工作状态和操作方法。

2. 普通车床配电板设计

(1)参照现场普通车床的电器位置图和接线图,熟悉车床电器元件的实际位置及走线情况。

(2)根据普通车床电气原理图 2-2。以图 2-3 为参考,绘制出电器布置图,正确标注线号。

(3)对照设计并绘制图 3-4 所示的普通车床电气接线图。

3. 安装接线

(1)选择并检查各电器元件,M1 主轴电动机和 M2 冷却泵电动机选择小功率三相异步电动机即可,不带负载。

(2)按照电器元件布置图,固定好各电器元件、指示灯、变压器、电动机等。

(3)对照接线图,进行板前明线布线接线,先接控制电路,后接主电路。布线做到:正确、牢固、美观、接触要良好,文明操作。

4. 检验与通电调试

(1)在接线完成后,使用万用表检验电路的通断。分别检验主电路、控制电路、辅助电路等。

(2)若检验无误,经指导教师检查允许后,方可通电调试。

合上电源开关 QS,信号灯 HL 点亮,拧动转子开关 SA2,照明灯 EL 点亮。按下 SB2,接触器 KM1 得电并自锁,主轴电动机 M1 运转。扭动转子开关 SA1,冷却泵电动机 M2 转动。若系统不按正常程序工作,则应立即停车,分析并排除故障,使电路正常工作。

5. 注意事项

(1)安装时,必须认真、细致地按接点号接线,不得产生差错。

(2)如通道内导线根数较多时,应按规定放好备用导线,并将导线通道牢固地支承住。

(3)通电前,检查布线是否正确,应一个环节一个环节地进行,以防止由于漏检而产生通电不成功。

(4)必须遵守安全规程,做到安全操作。

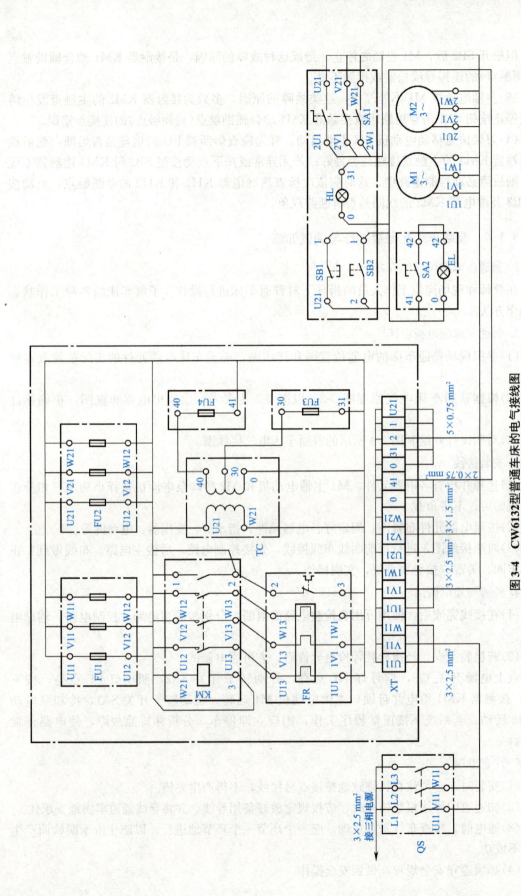

图 3-4 CW6132型普通车床的电气接线图

任务实施

3.1.5 电气控制电路故障诊断

1. 电气控制电路故障的诊断步骤

(1) 故障调查。

1) 问：询问机床操作人员，故障发生前后的情况如何，有利于根据电气设备的工作原理来判断发生故障的部位，分析出故障的原因。

2) 看：观察熔断器内的熔体是否熔断；其他电器元件有无烧毁、发热、断线、导线连接螺钉是否松动；触点是否氧化、积尘等。要特别注意高电压、大电流的地方，活动机会多的部位，容易受潮的接插件等。

3) 听：电动机、变压器、接触器等，正常运行的声音和发生故障时的声音是有区别的，听声音是否正常，可以帮助寻找故障的范围、部位。

4) 摸：电动机、电磁线圈、变压器等发生故障时，温度会显著上升，可切断电源后用手去触摸判断元件是否正常。

注意：无论电路通电或是断电，要特别注意不能用手直接去触摸金属触点，必须借助仪表来测量。

(2) 电路分析。根据调查结果，参考该电气设备的电气原理图进行分析，初步判断出故障产生的部位，然后逐步缩小故障范围，直至找到故障点并加以消除。

分析故障时应有针对性，如分析接地故障一般先考虑电气柜外的电气装置，后考虑电气柜内的电气元件；分析断路和短路故障，应先考虑动作频繁的元件，后考虑其余元件。

(3) 断电检查。检查前先断开机床总电源，然后根据故障可能产生的部位，逐步找出故障点。检查时应先检查电源线进线处有无碰伤而引起的电源接地、短路等现象，螺旋式熔断器的熔断指示器是否跳出，热继电器是否动作。然后检查电气外部有无损坏，连接导线有无断路、松动，绝缘有否过热或烧焦。

(4) 通电检查。当断电检查仍未找到故障原因时，可对电气设备做通电检查。

在通电检查时要尽量使电动机和其所传动的机械部分脱开，将控制器和转换开关置于零位，行程开关还原到正常位置。然后使用万用表检查电源电压是否正常，是否有缺相或严重不平衡。再进行通电检查，检查的顺序：先检查控制电路，后检查主电路；先检查辅助系统，后检查主传动系统；先检查交流系统，后检查直流系统；合上开关，观察各电器元件是否按要求动作，是否有冒火、冒烟、熔断器熔断的现象，直至查到发生故障的部位。

2. 电气控制电路故障的诊断方法

(1) 断路故障的诊断。

1) 试电笔检修法。试电笔检修断路故障的方法如图 3-5 所示。检修时用试电笔依次测试 1、2、3、4、5、6 各点，测到哪点试电笔不亮，即表示该点为断路处。

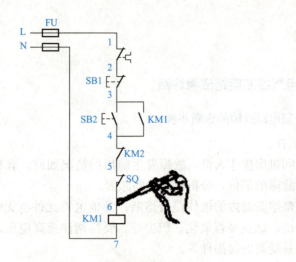

图 3-5　试电笔检修法示意

2)电压测量法。其是利用万用表测量电气线路上某两点之间的电压值来判断故障点的范围或故障元件的方法。

①电压分阶测量法。电压分阶测量法如图 3-6 所示，检查时，首先使用万用表测量 1、7 两点之间的电压，若电路正常应为 380 V 或 220 V，再按住启动按钮 SB2 不放，同时将黑色表棒接到点 7 上，红色表棒按 6、5、4、3、2 标号依次向前移动，分别测量 7~6、7~5、7~4、7~3、7~2 各阶之间的电压，电路正常情况下，各阶的电压值均为 380 V 或 220 V。如测到 7~6 之间无电压，说明是断路故障，此时可将红色表棒向前移，当移至某点(如 2 点)时电压正常，说明点 2 以前的触点或接线有断路故障。一般是点 2 后第一个触点(刚跨过的停止按钮 SB1 的触点)或连接线断路。

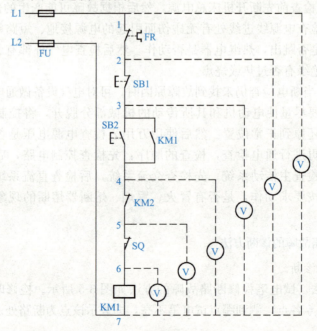

图 3-6　电压分阶测量法示意

②电压分段测量法。电压的分段测量法如图 3-7 所示,检查时,首先用万用表测试 1、7 两点,电压值为 380 V 或 220 V,说明电源电压正常。电压的分段测量法是将红、黑两根表棒逐段测量相邻两标号点 1～2、2～3、3～4、4～5、5～6、6～7 之间的电压。如电路正常,按下按钮 SB2 后,除 6～7 间的电压等于 380 V 或 220 V 之外,其他任何相邻两点之间的电压值均为零。如按下启动按钮 SB2,接触器 KM1 不吸合,说明发生断路故障,此时可用电压表逐段测试各相邻两点之间的电压。如测量到某相邻两点之间的电压为 380 V 或 220 V 时,说明这两点之间所包含的触点、连接导线接触不良或有断路故障。例如标号 4～5 之间的电压为 380 V 或 220 V,说明接触器 KM2 的常闭触点接触不良。

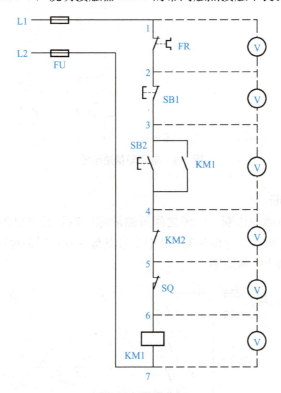

图 3-7 电压分段测量法示意

3)电阻测量法。其是指利用万用表测量电气线路上某两点之间的电阻值来判断故障点的范围或故障元件的方法。

如图 3-8 所示的电路中,按下启动按钮 SB2,接触器 KM1 不吸合,该电气回路有断路故障。在查找故障点前首先把控制电路两端从控制电源上断开,万用表置于 R×1 Ω 挡。然后逐段测量相邻两标号点 1～2、2～3、3～4、4～5 之间的电阻。若测得某两点之间电阻很大,说明该触头接触不良或导线断路;若测得 5～6 之间电阻很大(无穷大),则线圈断线或接线脱落。若电阻接近零,则线圈可能短路。

电阻测量法的注意事项如下:

①用电阻测量法检查故障时一定要断开电源。

②如被测的电路与其他电路并联时,必须将该电路与其他电路断开,否则所测得的电阻值是不准确的。

③测量高电阻值的电器元件时,将万用表的选择开关旋转至适合的电阻挡。

4)短接法。对断路故障,如导线断路、虚连、虚焊、触头接触不良、熔断器熔断等,用短接法查找往往比用电压法和电阻法更为快捷。检查时,只需用一根绝缘良好的导线将所怀疑的断路部位短接。当短接到某处,电路接通,说明故障就在该处。

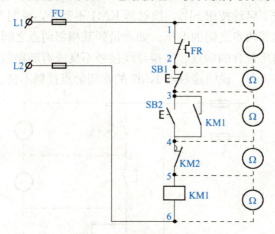

图 3-8 电阻测量法示意

(2)短路故障的诊断。

1)电源之间短路故障的诊断。电源之间短路故障一般是通过电器的触点或连接导线将电源短路的,如图 3-9 所示。行程开关 SQ 中 2 号点与 0 号点因某种原因形成连接将电源短路,电源合上,熔断器 FU 就熔断。

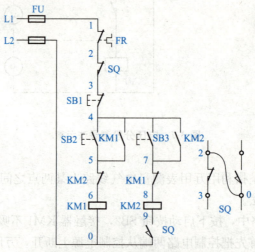

图 3-9 电源之间短路故障示意

2)电器触点之间的短路故障的诊断。如图 3-10 所示,接触器 KM1 的两对辅助触点 3 号和 8 号因某种原因短路,则当合上电源时,接触器 KM2 即吸合。

对于这类故障,可在断电的状态下,采用万用表(欧姆表)测量可疑的运动触点是否相连,或直接采用机械敲击、按动驱动部件,使粘连触点脱离等方法来判断检修故障,严重时需更换元器件。

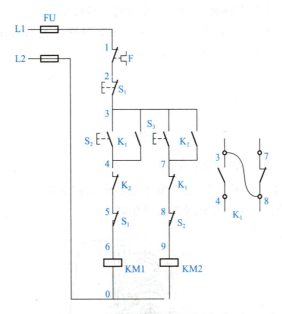

图 3-10　电器触点之间的短路示意

任务总结

通过本任务的学习，了解并熟悉普通车床的结构与运动形式，重点研究它的电气控制的原理，学会并看懂 CA6140 型等普通车床的原理图。知识拓展全面总结学习并掌握电气控制系统的分析方法和步骤，电气控制电路的故障诊断方法。

注意在使用万用表电阻测量法进行故障诊断时，一定要确认电路已经断电，才可以去操作。如通电调试时，一定要先让指导教师确认并在教师监护下，方可进行。

任务 3.2　M7120 型平面磨床电气控制系统

任务目标

1. 了解典型平面磨床结构与运动形式。
2. 看懂 M7120 型等典型平面磨床的电气控制原理图。
3. 能判断和处理典型平面磨床的电气故障。
4. 会根据典型平面磨床的电气原理图和接线图，完成安装接线。

任务分析

磨床是机械制造中广泛用于获得高精度、高质量零件表面加工的精密机床，它是利用砂轮周边或端面进行加工的，磨床的种类很多，按其性质可分为外圆磨床、内圆磨床、内外圆磨床、平面磨床、工具磨床及一些专用磨床。磨床上的主切削刀具是砂轮，平面磨床就是用砂轮来磨削加工各种零件的平面的最普通的一种机床。

了解典型平面磨床 M7120 型的结构与运动形式，读懂其控制原理图，会处理其常见电气故障，能制作典型的平面磨床配电模板，并完成调试。

🧰 知识准备

3.2.1 M7120 型平面磨床结构和运动分析

1. M7120 型平面磨床结构和运动形式

(1)M7120 型平面磨床结构。M7120 型平面磨床结构如图 3-11 所示。它由床身、工作台、电磁吸盘、砂轮箱、滑座、立柱及撞块等组成。

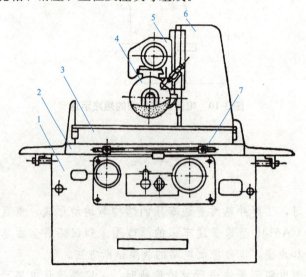

图 3-11 M7120 型平面磨床结构

1—床身；2—工作台；3—电磁吸盘；4—砂轮箱；5—滑座；6—立柱；7—撞块

工作台上装有电磁吸盘，用以吸持工件，工作台在床身的导轨上做往返运动，主轴可在床身的横向导轨上做横向进给运动，砂轮箱可在立柱导轨上做垂直运动。

(2)平面磨床的运动形式。

1)主运动。平面磨床的主运动是砂轮的旋转运动。

2)进给运动。进给运动是指工作台的纵向往返移动。

3)辅助运动。辅助运动是砂轮箱升降运动。工作台每完成一次纵向进给时，砂轮自动作一次横向进给，当加工完整一个平面以后，砂轮由手动做垂直进给。

M7120 型平面磨床共有 4 台电动机，砂轮电动机是主运动电动机，直接带动砂轮旋转；砂轮升降电动机拖动拖板沿立柱导轨上下移动；液压泵电动机拖动高压油泵，高压油供给液压系统；工作台的往复运动是由液压系统传动的；冷却泵由另一台电动机拖动。

2. 电力拖动特点及控制要求

(1)M7120 型平面磨床采用分散拖动，液压泵电动机、砂轮电动机、砂轮箱升降电动机和冷却泵电动机，全部采用普通笼型交流异步电动机。

(2)磨床的砂轮、砂轮箱升降和冷却泵不要求调速，换向是通过工作台上的撞块碰撞床身上的液压换向开关来实现的。

(3) 为减少工件在磨削加工中的热变形并冲走磨屑,以保证加工精度,需用冷却液。

(4) 为适应磨削小工件的需要,也为工件在磨削过程中受热能自由伸缩,采用电磁吸盘来吸持工作。

(5) 砂轮电动机、液压泵电动机和冷却泵电动机只要求单方向旋转,并采用直接启动。

(6) 砂轮箱升降电动机要求能正反转,并且冷却泵电动机与砂轮电动机具有顺序联锁关系,在砂轮电动机启动后才可开动冷却泵电动机。

(7) 应具有完善的保护环节,如电动机的短路保护、过载保护、零压保护、电磁吸盘欠压保护等。

(8) 有必要的信号指示和局部照明。

3. 电磁吸盘和交流去磁器的构造及原理

(1) 电磁吸盘的构造及原理。电磁吸盘外形有矩形和圆形两种。矩形平面磨床采用矩形电磁吸盘,圆台平面磨床采用圆形电磁吸盘。电磁吸盘工作原理如图 3-12 所示。在钢制吸盘体 1 的中部凸起的芯体 A 上绕有线圈 2;钢制盖板 3 被隔磁层 4 隔开。在线圈 2 中通入直流电流,芯体将被磁化,磁力线经由盖板、工件、盖板、吸盘体、芯体闭合,将工件 5 牢牢吸住。盖板中的隔磁层由铅、铜、黄铜及巴氏合金等非磁性材料制成,其作用是使磁力线都通过工件再回到吸盘体,不致直接通过盖板闭合,以增强对工作的吸持力。

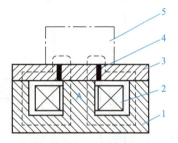

图 3-12 电磁吸盘工作原理
1—钢制吸盘体;2—线圈;
3—钢制盖板;4—隔磁层;5—工件

电磁吸盘与机械夹紧装置相比,具有夹紧迅速,不损伤工件,工作效率高,能同时吸持多个小工件;在加工过程中,工件发热可自由伸延,加工精度高等优点。但也有夹紧力不及机械夹紧,调节不便;需用直流电源供电;不能吸持非磁性材料工件等缺点。

(2) 交流去磁器的构造及原理。如图 3-13 所示,由硅钢片制成铁芯 1,在其上套有线圈 2 并通以交流电,在铁芯柱上装有极靴 3,在由软钢制成的两个极靴之间隔有隔磁层 4。去磁时线圈通入交流电,将工件在极靴平面上来回移动若干次,即可完成去磁要求。

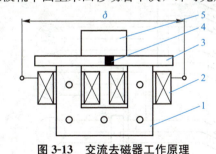

图 3-13 交流去磁器工作原理
1—铁芯;2—线圈;3—极靴;4—隔磁层;5—工件

3.2.2 M7120 型平面磨床电气控制电路

M7120 型平面磨床电气控制电路如图 3-14 所示。电路由主电路、控制电路、电磁吸盘控制电路和辅助电路 4 部分组成。

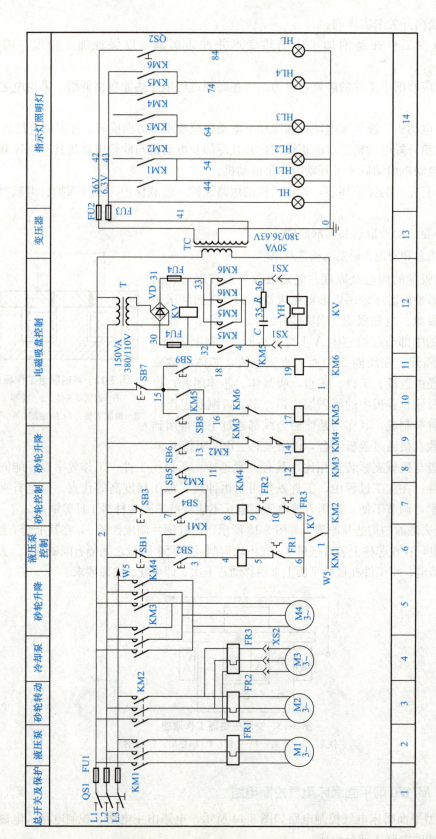

图 3-14 M7120型平面磨床电气控制电路

1. 主电路分析

主电路中有 4 台电动机。其中，M1 为液压泵电动机，由 KM1 控制；M2 为砂轮电动机，M3 为冷却泵电动机，同由 KM2 控制；M4 为砂轮升降电动机，分别由 KM3、KM4 控制。FU1 对电路进行短路保护，FR1、FR2、FR3 分别对 M1、M2、M3 进行过载保护。因砂轮升降电动机短时运行，所以不设置过载保护。

2. 控制电路分析

当电源正常时，闭合电源开关 QS1，电压继电器 KV 的常开触点闭合，可进行操作。

(1)液压泵电动机 M1 控制(其控制电路位于 6 区)。

1)启动过程：按下 SB2，SB2＋→KM1＋(得电吸合)→M1 启动。

2)停止过程：按下 SB1，SB1＋→KM1－(失电释放)→M1 停转。

(2)砂轮电动机 M2 控制(其控制电路位于 7 区)。

1)启动过程：按下 SB4，SB4＋→KM2＋→M2 启动。

2)停止过程：按下 SB3，SB3＋→KM2－→M2 停转。

(3)冷却泵电动机 M3 控制。冷却泵电动机由于通过插座 XS2 与接触器 KM2 主触点相连，因此 M3 是与砂轮电动机 M2 联动控制，按下 SB4 时 M3 与 M2 同时启动，按下 SB3 时同时停止。FR2 与 FR3 的常闭触点串联在 KM2 线圈回路中，M2、M3 中任一台过载时，相应的热继电器动作，都将使 KM2 线圈失电，M2、M3 同时停止。

(4)砂轮升降电动机 M4 控制。其控制电路位于 8 区、9 区，采用点动控制。

1)砂轮上升控制过程：按下 SB5，SB5＋→KM3＋→M4 启动正转，当砂轮上升到预定位置时，松开 SB5，SB5－→KM3－→M4 停转。

2)砂轮下降控制过程：按下 SB6，SB6＋→KM4＋→M4 启动反转，当砂轮下降到预定位置时，松开 SB6，SB6－→KM4－→M4 停转。

3. 电磁吸盘控制电路分析

(1)电磁吸盘控制电路。电磁吸盘控制电路由整流装置、控制装置及保护装置等组成。整流部分由整流变压器 T 和桥式整流器 VC 组成，输出 110 V 直流电压。

1)电磁吸盘充磁。按下 SB8，SB8＋→KM5＋(自锁)→YH＋充磁。

2)电磁吸盘退磁。工件加工完毕需取下时，先按下 SB7，切断电磁吸盘的电源，但由于吸盘和工件都有剩磁，故必须对吸盘和工件退磁。退磁过程：按下 SB9，SB9＋→KM6＋→YH－退磁。此时，电磁吸盘线圈通入反方向的电流，以消去剩磁。由于去磁时间太长会使工件和吸盘反向磁化，因此去磁采用点动控制，松开 SB9 则去磁结束。

(2)电磁吸盘保护环节。

1)欠电压保护。当电源电压不足或整流变压器发生故障时，吸盘的吸力不足，在加工过程中，会使工件高速飞离而造成事故。为防止这种情况，在电路中设置了欠电压继电器 KV，其线圈并联在电磁吸盘电路中，常开触点串联在 KM1、KM2 线圈回路中，当电源电压不足或为零时，KV 常开触点断开，使 KM1、KM2 断电，液压泵电动机 M1 和砂轮电动机 M2 停转，确保生产安全。

2)电磁吸盘线圈的过电压保护。电磁吸盘匝数多，电感大，通电工作时储有大量磁场能量。当线圈断电时，两端将产生高压，若无放电回路，将使线圈绝缘及其他电器设备损坏。为此，在线圈两端接有 RC 放电回路以吸收断开电源后放出的磁场能量。

3)电磁吸盘的短路保护。在变压器二次侧或整流装置输出端装有熔断器短路保护。

4. 辅助电路分析

辅助电路有信号指示和局部照明电路,位于14区,其中EL为局部照明灯,工作电压为36 V,由手动开关QS2控制。其余信号灯工作电压为6.3 V。HL为电源指示灯;HL1为M1运转指示灯;HL2为M2运转指示灯;HL3为M4运转指示灯;HL4为电磁吸盘工作指示灯。

任务实施

3.2.3 M7120型平面磨床电气控制线路模拟板制作与故障处理

1. 模拟板设计与准备

(1)制作20 mm×1 000 mm×1 600 mm的木制模拟板和1 600 mm×1 800 mm立式铁质框架,并将模拟板紧固在框架上方沿线上。

模拟板分为两个区域,大区在模拟板的左端,面积为800 mm×1 000 mm,小区在模拟板的右端,面积为500 mm×1 000 mm,中间留有300 mm×1 000 mm的空区。

(2)按照编号原则在电气原理图3-14上进行编制接点号。

(3)按电器元件明细表配齐元件,并检验元件质量。

(4)按照电气原理图上编制的接点号,预制好编码套管和元件文字符号的标志。

2. 安装接线

(1)在模拟板的大区内合理、牢固安装熔断器FU1~FU2、接触器KM1~KM6、热继电器FR1~FR3、控制变压器TC、硅整流器VD、欠电压继电器KV、插座XS1、电阻R、电容C、走线槽和接线端子板等。

在模拟板的小区内也应牢固、合理安装电源开关QS、按钮SB1~SB9、机床局部工作照明灯、指示灯、接线端子板等。

安装时,电器元件的位置应考虑到走线方便和检修安全,同时电源开关应安装在右上角,并在各电器元件的近处贴上文字符号的标志。

(2)电动机及电磁吸盘可安装在模拟板的大区正下方,若采用灯箱代替时,灯箱可固定在模拟板的中间空区内,但接线仍按控制板外部布线要求进行敷设。

(3)选配合适的导线,模拟板内部导线采用BVR塑铜线,接到电动机及电源进线采用四芯橡套绝缘电缆线,接到电磁吸盘及模拟板二区域的连接线,采用BVR塑铜线并应穿导线通道内加以保护。

(4)布线时,模拟板大区内采用走线槽的敷设方法,接到电动机或两区域之间的导线必须经过接线端子板。在按原理图正确接线的同时,应在导线的线头上套有与原理图一致接点号编码套管。

3. 检验与通电调试

(1)在接线完成后,检查布线的正确性和各接点的可靠性,使用万用表检验电路的通断情况,分别检验主电路、控制电路、辅助电路等。同时进行绝缘电阻的测量和接地通道是否连续的试验。

(2)若检验无误,经指导教师检查允许后,方可通电调试。

(3)清理安装场地并进行通电运转试验。

通电时要密切注意电动机、电器元件及线路有无异常现象，若有，应立即切断电源进行检查，找出故障原因并进行排除后再通电试验。

4. 故障处理

(1)电动机 M1、M2、M3 和 M4 不能启动。若 4 台电动机的其中一台不能启动，其故障的检查与处理较简单，与正转或正反转的基本控制环节类似，如果说有区别的话，只是控制电源采用控制变压器供电和 M3 电动机在主电路采用了接插件连接。如果 M1～M3 三台电动机都不能启动，则应检查电磁吸盘电路的电源是否接通，电路是否有故障，整流器的输出直流电压是否过低等，这些原因都会使欠电压继电器 KV 不能吸合，造成图区 6 中 KV 不能闭合，从而使 KM1、KM2 线圈不能获电所引起。

(2)电磁吸盘没有吸力。首先应检查三相交流电源是否正常，然后检查 FU1 与 FU4 是否完好，接触是否正常，再检查接插器 XS1 接触是否良好。如上述检查未发现故障，则进一步检查电磁吸盘电路，包括 KV 线圈是否断开，吸收线圈是否断路等。

(3)电磁吸盘吸力不足。常见的原因有交流电源电压低，导致直流电压相应下降，以致吸力不足。若直流电压正常，有可能是 XS1 接触不良。

另一个原因是桥式整流电路的故障。如整流桥一臂发生开路，将使直流输出电压下降一半左右，使吸力减少。若有一臂整流元件击穿形成短路，与它相邻的另一桥臂的整流元件会因过电流而损坏，此时它也会因短路而造成过电流，致使吸力很小甚至无吸力。

(4)电磁吸盘退磁效果差，造成工件难以取下。其故障原因在于退磁电压过高或去磁回路断开，无法去磁或去磁时间掌握不好等。调整电压或重新接好去磁电路。

5. 注意事项

(1)安装时，必须认真、细致地做好接点号的安置工作，不得产生差错。

(2)如通道内导线根数较多时，应按规定放好备用导线，并将导线通道牢固地支承住。

(3)通电前，检查布线是否正确，应一个环节一个环节地进行，以防止由于漏检而产生通电不成功。

(4)安装整流电路不可将整流二极管的极性接错或漏接散热器，否则会产生二极管和控制变压器因短路和二极管过热而烧毁。

(5)故障处理时，应先断电。处理完成后，经教师检查后，方可再通电。

(6)必须遵守安全规程，做到安全操作。

6. 组织教学

在实施本安装任务时，除要求学生掌握机床的控制原理、操作方法、安装步骤和要求外，还要进一步培养学生的组织能力、操作技巧、思维能力和团结互助协作的精神。

任务总结

通过本任务的学习，了解并熟悉磨床的结构与运动形式，重点研究 M7120 型平面磨床的电气控制的原理，并看懂 M7120 型平面磨床的原理图；掌握根据电气控制原理图等，安装、调试磨床控制电路,并能处理磨床电气控制的一般故障。

在操作使用磨床时,特别要注意电磁吸盘的吸磁与退磁控制,吸磁与退磁的电压既不能太高也不能太低。通电调试时,一定要先让指导教师确认,并在教师监护下,方可进行。

任务 3.3　Z3040 型摇臂钻床的电气控制系统

任务目标

1. 了解典型钻床的结构与运动形式。
2. 看懂 Z3040 型摇臂钻床的电气控制原理图。
3. 能较好地操作和使用摇臂钻床。
4. 能判断和处理 Z3040 型摇臂钻床的电气故障。

任务分析

钻床是孔加工机床,用来钻孔、扩孔、铰孔、攻丝及修刮端面等多种形式的加工。在钻削加工时,钻头一面进行旋转切削,一面进行纵向进给。

钻床按用途和结构可分为立式钻床、台式钻床、多轴钻床、摇臂钻床及其他专用钻床等。在各类钻床中,摇臂钻床操作方便、灵活,适用范围广,具有典型性,特别适用单件或批量生产中带有多孔大型零件的孔加工,是一般机械加工车间常见的机床。下面以Z3040 型摇臂钻床为例,了解 Z3040 型摇臂钻床的结构与运动形式,掌握其控制原理图要点;能进行基本的现场操作,会处理现场常见的电气故障。

知识准备

3.3.1　Z3040 型摇臂钻床的结构和运动分析

1. Z3040 型摇臂钻床的结构和运动形式

(1)摇臂钻床的结构。摇臂钻床主要由底座、内立柱、外立柱、摇臂、主轴箱及工作台等部分组成,如图 3-15 所示。内立柱固定在底座的一端,外面套有外立柱,外立柱可绕内立柱旋转 360°。摇臂的一端为套筒,它套装在外立柱上并借助丝杆的正反转可绕外立柱上下移动。但由于丝杆与外立柱连成一体,同时升降螺母固定在摇臂上,所以摇臂不能绕外立柱转动,但是摇臂与外立柱一起可绕内立柱转动。主轴箱是一个复合部件,它由主传动电动机、主轴和主轴传动机构、进给和进给变速机构、机床的操作机构等组成。主轴箱安装在摇臂上,通过手轮操作可使其在水平导轨上移动。当进行加工时,可利用特殊的夹紧机构将外立柱紧固在内立柱上,摇臂紧固在外立柱上,主轴箱紧固在摇臂导轨上,然后进行钻削加工。

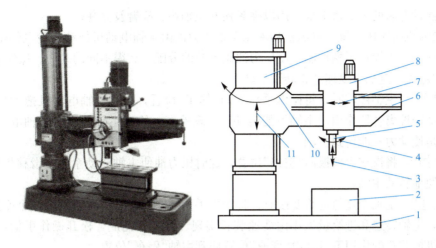

图 3-15 摇臂钻床的结构及运动形成
1—底座；2—工作台；3—主轴纵向进给；4—主轴旋转运动；5—主轴；6—摇臂；7—主轴箱沿摇臂径向运动；
8—主轴箱；9—内外立柱；10—摇臂回转运动；11—摇臂垂直运动

(2) 摇臂钻床的运动形式。

1) 主运动。主运动是指主轴带着钻头的旋转运动。

2) 进给运动。进给运动是指主轴带着钻头的纵向运动。

3) 辅助运动。辅助运动是指摇臂连同外立柱围绕着内立柱的回转运动、摇臂在外立柱上的上下降运动、主轴箱在摇臂上的左右运动等。摇臂的回转和主轴箱的左右移动采用手动，立柱的夹紧放松由一台电动机拖动一台齿轮泵来供给夹紧装置所用的压力油来实现，同时通过电气联锁来实现主轴箱的夹紧与放松。

摇臂钻床的主轴旋转和摇臂升降不允许同时进行，以保证安全生产。

2. 电力拖动特点及控制要求

(1) 摇臂钻床由 4 台电动机进行拖动。主轴电动机带动主轴旋转；摇臂升降电动机带动摇臂进行升降；液压泵电动机拖动液压泵供出压力油，使液压系统的夹紧机构实现夹紧与放松；冷却泵电动机驱动冷却泵供给机床冷却液。

(2) 主轴的旋转运动和纵向进给运动及其变速机构均在主轴箱内，由一台主轴电动机拖动。主轴在进行螺纹加工时，要求主轴电动机能正反向旋转，通过改变摩擦离合器的手柄位置实现正反转控制。

(3) 内外立柱、主轴箱与摇臂的夹紧与放松是由一台电动机通过正反转拖动液压泵送出不同流向的压力油，推动活塞、带动菱形块动作来实现的，因此要求液压泵电动机能正反向旋转，采用点动控制。

(4) 摇臂的升降由一台交流异步电动机拖动，装于主轴顶部，通过正反转来实现摇臂的上升和下降。摇臂的移动严格按照摇臂松开→移动→摇臂夹紧的程序进行。因此，摇臂的夹紧放松与摇臂升降按自动控制进行。

3. 液压系统简介

该摇臂钻床具有两套液压控制系统：一个是操纵机构液压系统；另一个是夹紧机构液压系统。前者安装在主轴箱内，用以实现主轴正反转、停车制动、空挡、预选及变速；后者安装在摇臂背后的电器盒下部,用以夹紧松开主轴箱、摇臂及立柱。

(1)操纵机构液压系统。操纵机构液压系统压力油由主轴电动机拖动齿轮泵供给。主轴电动机转动后,由操作手柄控制,使压力油做不同的分配,获得不同的动作。操作手柄有5个位置:"停车""空挡""变速""正转""反转"。

1)"停车":主轴停转时,将操作手柄扳向"停车"位置,这时主轴电动机拖动齿轮泵旋转,使制动摩擦离合器作用,主轴不能转动,实现停车。所以主轴停车时主轴电动机仍在旋转,只是使动力不能传到主轴。

2)"空挡":将操作手柄扳向"空挡"位置,这时压力油使主轴传动系统中滑移齿轮脱开,用手可轻便地转动主轴。

3)"变速":主轴变速与进给变速时,将操作手柄扳向"变速"位置,改变两个变速旋钮,进行变速,主轴转速和进给量大小由变速装置实现。当变速完成,松开操作手柄,此时操作手柄在机械装置的作用下自动由"变速"位置回到主轴"停车"位置。

4)"正转""反转":操作手柄扳向"正转"或"反转"位置,主轴在机械装置的作用下,实现主轴的正转或反转。

(2)夹紧机构液压系统。夹紧机构液压系统压力油由液压泵电动机拖动液压泵供给,实现主轴箱、立柱和摇臂的松开与夹紧。其中,主轴箱和立柱的松开与夹紧由一个油路控制,摇臂的松开与夹紧由另一个油路控制,这两个油路均由电磁阀操纵。主轴箱和立柱的夹紧与松开由液压泵电动机点动就可实现。摇臂的夹紧与松开与摇臂的升降控制有关。

3.3.2　Z3040型摇臂钻床电气控制电路和故障判断

Z3040型摇臂钻床电气控制电路如图3-16所示。电路由主电路、控制电路和辅助电路3部分组成。

1. 主电路分析

从图3-16可知,Z3040型摇臂钻床的主电路主要由4台控制电动机组成。其中,M1为主轴电动机,M2为摇臂升降电动机,M3为液压泵电动机,M4为冷却泵电动机。

(1)主电路电源电压为交流380 V,自动空气开关QF作为电源引入开关。

(2)M1是主轴电动机,单方向旋转,由接触器KM1控制,主轴的正反转则由机床液压系统操纵机构配合正反转摩擦离合器实现,并由热继电器FR1做电动机长期过载保护。短路保护电器是总电源开关中的电磁脱扣装置。

(3)M2是摇臂升降电动机,由正、反转接触器KM2、KM3控制实现正反转。控制电路保证在操纵摇臂升降时,首先使液压泵电动机启动旋转,供出压力油,经液压系统将摇臂松开,然后才使电动机M2启动,拖动摇臂上升或下降。当移动到位后,保证M2先停下,再自动通过液压系统将摇臂夹紧,最后液压泵电动机才停下。M2为短时工作,不设长期过载保护。

(4)M3是液压泵电动机,可以做正反转运行。其运转和停止由接触器KM4和KM5控制。热继电器FR2是液压泵电动机的过载保护电器。该电动机的主要作用是供给夹紧装置压力油,实现摇臂和立柱的夹紧和松开。

(5)M4是冷却泵电动机,功率很小,由开关SA控制。

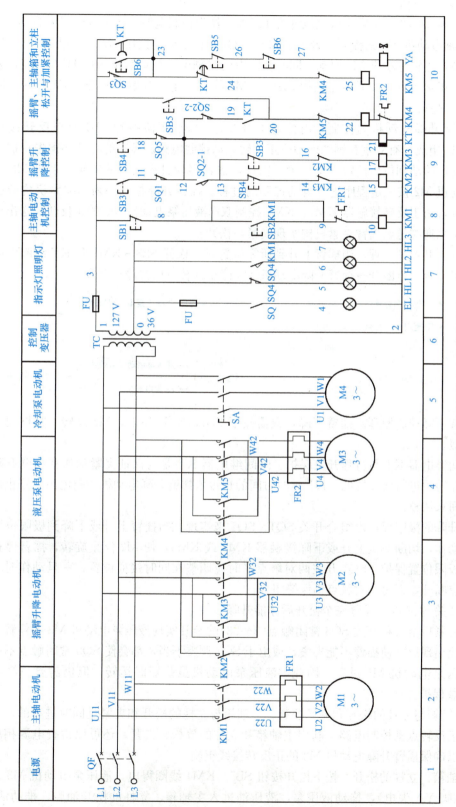

图 3-16 Z3040型摇臂钻床电气控制电路

2. 控制电路分析

由变压器 TC 将 380 V 交流电压降为 127 V，作为控制电源。指示灯电源为 36 V。

(1) 主轴电动机 M1 的控制。合上电源开关 QF，按下启动按钮 SB2，接触器 KM1 线圈得电并自锁，主轴电动机 M1 启动，同时支路中的主轴电动机运转指示灯 HL3 点亮，表示主轴电动机正常运行。按下停止按钮 SB1，KM1 线圈失电，其触点断开，M1 停转，同时指示灯 HL3 熄灭。

(2) 摇臂升降电动机的控制。由摇臂上升按钮 SB3、下降按钮 SB4 及正反转接触器 KM2、KM3 组成具有双重互锁的电动机正反转点动控制电路。摇臂的移动必须先将摇臂松开，再移动，移动到位后摇臂自动夹紧。因此，摇臂移动过程是对液压泵电动机 M3 和摇臂升降电动机 M2 按一定程序进行自动控制的过程。摇臂升降控制必须与夹紧机构液压系统紧密配合，由正反转接触器 KM4、KM5 控制双向液压泵电动机 M3 的正反转，送出压力油，经二位六通阀送至摇臂夹紧机构实现夹紧与松开。

1) 摇臂上升控制原理。当摇臂上升到所需位置时，松开 SB3→KM2 和 KT 线圈失电→其主触点和动合触点断开→摇臂升降电动机 M2 停止旋转→摇臂停止上升。

KT 线圈失电后 ┬ KT 延时闭合触点 (23～24) 延时 1～3 s 后闭合 → KM5 线圈得电 → 液压泵电动机 M3 反转 ┐
              │   ├ 摇臂开始夹紧
              └ KT 延时断开触点 (3～23) 延时 1～3 s 后断开 ┐
                                                         ├ YA 仍得电
                SQ3 (3～23) 后闭合 ┘

完全夹紧后，SQ2 释放，SQ3 动作 → SQ3 (3～23) 触点断开 → KM5 线圈失电 ┬ 液压泵电动机 M3 停转 ┐
                                                                    │   ├ 摇臂上升结束
                                                                    └ YA 失电复位

2) 摇臂下降控制原理。摇臂下降，只需按下 SB4，KM3 得电，M2 反转，其控制过程与上升类似。

3) 时间继电器 KT 与行程开关保护。时间继电器 KT 是为保证夹紧动作在摇臂升降电动机完全停转后进行而设置的，KT 延时时间的长短依摇臂升降电动机切断电源到停止惯性运转的时间来调整。

摇臂升降的极限保护由组合开关 SQ1、SQ5 来实现。当摇臂上升或下降到极限位置时相应触点动作，切断对应上升或下降接触器 KM2 或 KM3，使 M2 停止旋转，摇臂停止移动，实现极限位置保护。SQ1 开关两对触点平时应调整在同时接通位置，一旦动作时，应使一对触点断开，而另一对触点仍保持闭合。

行程开关 SQ2 保证摇臂完全松开后才能升降。

摇臂夹紧后由行程开关 SQ3 常闭触点 (3～23) 的断开实现液压泵电动机 M3 的停转。如果液压系统出现故障使摇臂不能夹紧，或由于 SQ3 调整不当，都会使 SQ3 常闭触点不能断开而使液压泵电动机 M3 过载。因此，液压泵电动机虽是短时运转，但仍需要热继电器 FR2 做过载保护。

(3) 主轴箱与立柱的松开和夹紧控制。主轴箱与立柱的松开和夹紧是同时进行的，其控制电路是正反转点动控制电路。利用主轴箱和立柱的放松、夹紧，还可以检查电源相序正确与否，以确保摇臂升降电动机 M2 的正反转接线正确。

1) 主轴箱、立柱的松开。按下松开按钮 SB5，KM4 线圈得电，液压泵电动机 M3 正转（此时电磁阀 YA 失电），拖动液压泵，液压油进入主轴箱、立柱的松开油腔，推动活塞，使主轴箱、立柱松开。此时，SQ4 不受压，动断触点 SQ4 闭合，松开指示灯 HL1 点亮。

2)主轴箱、立柱的夹紧。到达需要位置后,按下夹紧按钮 SB6,KM5 线圈得电,液压泵电动机 M3 反转(此时电磁阀 YA 失电),拖动液压泵,液压油进入主轴箱、立柱的夹紧油腔,使主轴箱、立柱夹紧。同时,SQ4 受压,其动断触点断开,动合触点闭合,夹紧指示灯 HL2 点亮,表示可以进行钻削加工。

3. 辅助电路分析

(1)保护环节。低压断路器 QF 对主电路进行短路保护;热继电器 FR1 对主轴电动机进行过载保护;热继电器 FR2 对液压泵电动机 M3 进行过载保护。摇臂的上升限位和下降限位分别通过行程开关 SQ1 和 SQ5 来实现。

(2)照明电路。照明由开关 SQ 控制照明灯 EL 来实现。

(3)冷却泵电动机的控制。冷却泵电动机 M4 的容量很小,由开关 SA 控制。

4. Z3040 型摇臂钻床常见故障分析

摇臂钻床电气控制的特殊环节是摇臂升降。Z3040 型摇臂钻床的工作过程是由电气与机械、液压系统紧密配合来实现的。因此,在维修中不仅要注意电气部分能否正常工作,还要注意它与机械和液压部分的协调关系。

(1)主轴电动机无法启动。

1)电源总开关 QF 接触不良,需调整或更换。

2)控制按钮 SB1 或 SB2 接触不良,需调整或更换。

3)接触器线圈 KM1 线圈断线或触点接触不良,需重接或更换。

(2)摇臂不能升降。

1)行程开关 SQ2 的位置移动,使摇臂松开后没有压下 SQ2。由摇臂升降过程可知,摇臂升降电动机 M2 旋转,带动摇臂升降,其前提是摇臂完全松开,活塞杆压行程开关 SQ2。如果 SQ2 不动作,常见故障是 SQ2 安装位置移动。这样,摇臂虽已放松,但活塞杆压不上 SQ2,摇臂就不能升降,有时,液压系统发生故障,使摇臂松开不够,也会压不上 SQ2,使摇臂不能移动。由此可见,SQ2 的位置非常重要,应配合机械、液压调整好后紧固。

2)液压泵电动机 M3 的电源相序接反,导致行程开关 SQ2 无法压下。液压泵电动机 M3 电源相序接反时,按上升按钮 SB3(或下降按钮 SB4),液压泵电动机 M3 反转,使摇臂夹紧,SQ2 应不动作,摇臂也就不能升降。因此,在机床大修或重新安装后,要检查电源相序。

3)控制按钮 SB3 或 SB4 接触不良,需调整或更换。

4)接触器 KM2、KM3 线圈断线或触点接触不良,需重接或更换。

(3)摇臂升降后不能夹紧。

1)行程开关 SQ3 的安装位置不当,需进行调整。

2)行程开关 SQ3 发生松动而过早动作,液压泵电动机 M3 在摇臂还未充分夹紧时就停止了旋转。

由摇臂夹紧的动作过程可知,夹紧动作的结束是由行程开关 SQ3 来完成的,如果 SQ3 动作过早,将导致液压泵电动机 M3 尚未充分夹紧就停转。常见的故障原因是 SQ3 安装位置不合适、固定螺钉松动造成 SQ3 移位,使 SQ3 在摇臂夹紧动作未完成时就被压上,切断了 KM5 回路,使 M3 停转。

排除故障时,首先应判断是液压系统的故障(如活塞杆阀芯卡死或油路堵塞造成的夹紧力不够),还是电气系统故障。对电气方面的故障,重新调整 SQ3 的动作距离,固定好螺钉即可。

(4)立柱、主轴箱不能夹紧或松开。立柱、主轴箱不能夹紧或松开的可能原因是油路堵塞、接触器 KM4 或 KM5 不能吸合。出现故障时，应检查按钮 SB5、SB6 接线情况是否良好，若接触器 KM4 或 KM5 能吸合，M3 能运转，可排除电气方面的故障，则应请液压、机械修理人员检修油路，以确定是否是油路故障。

(5)液压系统的故障。有时电气控制系统工作正常，而电磁阀芯卡住或油路堵塞，造成液压控制系统失灵，也会造成摇臂无法移动。

任务实施

3.3.3 摇臂钻床现场操作练习与电气故障处理训练

1. 摇臂钻床现场操作练习

(1)在教师和现场岗位工作人员的示范下，了解摇臂钻床的各种工作状态和操作方法。
(2)在教师和现场岗位工作人员的指导下，对摇臂钻床进行操作。

2. 摇臂钻床现场故障处理训练

(1)参照摇臂钻床现场的电器元件布置图和接线图，熟悉摇臂钻床电器元件的实际位置及走线情况。

(2)教师示范检修。在现场摇臂钻床或机床智能化考核摇臂钻床实训装置上人为设置故障点。引导学生观察故障现象，并依据电气原理图用逻辑分析法确定最小故障范围，并在图上标出；采用适当的检查方法检出故障点，并正确排除故障，通电试车。

(3)故障处理。教师设置学生知道的故障点，指导学生如何从故障现象着手进行分析，逐步引导学生采用正确的检查步骤和检修方法进行检修。

(4)教师在线路中设置两处以上故障点，由学生独立检修。

3. 注意事项

(1)故障点的设置必须是摇臂钻床使用中出现的自然故障，不能通过更改线路或更换元件来设置故障，尽量设置不易造成人身或设备故障的故障点。

(2)检修前要认真阅读分析电气原理图，熟练掌握各个控制环节的原理及作用，并认真观摩教师的示范检修。

(3)工具和仪表的使用应符合使用要求。
(4)检修时，严禁扩大故障范围或产生新的故障点。
(5)停电后要验电，带电检修时，必须有教师在场，以确保用电安全。
(6)做好实训记录。

任务总结

通过本任务的学习，了解并熟悉典型钻床的结构与运动形式，重点研究了 Z3040 型摇臂钻床电气控制的原理，并看懂 Z3040 型摇臂钻床的原理图；掌握正确操作使用典型钻床、处理典型钻床电气控制系统一般故障的能力。

在处理故障时，不能通过更改线路或更换元件来设置故障，尽量设置不易造成人身或设备故障的故障点。通电调试时，一定要在教师监护下，方可进行。

任务 3.4　T68 型卧式镗床电气控制系统

任务目标

1. 了解典型镗床的结构与运动形式。
2. 能看懂 T68 型卧式等典型镗床电气控制系统图。
3. 能较好地进行操作和使用典型镗床。
4. 能对照设计并绘制典型镗床模拟教学电气原理图。
5. 能判断和处理典型镗床的一般电气故障。

任务分析

镗床是冷加工中使用比较普遍的设备。除镗孔外，在万能镗床上还可以进行钻孔、扩孔；用镗轴或平旋盘铣削平面；加上车螺纹附件后，还可以车削螺纹；装上平旋盘刀架可加工大的孔径、端面和外圆。因此，镗床工艺范围广、调速范围大、运动多。

按用途不同，镗床可分为卧式镗床、立式镗床、坐标镗床、金刚镗床和专门化镗床等。其中，以卧式镗床应用最为广泛。下面以常用的 T68 型卧式镗床为例，了解 T68 型卧式镗床的结构与运动形式，掌握其控制原理图要点。能对照设计并制作卧式镗床模拟电气控制系统，会处理系统基本电气故障，正确完成安装与调试。

知识准备

3.4.1　T68 型卧式镗床的结构和运动分析

1. T68 型卧式镗床的结构和运动形式

(1) 结构。T68 型卧式镗床的结构主要由床身、前立柱、镗头架、柱和尾架等部分组成，如图 3-17 所示。

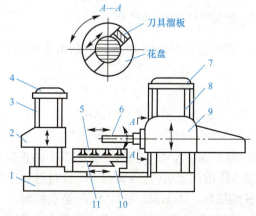

图 3-17　T68 型卧式镗床结构

1—床身；2—尾架；3、8—导轨；4—后立柱；5—工作台；
6—镗轴；7—前立柱；9—镗头架；10—下溜板；11—上溜板

床身是一个整体的铸件。前立柱固定在床身上，镗头架装在前立柱的导轨上，并可在导轨上做上下移动。镗头架里装有主轴、变速箱、进给箱和操纵机构等。切削刀具装在镗轴前端或花盘的刀具溜板上，在切削过程中，镗轴一面旋转，一面沿轴向做进给运动。花盘也可单独旋转，装在花盘上的刀具可做径向的进给运动。后立柱在床身的另一端，后立柱上的尾架用来支承镗杆的末端，尾架与镗头架可同时升降，前后立柱可随镗杆的长短来调整它们之间的距离。工作台安装在床身中部导轨上，可借助于溜板做纵向或径向运动，并可绕中心做垂直运动。

(2) 运动形式。

1) 主运动。主运动是指镗轴和花盘的旋转运动。

2) 进给运动。进给运动是指镗轴的轴向运动，花盘刀具溜板的径向运动，工作台的横向、纵向运动和镗头架的垂直运动。

3) 辅助运动。辅助运动是指工作台的旋转运动、后立柱的水平移动、尾架的垂直运动及各部分的快速移动。

2. 电力拖动特点及控制要求

镗床加工范围广，运动部件多，调速范围广，对电力拖动及控制提出了如下要求：

(1) 为了扩大调速范围和简化机床的传动装置，采用双速笼型异步电动机作为主拖动电动机，低速时将定子绕组接成三角形，高速时将定子绕组接成双星形。

(2) 进给运动和主轴及花盘旋转采用同一台电动机拖动，为适应调整的需要，要求主拖动电动机应能正反向点动，并有准确的制动。此镗床采用电磁铁带动的机械制动装置。

(3) 主拖动电动机在低速时可以直接启动，在高速时控制电路要保证先接通低速，经延时再接通高速，以减小启动电流。

(4) 为保证变速后齿轮进入良好的啮合状态，在主轴变速和进给变速时，应设有变速低速冲动环节。

(5) 为缩短辅助时间，机床各运动部件应能实现快速移动，采用快速电动机拖动。

(6) 工作台或镗头架的自动进给与主轴或花盘刀架的自动进给之间应有联锁，两者不能同时进行。

3.4.2　T68型卧式镗床电气控制电路分析

T68型卧式镗床电气控制电路如图3-18所示。电路由主电路、控制电路、辅助电路和联锁保护环节4部分组成。

1. 主电路分析

主电路中有2台电动机。M1为主轴与进给电动机，是一台4/2极的双速电动机，绕组接法为△—YY。M2为快速移动电动机。

电动机M1由5只接触器控制，KM1和KM2控制M1的正反转，KM3控制M1的低速运转，KM4、KM5控制M1的高速运转。FR对M1进行过载保护。

YB为主轴制动电磁铁的线圈，由KM3和KM5的触点控制。

电动机M2由KM6、KM7控制其正反转，实现快进和快退。因短时运行，不需过载保护。

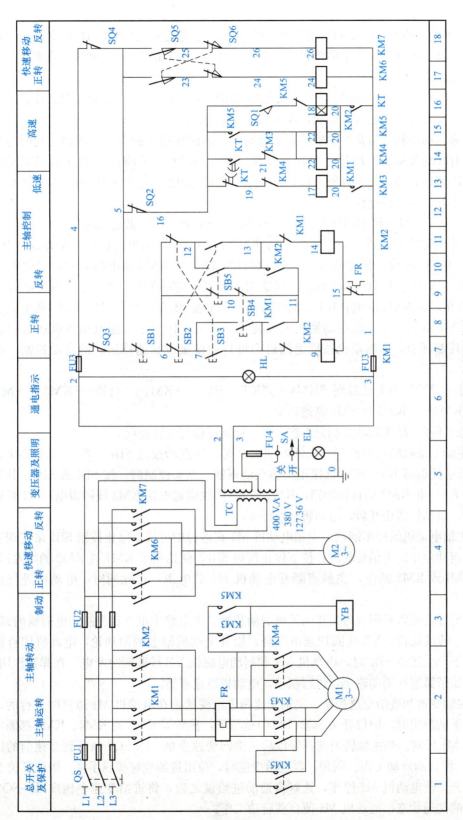

图3-18 T68型卧式镗床电气控制电路

2. 控制电路分析

(1) 主轴电动机的正、反向启动控制。合上电源开关 QS，信号灯 HL 点亮，表示电源接通。调整好工作台和镗头架的位置后，便可开动主轴电动机 M1，拖动镗轴或平旋盘正反转启动运行。

由正、反转启动按钮 SB2、SB3 和接触器 KM1～KM5 等构成主轴电动机正反转启动控制环节。另设有高、低速选择手柄，选择高速或低速运动。

1) 低速启动控制。当要求主轴低速运转时，将速度选择手柄置于低速挡，此时与速度选择手柄有联动关系的行程开关 SQ1 不受压，触点 SQ1(16 区)断开。按下正转启动按钮 SB3，KM1 通电自锁，其常开触点(13 区)闭合，KM3 通电，电动机 M1 在△接法下全压启动并低速运行。其控制过程为

$$SB3+ \to KM1+(自锁) \to KM3+ \to YB+ \to M1\ 低速启动$$

2) 高速启动控制。若将速度选择手柄置于高速挡，经联动机构将行程开关 SQ1 压下，触点 SQ1(16 区)闭合，同样按下正转启动按钮 SB3，在 KM3 通电的同时，时间继电器 KT 也通电。于是，电动机 M1 低速△接法启动并经一定时间后，KT 通电延时断开触点(13 区)断开，使 KM3 断电；KT 延时闭合触点(14 区)闭合，使 KM4、KM5 通电。从而使电动机 M1 由低速△接法自动换接成高速 YY 接法，构成了双速电动机高速运转启动时的加速控制环节，即电动机按低速挡启动再自动换接成高速挡运转的自动控制，控制过程为

$$\nearrow KT+ \nearrow YB+KT\ 延时到 \nearrow KM4+ \nearrow KT-SB3+ \to KM1+(自锁) \to KM3+ \to M1\ 低速启动 \to KM3- \to KM5+ \to M1\ 高速启动$$

反转的低速、高速启动控制只需按 SB2，控制过程与正转相同。

(2) 主轴电动机的点动控制。主轴电动机由正反转点动按钮 SB4、SB5、接触器 KM1、KM2 和低速接触器 KM3 实现低速正反转点动调整。点动控制时，按 SB4 或 SB5，其常闭触点切断 KM1 和 KM2 的自锁回路，KM1 或 KM2 线圈通电使 KM3 线圈得电，M1 低速正转或反转，点动按钮松开后，电动机自然停车。

(3) 主轴电动机的停车制动。主轴电动机 M1 在运行中可按下停止按钮 SB1 来实现主轴电动机的制动停止。主轴旋转时，按下停止按钮 SB1，便切断了 KM1 或 KM2 的线圈回路，接触器 KM1 或 KM2 断电，主触点断开电动机 M1 的电源，在此同时，电动机进行机械制动。

T68 型卧式镗床采用电磁操作的机械制动装置，主电路中的 YB 为制动电磁铁的线圈，不论 M1 正转或反转，YB 线圈均通电吸合，松开电动机轴上的制动轮，电动机即自由启动。当按下停止按钮 SB1 时，电动机 M1 和制动电磁铁 YB 线圈同时断电，在弹簧作用下，杠杆将制动带紧箍在制动轮上，进行制动，电动机迅速停转。

(4) 主轴变速和进给变速控制。主轴变速和进给变速是在电动机 M1 运转时进行的。当主轴变速手柄拉出时，限位开关 SQ2(12 区)被压下，接触器 KM3 或 KM4、KM5 都断电而使电动机 M1 停。当主轴转速选择好以后，推回变速手柄，则 SQ2 恢复到变速前的接通状态，M1 便自动启动工作。同理，需进给变速时，拉出进给变速操纵手柄，限位开关 SQ2 受压而断开，使电动机 M1 停车，选好合适的进给量之后，将进给变速手柄推回，SQ2 便恢复原来的接通状态，电动机 M1 便自动启动工作。

当变速手柄推不上时，可来回推动几次，使手柄通过弹簧装置作用于限位开关

SQ2，SQ2 便反复断开接通几次，使电动机 M1 产生冲动，带动齿轮组冲动，以便于齿轮啮合。

(5) 镗头架、工作台快速移动的控制。为缩短辅助时间，提高生产效率，由快速电动机 M2 经传动机构拖动镗头架和工作台做各种快速移动。运动部件及其运动方向的预选由装设在工作台前方的操作手柄进行，而镗头架上的快速操作手柄控制快速移动。当扳动快速操作手柄时，相应压合行程开关 SQ5 或 SQ6，接触器 KM6 或 KM7 通电，实现 M2 的正、反转，再通过相应的传动机构使操纵手柄预选的运动部件按选定方向做快速移动。当镗头架上的快速移动操作手柄复位时，行程开关 SQ5 或 SQ6 不再受压，KM6 或 KM7 断电释放，M2 停止旋转，快速移动结束。

3. 辅助电路分析

控制电路采用一台控制变压器 TC 供电，控制电路电压为 127 V，并有 36 V 安全电压局部照明 EL 供电，SA 为照明灯开关，HL 为电源指示灯。

4. 联锁保护环节分析

(1) 主轴进刀与工作台互锁。由于 T68 型卧式镗床运动部件较多，为防止机床或刀具损坏，保证主轴进给和工作台进给能同时进行，为此设置了两个联锁保护行程开关 SQ3 与 SQ4。其中，SQ4 是与工作台和镗架自动进给手柄联动的行程开关，SQ3 是与主轴和平旋盘刀架自动进给手柄联动的行程开关。将行程开关 SQ3、SQ4 的常闭触点并联后串接在控制电路中，当以上两个操作手柄中一个扳到"进给"位置时，SQ3、SQ4 中只有一个常闭触点断开，电动机 M1、M2 都可以启动，实现自动进给。当两种进给运动同时选择时，SQ3、SQ4 都被压下，其常闭触点断开将控制电路切断，M1、M2 无法启动，于是两种进给都不能进行，实现联锁保护。

(2) 其他联锁环节。主轴电动机 M1 的正反转控制电路、高低速控制电路、快速电动机 M2 正反转控制电路设有互锁环节，以防止误操作而造成事故。

(3) 保护环节。熔断器 FU1 对主电路进行短路保护，FU2 对 M2 及控制变压器进行短路保护，FU3 对控制电路进行短路保护，FU4 则局部照明电路进行短路保护。

FR 对主轴电动机 M1 进行过载保护，并由按钮和接触器进行失压保护。

5. T68 型卧式镗床常见电气故障分析

T68 型卧式镗床采用双速电动机拖动，机械、电气联锁与配合较多，常见电气故障如下：

(1) 主轴电动机只有高速挡或无低速挡。产生这种故障的因素较多，常见的有时间继电器 KT 不动作；行程开关 SQ1 因安装置移动，造成 SQ1 始终处于通或断的状态，若 SQ1 常通，则主轴电动机只有高速，否则只有低速。

(2) 主轴电动机无变速冲动或变速后主轴电动机不能自行启动。主轴的变速冲动由与变速操纵手柄有联动关系的行程开关 SQ2 控制。而 SQ2 采用的是 LX 型行程开关，往往由于安装不牢、位置偏移、触点接触不良，无法完成上述控制。经常有时因 SQ2 开关绝缘性能差，造成绝缘击穿，致使触点 SQ2 发生短路。这时即使变速操纵手柄拉出，电路仍断不开，使主轴仍以原速旋转，根本无法进行变速。

任务实施

3.4.3 T68型卧式镗床模拟电气控制系统安装与故障诊断

1. 电气施工图的设计

(1)在熟读图3-18的基础上,对照设计并绘制图3-19所示的T68型卧式镗床模拟教学电气原理图,并在电路图中标明接点号。

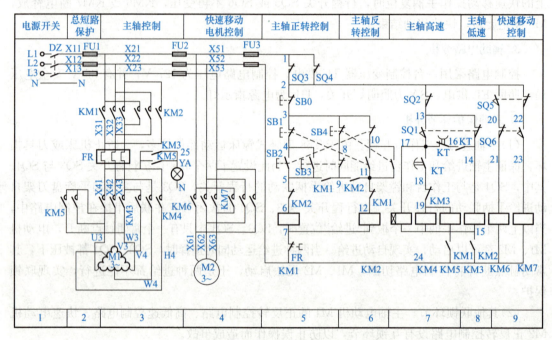

图3-19 T68型卧式镗床模拟教学电气原理图

T68型卧式镗床模拟教学设备的主轴采用双速电动机驱动。对M1电动机的控制包括正、反转的控制,正反向的点动控制,高低速互相转换及制动的控制。

(2)选择并检查各电器元件,电器元件的额定容量要根据主轴电动机和快速移动电动机的额定功率等来选择。

(3)根据电气原理图,绘制模拟教学电器元件布置图,对照绘制T68型卧式镗床模拟教学电路接线图如图3-20所示。配线方法采取主电路、控制电路、按钮电路各部分以标注线号代替电路连通的方法绘出实际走线电路。

2. 安装与配线

(1)按照电器元件布置图,固定好各电器元件。

(2)对照接线图,进行板前槽板配线,先配控制电路,后配与电动机连接的主电路。布线做到:正确、牢固、美观、接触要良好,文明操作。

3. 检查

在接线完成后,使用万用表检查电路的通断。分别检查主电路,控制电路的启动控制、联锁电路,若检查无误,经指导教师检查允许后,方可通电调试。

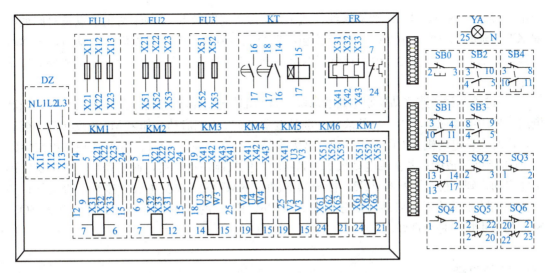

图 3-20　T68 型卧式镗床模拟教学电路接线图

4. 通电调试

清理安装场地并进行通电运转试验。通电时要密切注意电动机、电器元件及线路有无异常现象，若有，应立即切断电源进行检查，找出故障原因并进行排除后再通电试验。

5. 常见故障与检修

(1) 主轴电动机不能启动。主轴电动机 M1 只有一个转向能启动，另一个转向不能启动。这类故障通常由于控制正反转的按钮 SB2、SB1 及接触器 KM1、KM2 的主触头接触不良，线圈断线或连接导线松脱等原因所致。以正转不能启动为例，按 SB2 时，接触器 KM1 不动作，检查接触器 KM1 线圈及按钮 SB1 的常闭接触情况是否完好。若 KM1 动作，而 KM3 不动作，则检查 KM3 线圈上的 KM1 常开辅助触头(15～24)是否闭合良好；若接触器 KM1 和 KM3 均能动作，则电动机不能启动的原因，一般是接触器 KM1 主触头接触不良。

(2) 正反转都不能启动。

1) 主电路熔断器 FU1 或 FU2 熔断，这种故障可造成继电器、接触器都不能动作。

2) 控制电路熔断器 FU3 熔断、热继电器 FR 的常闭触头断开、停止按钮 SB0 接触不良等原因，同样可以造成所有接触器、继电器不能动作。

3) 接触器 KM1、KM2 均会动作，而接触器 KM3 不能动作。可检查接触器 KM3 的线圈和它的连接导线是否有断线和松脱，行程开关 SQ1、SQ2、SQ3 或 SQ4 的常闭触头接触是否良好。当接触器 KM3 线圈通电动作，而电动机还不能启动时，应检查它的主触头的接触是否良好。

(3) 主轴电动机低速挡能启动，高速挡不能启动。这主要是由于时间继电器 KT 的线圈断路或变速行程开关 SQ1 的常开触头(13～17)接触不良所致。如果时间继电器 KT 的线圈断线或连接线松脱，就不能动作，它的常开触头不能闭合，当变速行程开关 SQ1 扳在高速挡时，即常开触头(13～17)闭合后，接触器 KM4、KM5 等均不能通电动作，因而高速挡不能启动，当变速行程开关 SQ1 的常开触头(13～17)接触不良时，也会发生同样情况。

(4) 主轴电动机在低速启动后又自动停止。在正常情况下，电动机低速启动后，由于时间继电器 KT 控制自动换接，使接触器 KM3 断电释放，KM4、KM5 获电而转入高速运转，但由于接触器 KM4、KM5 线圈断线，或 KM3 常闭辅助触点、KM4 的主触点及时间继电器 KT 的延时闭合常开触头(17～18)接触不良等原因所致。电动机以低速启动后，虽然时间继电器 KT 已自动换接，但若接触器 KM4、KM5 等有关触头接触不良，电动机便会停止工作。

（5）进给部件快速移动控制电路的故障。进给部件快速移动控制电路是正反转点动控制电路，使用电器元件较少。它的故障一般是电动机 M2 不能启动。如果 M2 正反转都不能启动，同时主轴电动机 M1 也不能启动，这大多是主电路熔断器 FU1、FU2 或控制电路熔断器 FU3 熔断造成的；若主轴电动机 M1 能启动，但只能快速转动，而电动机 M2 正反转都不能启动，则应检查熔断器 FU2、接触器 KM6、KM7 的线圈及主触点接触是否良好；如果只是正转或反转不能启动，则分别检查 KM6、KM7 的线圈，主触点及行程开关 SQ5、SQ6 的触头接触是否良好。

任务总结

通过本任务的学习，了解并熟悉典型镗床的结构与运动形式，重点研究 T68 型卧式镗床的电气控制原理，熟悉并看懂 T68 型卧床镗床的原理图。指导学生掌握正确操作使用典型镗床、对照设计电路图及处理典型镗床电气控制系统一般故障的能力。

在进行通电试验时，要密切注意电动机、电器元件及线路有无异常现象。如有，应立即切断电源进行检查，找出故障原因并进行排除后再通电试验。

任务 3.5　X62W 型万能铣床电气控制系统

任务目标

1. 了解典型铣床的结构与运动形式。
2. 能看懂 X62W 等典型铣床的电气控制系统图。
3. 能较好地操作和使用典型铣床。
4. 能对照设计并绘制典型铣床模拟教学电气原理图。
5. 能判断和处理典型铣床的一般电气故障。

任务分析

铣床是一种用途十分广泛的金属切削机床，其使用范围仅次于车床，一般可分为卧式铣床、立式铣床、龙门铣床、仿形铣床、专用铣床等。万能铣床是一种通用的多用途铣床，它可以用铣刀对各种零件进行平面、斜面、沟槽、齿轮及成形表面的加工，如果装上分度头，可以铣削直齿齿轮和螺旋面；如果装上圆工作台，还可以加工凸轮和弧形槽等。由于这种铣床可以进行多种加工，故称其为万能铣床。

常用的万能铣床有 X62W 型万能铣床。了解 X62W 型万能铣床的结构与运动形式，掌握其控制原理图要点；能对照设计并制作其模拟电气控制系统，会处理系统基本电气故障，正确完成安装与调试。

知识准备

3.5.1 X62W 型万能铣床的结构和运动分析

1. X62W 型万能铣床的结构与型号含义

(1)结构。X62W 型万能铣床具有主轴转速高、调速范围宽、操作方便、工作台能自动循环加工等特点。其结构主要由底座、床身、悬梁、刀杆支架、工作台、溜板和升降台等部分组成,如图 3-21 所示。

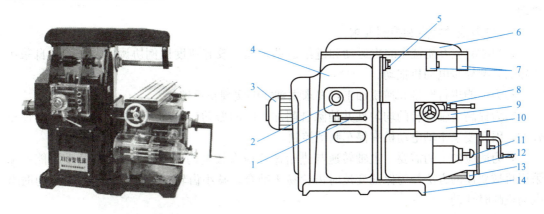

图 3-21 X62W 型万能铣床外形

1—主轴变速手柄;2—主轴变速数字盘;3—主轴电动机;4—床身(立柱);5—主轴;6—悬梁;7—刀杆支架;8—工作台;9—回转台;10—溜板;11—进给变速手轮及数字盘;12—工作台升降及横向操纵手柄;13—进给电动机;14—底盘

箱形的床身 4 固定在底盘 14 上,在床身内装有主轴的传动机构和变速操纵机构。床身的顶部安装带有刀杆支架的悬梁 6,悬梁可沿水平导轨移动,铣刀装在与主轴连在一起的刀杆上,刀杆支架 7 用来支承安装铣刀心轴的一端,而心轴的另一端则固定在主轴 5 上。床身的前方装有垂直导轨,一端悬持的升降台 12 可沿导轨做上、下垂直移动。

在升降台上面的水平导轨上,装有可平行于主轴轴线方向移动(横向或前后移动)的溜板 10。溜板上面是可以转动的回转台 9,工作台 8 可沿溜板上部回转台的导轨在垂直与主轴轴线的方向(纵向或左右)移动。这样,安装在工作台上的工件可以在 3 个方向调整位置或完成进给运动。此外,由于转动部分对溜板 10 可绕垂直轴线转动一个角度(通常为±45°),这样,工作台于水平面上除能平行或垂直于主轴轴线方向进给外,还能在倾斜方向进给,从而完成铣螺旋槽的加工。工作台上还可以安装圆工作台以扩大铣削能力。

(2)型号含义如图 3-22 所示。

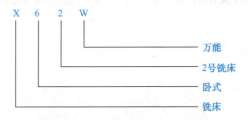

图 3-22 X62W 型万能铣床型号含义

2号铣床,代表了工作台宽度,从铭牌上可读出2号工作台宽为320 mm。

2. 铣床的主要运动形式及控制要求

(1)铣床的主要运动形式。

1)主运动。主运动是指主轴带动铣刀的旋转运动。

2)进给运动。进给运动是指在进给电动机的拖动下,工作台带动工件在纵向、横行和垂直3种运动形式、6个方向上的直线运动。若安装上附件圆工作台也可完成旋转进给运动。

3)辅助运动。辅助运动是指工作台带动工件在纵向、横向和垂直6个方向上的快速移动。

(2)电力拖动特点和控制要求。

1)X62W型万能铣床的主运动和进给运动之间,没有速度比例协调的要求,各自采用单独的笼型异步电动机拖动。

2)为了能进行顺铣和逆铣加工,要求主轴能够实现正反转。

3)为提高主轴旋转的均匀性并消除铣削加工时的振动,主轴上装有飞轮,其转动惯量较大,因此要求主轴电动机有停车制动控制。

4)为适应加工的需要,主轴转速与进给速度应有较宽的调节范围。X62W型万能铣床采用机械变速的方法,为保证变速时齿轮易于啮合,减小齿轮端面的冲击,要求变速时有电动机瞬时冲动。

5)进给运动和主轴运动应有电气联锁。为了防止主轴未转动时,工作台将工件送进可能损坏刀具或工件,进给运动要在铣刀旋转之后才能进行。为降低加工工件的表面粗糙度,加工结束必须在铣刀停转前停止进给运动。

6)工作台在6个方向上运动要有联锁。在任何时刻,工作台在上、下、左、右、前、后6个方向上,只能有一个方向的进给运动。

7)为适应工作台在6个方向上运动的要求,进给电动机应能正反转。快速运动由进给电动机与快速电磁铁配合完成。

8)圆工作台运动只需一个转向,且与工作台进给运动要有联锁,不能同时进行。

9)冷却泵电动机M3只要求单方向转动。

10)为操作方便,应能在两处控制各部件的启动停止。

3.5.2 X62W型万能铣床电气控制电路分析

X62W型万能铣床电气控制电路如图3-23所示。电路由主电路、控制电路、辅助电路和联锁保护环节4部分组成。这种机床控制电路的显著特点是控制由机械和电气密切配合进行。各转换开关、行程开关的作用、各指令开关的状态及与相应控制手柄的动作关系,见表3-1~表3-4。

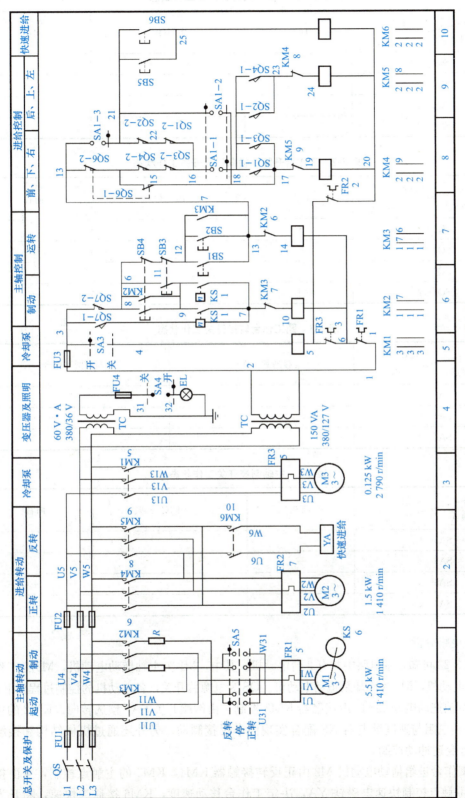

图3-23 X62W型万能铣床电气控制电路

表 3-1 工作台纵向行程开关工作状态

触点\位置	向左	中间（停）	向右
SQ1—1	−	−	+
SQ1—2	+	+	−
SQ2—1	−	−	+
SQ2—2	−	+	+

表 3-2 工作台升降、横向行程开关工作状态

触点\位置	向左	中间（停）	向右
SQ3—1	+	−	−
SQ3—2	−	+	+
SQ4—1	−	−	+
SQ4—2	+	+	−

表 3-3 圆工作台转换开关工作状态

触点\位置	接通圆工作台	断开圆工作台
SA1—1	−	+
SA1—2	+	−
SA1—3	−	+

表 3-4 主轴倒顺开关工作状态

触点\位置	向左	中间（停）	向右
SA5—1	+	−	−
SA5—2	−	−	+
SA5—3	−	−	+
SA5—4	+	−	−

1. 主电路分析

由图 3-23 可知，主电路中共有 3 台电动机。其中，M1 为主轴拖动电动机，M2 为工作台进给拖动电动机，M3 为冷却泵拖动电动机。QS 为电源总开关，各电动机的控制过程如下：

（1）主轴拖动电动机 M1 由接触器 KM3 控制，由倒顺开关 SA5 预选转向。KM2 的主触点串联两相电阻与速度继电器 KS 配合实现停车反接制动。另外还通过机械结构和接触器 KM2 进行变速冲动控制。

（2）工作台进给拖动电动机 M2 由正反转接触器 KM4、KM5 的主触点控制，并由接触器 KM6 主触点控制快速电磁铁 YA，决定工作台移动速度，KM6 接通为快速，断开为慢速。机械操作手柄控制的，一个是纵向操作手柄，另一个是垂直与横向操作手柄。这两个

机械操作手柄各有两套，分设在铣床工作台正面与侧面，实现两地操作。

(3)冷却泵拖动电动机 M3 由接触器 KM1 控制，单方向旋转。

2. 控制电路分析

控制电路电压为 127 V，由控制变压器 TC 供给。

(1)主轴电动机的控制电路。

1)主轴电动机的启动。在非变速状态，同主轴变速手柄相关联的主轴变速冲动行程开关 SQ7(3—7、3—8)不受压。根据所用的铣刀，由 SA5 选择转向，合上 QS。

按下 SB1(或 SB2)→KM3 线圈通电并自锁→KM3 的主触点闭合，主轴拖动电动机 M1 启动运行。由于本机床较大，为方便操作和提高安全性，可在两处启停。

主轴启动的控制回路：3(线号)→SQ7-2(3—8)→SB4 常闭触点(8—11)→SB3 常闭触点(11—12)→SB1(或 SB2)常开触点(12—13)→KM2 常闭触点(13—14)→KM3 线圈(14—6)→6。

2)主轴电动机的制动。需停止时，按下 SB3(8—9、11—12)或 SB4(8—9、8—11)→KM3 线圈随即断电，但此时速度继电器 KS 的正向触点(9—7)或反向触点(9—7)总有一个闭合着→制动接触器 KM2 线圈立即通电→KM2 的 3 对主触点闭合→电源接反相序→主轴拖动电动机 M1 串入电阻 R 进行反接制动→$n\downarrow n$ 低于一定值时→KS 复位断开→KM2 线圈随即断电→M1 停车。

3)主轴电动机的变速控制。图 3-24 所示为铣床主轴变速机构简图，X62W 型万能铣床主轴的变速采用孔盘机构，集中操纵。从控制电路的设计结构来看，既可以在停车时变速，也可以在 M1 运转时进行变速。变速时，将主轴变速手柄扳向左边。在手柄扳向左边过程中，扇形齿轮带动齿条、拨叉，在拨叉推动下将变速孔盘向右移动，并离开齿杆。然后旋转变速数字盘，经伞形齿轮带动孔盘旋转到对应位置，即选择好速度。再迅速将主轴变速手柄扳回原位，这时经传动机构，拨叉将变速孔盘推回。若恰好齿杆正对变速孔盘中的孔，变速手柄就能推回原位，这说明齿轮已啮合好，变速过程结束。若此轮杆无法插入孔盘，则发生了顶齿现象而啮合不上。这时需要再次拉出手柄，再推上，直至齿杆能插入孔盘，手柄能推回原位止。

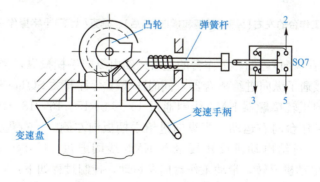

图 3-24　铣床主轴变速机构简图

变速时，先下压变速手柄，然后拉到前面，当快要落到第二道槽时，转动变速盘，选择需要的转速。此时凸轮压下弹簧杆，使冲动行程开关 SQ7 的动断触点先断开，切断 KM3 线圈的电路，电动机 M1 断电；同时 SQ7 的动合触点后接通，KM2 线圈得电动作，M1 被反接制动。当手柄拉到第二道槽时，SQ7不受凸轮控制而复位，M1停转。接着把手柄从第二道槽推回原始位置时，凸轮又瞬时压动行程开关SQ7，使M1反向瞬时冲动一下，以利于变速后的齿轮啮合。

主轴变速可在主轴不转时进行，也可在主轴旋转时进行，无须再按停止按钮。因电路中触点SQ7—2在变速时先断开，使KM3先断电，触点SQ7—1后闭合，再使KM2通电，对M1先进行反接制动，电动机转速迅速下降，再进行变速操作。变速完成后还需再次启动电动机，主轴将在新转速下旋转。

（2）工作台进给控制。铣床的进给运动是工作台纵向、横行和垂直3种运动形式、6个方向的直线运动，由一台进给电动机拖动。工作台进给控制电路的电源从13点引出，串入KM3的自锁触点，以保证主轴旋转与工作台进给的顺序联锁要求。

工作台移动方向由各自的操作手柄来选择，有两个操作手柄，一个为纵向（左右）操作手柄，有左、中、右3个位置，如图3-25（a）所示；另一个为横向（前后）和垂直（上下）十字操作手柄，该手柄有5个位置，即上、下、前、后、中间停位，如图3-25（b）所示。当扳动操纵手柄时，通过联动机构，将控制运动方向的机械离合器合上，同时压下相应的行程开关。

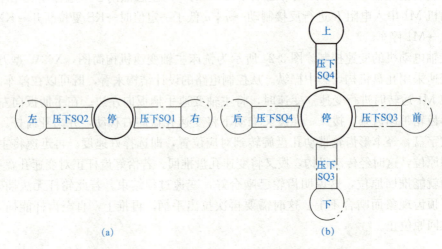

图3-25　工作台的左右（纵向）手柄和横向（前后）、垂直（上下）十字操作手柄示意

1）工作台的左右（纵向）运动。工作台的左右运动由纵向手柄操纵，当手柄扳向右侧时，手柄通过联动机构接通了纵向进给离合器，同时压下了行程开关SQ1，SQ1的动合触点闭合，使进给电动机的正转接触器KM4线圈通过13—14—15—16—18—19—20得电，进给电动机正转，带动工作台向右运动。当纵向进给手柄扳向左侧时，行程开关SQ2被压下，行程开关SQ1复位，进给电动机反转接触器KM5线圈通过13—14—15—16—18—23—24—20得电，进给电动机反转，带动工作台向左运动，控制过程如下：

纵向手柄扳向右 ⎰ 合上纵向进给的机械离合器
　　　　　　　 ⎱ 压下SQ1 ⎡ SQ1—1+ ⎤ → KM4线圈得电 → M2正转 → 工作台右移
　　　　　　　　　　　　　 ⎣ SQ1—2− ⎦

纵向手柄扳向左 ⎰ 合上纵向进给的机械离合器
　　　　　　　 ⎱ 压下SQ2 ⎡ SQ2—1+ ⎤ → KM5线圈得电 → M2反转 → 工作台左移
　　　　　　　　　　　　　 ⎣ SQ2—2− ⎦

在工作台纵向进给时，而十字手柄必须置于中间位置，不使用圆工作台。圆工作台转换开关 SA1 处于断开位置，即 SA1—1、SA1—3 接通，SA1—2 断开。

工作台左右运动的行程长短，由安装在工作台前方操作手柄两侧的挡铁来决定。当工作台左右运动到预定位置时，挡铁撞动纵向操作手柄，使它自动返回中间位置，使工作台停止，实现限位保护。

2) 工作台前后(横向)和上下(垂直)进给控制。由工作台垂直与横向操纵手柄控制，该手柄共有 5 个位置：上、下、前、后和中间位置。在扳动操纵手柄的同时，将有关机械离合器挂上，同时压合行程开关 SQ3 或 SQ4。其中 SQ4 在操作手柄向上或向后扳动时压下，而 SQ3 在手柄向下或向前扳动时压下。

①工作台向上运动：操作手柄扳在向上位置，接通垂直运动的离合器，同时压下 SQ4，SQ4—2 断开，SQ4—1 闭合，正转接触器 KM5 线圈通过 13—21—22—16—18—23—24—20 得电，M2 反转，工作台向上运动，控制过程如下：

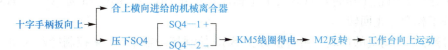

欲停止上升，将操作手柄扳回中间位置即可。工作台向下运动，只要将十字手柄扳向下，则 KM4 线圈得电，使 M2 正转即可，其控制过程与上升类似。

②工作台向前运动：操作手柄扳在向前位置，则横向运动机械离合器挂上，同时压下 SQ3，触点 SQ3—1 闭合，SQ3—2 断开，KM4 线圈通电，M2 电动机正转，拖动工作台在升降台上向前运动，路径：13—21—22—16—18—19—20。控制过程如下：

十字手柄扳向前 → 合上横向进给的机械离合器
压下SQ4 [SQ3—1＋ / SQ3—2－] → KM4线圈得电 → M2正转 → 工作台向前运动

工作台向后运动，控制过程与向前类似，只需将十字手柄扳向后，则 SQ4 被压下，KM5 线圈得电，M2 反转，工作台向后运动。

工作台上、下、前、后运动都有限位保护，当工作台运动到极限位置时，利用固定在床身上的挡铁，撞击十字手柄，使其回到中间位置，工作台停止运动。

3) 工作台的快速移动。

①主轴工作时的快速移动控制。当主轴电动机和进给电动机都在工作时，需要工作台快速移动，需按下面操作步骤进行：按下 SB5(或 SB6)→KM6 线圈得电→KM6 的主触点闭合→电磁铁 YA 通电，接上快速离合器→工作台快速向操作手柄预选的方向移动。

②主轴不工作时的快速移动控制。工作台也可在主轴不转时进行快速移动，这时可将主电动机 M1 的换向开关 SA5 扳在停止位置，然后扳动所选方向的进给手柄，按下主轴启动按钮和快速按钮，使接触器 KM4 或 KM5 及 KM6 线圈通电，工作台可沿选定方向快速移动。

4) 工作台进给变速"冲动"控制。与主轴变速"冲动"类似，为了使工作台变速时齿轮易于啮合，控制电路中也设置了工作台瞬时"冲动"控制环节。在进给变速"冲动"时要求工作台停止移动进行，所有手柄置于中间位置。

进给变速"冲动"是由进给变速手柄配合进给变速"冲动"开关 SQ6 实现的。操作顺序：

将蘑菇形进给变速手柄向外拉出，转动蘑菇形手柄，速度转盘随之转动，将所需进给速度对准箭头；然后把变速手柄继续向外拉至极限位置，随即推回原位，若能推回原位则变速完成。就在将蘑菇形手柄拉到极限值位置的瞬间，其联动杠杆压合行程开关 SQ6，使触点 SQ6—2 先断开，而触点 SQ6—1 后闭合，使 KM4 通电，M2 正转启动。因为在操作时只使 SQ6 瞬时压合，所以电动机只瞬动一下，拖动进给变速机构瞬动，利于变速齿轮啮合。

(3) 圆工作台进给控制。为加工螺旋槽、弧形槽等，X62W 型万能铣床附有圆形工作台及其传动机构。使用时将附件安装在工作台和纵向进给传动机构上，由进给电动机拖动回转。

圆工作台工作时，先将开关 SA1 扳到"接通"位置，使触点 SA1—2 闭合，SA1—1 与 SA1—3 断开；接着将工作台两个进给操纵手柄置于中间位置。按下主轴启动按钮 SB1 或 SB2，主轴电动机 M1 启动旋转，而进给电动机也因接触器 KM4 得电而旋转，电动机 M2 正转并带动圆工作台单向运转，其旋转速度也可通过蘑菇形变速手轮进行调节。

圆工作台要停止工作时，只需按下主轴停止按钮 SB3 或 SB4，此时 KM3、KM4 相继断电，圆工作台停止回转。

(4) 冷却泵电动机的控制。由转换开关 SA3 控制接触器 KM1 来控制冷却泵电动机 M3 的启动与停止。

3. 辅助电路分析

机床的局部照明由变压器 TC 供给 36 V 安全电压，转换开关 SA4(31—32) 控制照明灯 EL。

4. 联锁保护环节分析

X62W 型万能铣床的运动较多，电气控制电路较为复杂，为安全可靠地工作，应具有完善的联锁与保护。

(1) 进给运动与主轴运动的顺序联锁。进给电气控制电路接在主轴电动机接触器 KM3 触点(7 区)之后，这就保证了主轴电动机启动后(若不需 M1 旋转，则可将 SA5 开关扳至中间位置)才可启动进给电动机，而主轴停止时，进给立即停下。

(2) 工作台各运动方向的联锁。在同一时间内，工作台只允许向一个方向运动，这种联锁是利用机械和电气的方法来实现的。例如工作台向左、向右控制，是同一个手柄操作的，手柄本身起到左右运动的联锁作用。同理，工作台横向和垂直运动 4 个方向的联锁，是由十字手柄本身来实现的。而工作台的纵向与横向、垂直运动的联锁，则是利用电气方法来实现的。由纵向进给操作手柄控制的 SQ1—2、SQ2—2 和横向、垂直进给操作手柄控制的 SQ4—2、SQ3—2 组成两个并联支路控制接触器 KM4 和 KM5 的线圈，若两个手柄都扳动，则这两个支路都断开，使 KM4 或 KM5 都不能工作，达到联锁的目的，防止两个手柄同时操作而损坏机构。

(3) 长工作台与圆工作台之间的联锁。圆工作台控制电路是经行程开关 SQ1～SQ4 的 4 对常闭触点形成闭合回路的，所以操作任何一个长工作台进给手柄，都将切断圆工作台控制电路，这就实现了圆工作台和长工作台的联锁控制。

(4) 保护环节。M1、M2、M3 为连续工作制，由 FR1、FR2、FR3 实现过载保护。当 M1 过载时，FR1 动作切除整个控制电路的电源；冷却泵电动机 M3 过载时，FR3 动作切除 M2、M3 的控制电源；进给电动机 M2 过载时，FR2 动作切除自身控制电源。

FU1、FU2、FU3、FU4 分别实现主电路、控制电路和照明电路的短路保护。

5. X62W 型万能铣床电气控制常见故障分析

X62W 型万能铣床主轴电动机采用反接制动,进给电动机采用电气与机械联合控制,主轴及进给变速均有"冲动",控制电路联锁较多,常见故障如下:

(1)主轴电动机 M1 不能启动。

1)如果接触器 KM3 吸合但电动机不转,则故障原因在主电路中。

①主电路电源缺相。

②主电路中 FU1、KM3 主触点、SA5 触点、FR1 热元件有任一个接触不良或回路断路。排除方法:可采用电压测量法,使用万用表依次测量主电路故障点电压。

2)如果接触器 KM3 不吸合,则故障原因在控制电路中。

①控制电路电源没电、电压不够或 FU3 熔断。

②SQ7—2、SB1、SB2、SB3、SB4、KM2 常闭触点任一个接触不良或者回路断路。

③热继电器 FR1 动作后没有复位导致其常闭触点不能导通。

④接触器 KM3 线圈断路。排除方法:可采用电阻测量法,使用万用表测量控制电路,找出故障点。

(2)工作台各个方向都不能进给。

1)进给电动机控制的公共电路上有断路,如 13 号线或者 20 号线上有断路。

2)接触器 KM3 的辅助动合触点 KM3(12—13)接触不良。

3)热继电器 FR2 动作后没有复位。

(3)工作台能够左、右和前、下运动而不能后、上运动。由于工作台能左右运动,所以 SQ1、SQ2 没有故障;由于工作台能够向前、向下运动,所以 SQ3 没有故障,所以故障的原因是 SQ4 行程开关的动合触点 SQ4—1 接触不良。

(4)圆工作台不动作,其他进给都正常。由于其他进给都正常,则说明 SQ6—2、SQ4—2、SQ3—2、SQ1—2、SQ2—2 触点及连线正常,KM4 线圈线路正常,综合分析故障现象,故障范围在 SA1—2 触点及连线上。

(5)工作台不能快速移动。如果工作台能够正常进给,那么故障的原因是 SB5 或 SB6、KM6 主触点接触不良或线路上有断路,或者是 YA 线圈损坏。

任务实施

3.5.3　X62W 型万能铣床模拟电气控制系统安装与故障处理

1. 电气施工图的设计

(1)在熟读 X62W 型万能铣床电气控制电路的基础上,对照设计并绘制图 3-26 所示的 X62W 型万能铣床模拟教学电气原理图,并在电路图中标明接点号。

(2)选择并检查各电器元件,电器元件的额定容量要根据主轴电动机、进给电动机和冷却泵电动机的额定功率等来选择。

(3)根据电气原理图,绘制模拟教学电器元件布置图,对照绘制 X62W 型万能铣床模拟教学电路接线图,如图 3-27 所示。配线方法采取主电路、控制电路、按钮电路各部分以标注线号代替电路连通的方法绘出实际走线电路。

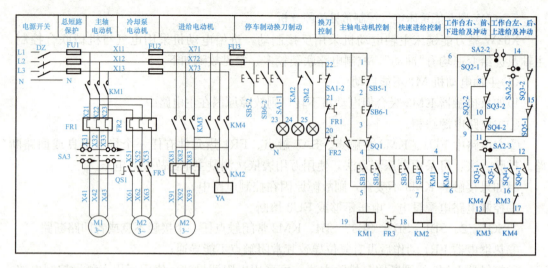

图 3-26　X62W 型万能铣床模拟教学电气原理图

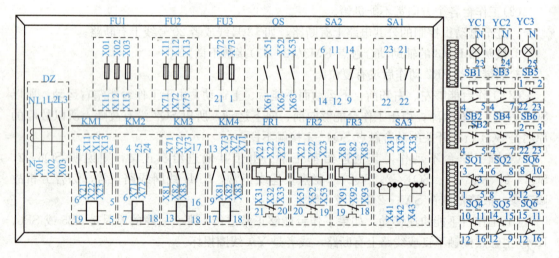

图 3-27　X62W 型万能铣床模拟教学电路接线图

2. 安装与配线

（1）按照电器元件布置图，固定好各电器元件。

（2）对照接线图，进行板前槽板配线，先配控制电路，后配与电动机连接的主电路。布线做到：正确、牢固、美观、接触要良好，文明操作。

3. 检查

在接线完成后，使用万用表检查电路的通断。分别检查主电路、控制电路的启动控制、联锁电路，若检查无误，经指导教师检查允许后，方可通电调试。

4. 通电调试

清理安装场地并进行通电运转试验。通电时要密切注意电动机、电器元件及线路有无异常现象，若有，应立即切断电源进行检查，找出故障原因并进行排除后再通电试验。

5. 常见故障与检修

(1)主轴停车时没有制动作用。其主要原因是两地的停止按钮 SB5、SB6 的常开按钮接触不良，脱线及制动电磁铁 YA 线圈接头脱线、开路等。另外，停车操作时，一定要将停止按钮 SB5 或 SB6 按到底，使常开触点(22—23)接通，才可使停车制动电磁铁得电，实现制动停车。

(2)按停止按钮后主轴不停。主轴电动机启动、制动频繁，往往造成接触器 KM1 的主触头产生熔焊，以致无法分断主轴电动机的电源而造成。处理方法：拉下电源总开关后，将 KM1 主触头拆下更换。

(3)工作台控制电路的故障。

1)工作台不能向上进给运动。经检查发现 KM3 不动作，但控制电源正常，行程开关 SQ3 已压合使常开触头(12—9)接通，KM4 常闭联锁触头(9—13)接触不良，热继电器也没有动作，最后查到是工作台的操作手柄已扳到右边，使 SQ5—2 受压分断，所以工作台进给电动机不能启动。将操作手柄扳到零位后，进给电动机即能启动使工作台向上运动。如果操纵手柄位置无误，则是由于机械磨损、操纵不灵等因素，使相应的电器元件动作不正常所造成的。

2)工作台向左、向右不能进给，向前、向后进给正常。由于工作台向前、向后进给正常，则证明进给电动机 M3 主回路和接触器 KM3~KM4 及行程开关 SQ5—1 或 SQ4—1 的工作都正常，而 SQ5—1 和 SQ4—1 同时发生故障的可能性也较小。这样故障的范围就缩小到三个行程开关的 3 对触头 SQ2—1、SQ3—2、SQ4—2。这 3 对触头只要有一对接触不良或损坏，就会使工作台向左或向右不能进给。可用万用表分别测量这 3 对触头之间的电压，来判断哪对触头损坏。这 3 对触头中，SQ2 是变速瞬动时"冲动"开关，常因变速时手柄扳动过猛而损坏。

3)工作台各个方向都不能进给。使用万用表先检查控制回路电压是否正常，若控制回路电压正常，可扳动操作手柄至任一运动方向，观察其相关接触器是否吸合，若吸合，则断定控制回路正常。这时着重检查电动机主回路，常见故障有接触器主触头接触不良、电动机接线脱落和绕组断路等。

4)工作台不能快速进给。在主轴电动机启动后，工作台按预定方向进给。当按下 SB3 或 SB4 时，接触器 KM2 获电吸合，牵引电磁铁 YA 接通，工作台按预定方向快速移动。若不能快速移动，常见的原因是牵引电磁铁电路不通、线圈损坏或机械卡死。若按下 SB3 或 SB4 后，牵引电磁铁吸合正常，有时会释放过头，使动铁芯卡死。这时不仅不能快速进给，还将使牵引电磁铁线圈流过很大的电流，接着按下按钮 SB3 或 SB4 不放，则使线圈烧毁。

● 知识拓展

3.5.4 机床电气控制系统故障分析

1. 检修方法

熟悉电气控制电路的工作原理，配合电器元件的电气接线图，按照电气控制原理留线号，先上后下，先左后右，进行故障分析，逐步缩小故障区域，在掌握低压电器的结构、工作原理及特性的基础上，确定电器、电路故障位置，采取正确的操作方法，排除故障。

2. 检修工具、仪表、器材

(1) 检修工具：一般有验电笔、螺钉旋具、镊子、电工刀、尖嘴钳、剥线钳等。

(2) 检修仪表：一般有万用表、钳形电流表、兆欧表。

(3) 检修器材：一般有塑料软铜线、别径压端子、黑色绝缘胶布、透明胶布及故障排除所用的其他材料。

3. 检修步骤

机床电气设备在运行中可能会发生各种大小故障，严重的还会引起事故。这些故障主要可分为两大类：一类是有明显的外表特征并容易被发现的，例如电器的绕组过热，冒烟甚至发出焦臭味或火花等，这些故障现象在鉴定考试过程中不准设置进行；另一类故障是没有外表特征的，例如在控制电路中由于元件调整不当，动作失灵或小零件损坏，导线接头接触不好等原因引起的，这类故障在机床电路中经常碰到，由于没有外表特征，常需要用较多的时间去查找故障的原因，有时需运用各类测量仪表和工具才能找出故障点，方能进行调整和修复，使电气设备恢复正常运行。其步骤如下：

(1) 熟悉电气控制电路的工作原理。从主电路入手，了解各运动部件用了几台电动机传动，每台电动机使用接触器的主触头的连接方式是否有正反转控制、制动控制等；再从接触器主触头的文字符号在控制电路中找到相对应的控制环节和环节之间的关系，了解各个环节电路组成、互相之间连接等。对照电气控制箱内的电器，进一步熟悉每台电动机各自所用的控制电器和保护电器。

(2) 确定故障发生的范围。了解故障前的工作情况及故障后的症状，对照电气原理图进行分析。如果电路比较复杂，则根据故障的现象分析故障的范围可能发生在原理图中的哪个单元，以便进一步进行分析诊断，找出故障发生的确切部位。

(3) 进行外表检查。判断到故障的范围后，应对该范围内的电器进行外观检查。为了安全起见，外表检查一般要在切断电源的情况下进行。检查熔断器、继电器、接触器和行程开关等的固定螺钉和接线螺钉是否松动，有无断线的地方，有没有线圈烧坏或触点熔焊等现象，电器的活动机构是否灵活等。在外表无法检查出故障时，可使用仪器、仪表及检查装置进行检查。检查时，可以在断电情况下进行，也可以在通电情况下进行。

(4) 断电检查。断开电源开关，一般使用万用表的电阻挡检查故障区域的元件及电路是否有开路、短路或接地现象。还可借助其他装置进行检查。如断电检查找不到故障原因，可进行通电检查。

(5) 通电检查。通电检查是带电作业，一定要注意人身安全和设备安全。通电检查应在不带负载下进行，以免发生事故。有下列情况时不能通电检查：

1) 发生飞车和打坏传动机构。
2) 因短路烧坏熔断器熔丝，原因未查明。
3) 通电会烧坏电动机和电器等。
4) 尚未确定相序是否正确等。

通电检查应根据动作顺序检查有故障的电路。操作某个开关或按钮时，观察有关继电器和接触器是否按要求顺序工作。如果发现某个电器不能工作，则说明该电器或有关的电路有故障，再通电检查故障的原因。一般使用万用表的电压挡检查电路有无开路的地方。有时怀疑某触点接触不良，也可用导线短接该触点进行试验，此方法称为短接法。也可使用验电笔进行检查，但若有串电回路时，易造成假象。使用验电笔进行检查时，一定要事先对验电笔的氖管进行检查。还可用灯泡检查故障所在，此方法较简单，材料易取，检查指示明显。

4. 注意事项

(1) 使用电笔测试、检查故障时，应注意电源的回路现象。

(2) 使用万用表测试、检查故障时，应注意转换开关的挡位及量程。

(3) 使用电笔、万用表测试时，表笔与带电触点的角度应大于 60°，防止发生相间短路现象。

(4) 总电源开关要配置漏电保护器，漏电保护器的动作电流≤30 mA、动作时间≤0.1 s，以确保出现误操作时的人身和财产的安全。

通过本任务的学习，了解并熟悉典型铣床的结构与运动形式，重点研究 X62W 型万能铣床的电气控制原理，熟悉并看懂 X62W 型万能铣床的电气原理图；具有正确操作使用典型铣床、对照设计电路图及处理典型铣床电气控制系统一般故障的能力；进一步知识拓展，掌握机床电气控制系统故障分析的步骤和基本方法。

在通电检查机床电路故障时，尽可能在不带负载下进行。使用电笔、万用表测试时，表笔与带电触点的角度应大于 60°，以避免相间短路。

任务 3.6　桥式起重机电气控制系统

任务目标

1. 了解典型起重机的结构与运动形式。
2. 分析并能看懂典型桥式起重机的电气控制电路图。
3. 能较好地操作和使用典型起重设备。
4. 能判断和处理典型起重设备的简单电气故障。

任务分析

起重机是具有起重吊钩或其他取物装置(如抓斗、电磁吸铁、集装箱吊具等)在空间实现垂直升降和水平运移重物的起重机械，广泛应用于工矿企业、车站、港口、仓库、建筑工地等部门。它对减轻工人劳动强度、提高劳动生产效率、促进生产过程机械化起着重要作用，是现代化生产中不可缺少的工具。按结构的不同，起重机可分为桥式起重机、门式起重机、塔式起重机、旋转起重机及缆索起重机等。

其中，桥式起重机是机械制造工业和冶金工业中使用最广泛的起重机构，又称"天车"或"行车"，是一种横架在固定跨间上空用来吊运各种物件的设备。应了解桥式起重机结构与运动形式，熟悉凸轮控制器和主令控制器的操作方法；能看懂桥式起重机控制原理图要点；能完成简单的现场操作，通过智能化起重设备实训装置上的训练，会处理现场常见的电气故障。

知识准备

3.6.1 桥式起重机的主要结构和运动分析

1. 桥式起重机的结构及运动形式

(1)结构。桥式起重机一般由桥架(又称大车)、装有提升机构的小车、大车移行机构、操纵室、小车导电装置(辅助滑线)、起重机总电源导电装置(主滑线)等部分组成。图 3-28 所示为桥式起重机示意。

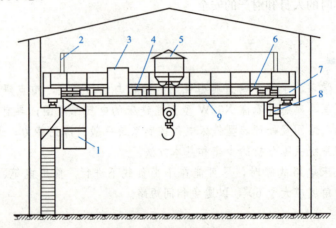

图 3-28 桥式起重机示意

1—操纵室；2—辅助滑线架；3—交流磁力控制盘；4—电阻箱；5—起重小车；
6—大车拖动电动机；7—端梁；8—主滑线；9—主梁

1)桥架。桥架由主梁、端梁、走台等几部分组成。主梁跨架在车间上空,两端联有端梁,主梁外侧装有走台并设有安全栏杆。驾驶室一侧的走台上装有大车移行机构,另一侧走台上装有向小车电气设备供电的装置,即辅助滑线。主梁上方铺有导轨,供小车移动。

2)大车移行机构。大车移行机构由大车拖动电动机、传动轴、联轴节、减速器、车轮及制动器等部件构成。整个起重机在大车移动机构驱动下,沿车间长度方向前后移动。

3)小车。小车由小车架、小车移行机构和提升机构组成。小车架由钢板焊成,其上装有小车移行机构、提升机构、栏杆及提升限位开关。小车可沿桥架主梁上的轨道左右移行。在小车运动方向的两端装有缓冲器和限位开关。小车移行机构由电动机、减速器、卷筒、制动器等组成。

4)提升机构。提升机构由提升电动机、减速器、卷筒、制动器等组成。提升电动机经联轴节、制动轮与减速器连接,减速器的输出轴与缠绕钢丝绳的卷筒相连接,钢丝绳的另一端装有吊钩,当卷筒转动时,吊钩就随钢丝绳在卷筒上的缠绕或放开而上升或下降。对于起重量在 15 t 及 15 t 以上的起重机,备有两套提升机构,即主卷扬与副卷扬。

5)操纵室。操纵室,又称驾驶室,是操纵起重机的吊舱。操纵室内有大、小车移行机构控制装置、提升机构控制装置以及起重机的保护装置等。

(2)运动形式。桥式起重机的运动形式有 3 种,即大车拖动电动机驱动的前后运动、小车拖动电动机驱动的左右运动及提升电动机驱动的重物升降运动，可实现重物在垂直、横向、纵向3个方向运动，每种运动都要求有极限位置保护。

2. 桥式起重机对电力拖动和电气控制的要求

起重机处于断续工作状态，因此拖动电动机经常处于启动、制动、正反转之中；负载很不规律，时重时轻并经常承受过载和机械冲击。起重机工作环境恶劣，所以对起重机用电动机、提升机构及移行机构电力拖动提出了如下要求：

(1)大车在桥架导轨上沿车间长度方向的左右运动，由大车拖动电动机经大车移行机构(减速器、制动器、车轮等)驱动，一般采用两台电动机分别驱动，用凸轮控制器控制。

(2)小车在桥架导轨上沿车间宽度方向的前后运动，由小车拖动电动机经小车移行机构(减速器、制动器、车轮等)驱动，也用凸轮控制器控制。

(3)主钩、副钩的提升与下放运动，分别由两台电动机经减速器、卷筒、制动器等环节拖动。主钩用主令控制器控制，副钩用凸轮控制器控制。

(4)为获得较大的启动转矩、过载能力及较宽的调速范围，并适应频繁启动和重载下的工作，拖动电动机均选用三相绕线式异步电动机，采用转子串电阻调速方式。

(5)为减少辅助工时，空钩时应能快速升降；在提升之初或重物接近预定位置时，需要低速运动；轻载提升速度应大于重载时的提升速度。为此，升降控制需要将速度分为5挡或6挡，以便灵活操作。负载下放重物时，根据负载大小，提升电动机既可工作在电动状态，也可工作在倒拉反接制动状态或再生发电制动状态，以满足对不同下降速度的要求。

(6)为保证安全、可靠，提升机构不仅需要机械抱闸制动，还应具有电气制动。控制系统应有完备的过电流保护、零位保护和限位保护等。

根据拖动电动机容量的大小，常用的控制方式有两种：一种采用凸轮控制器直接控制电动机的启停、正反转、调速和制动，这种控制方式受到控制器触点容量的限制，只适合小容量起重电动机的控制；另一种采用主令控制器与磁力控制盘配合的控制方式，适用容量较大、调速要求较高的起重电动机和工作十分繁重的起重机。对于15 t以上的桥式起重机，一般同时采用两种控制方式：主提升机构采用主令控制器配合控制盘控制的方式、而大车小车移动机构和副提升机构则采用凸轮控制器控制方式。

3. 凸轮控制器

凸轮控制器是一种大型手动控制电器，是起重机上重要的电气操作设备，用于直接操作与控制电动机的正反转、变速、启动与停止。

(1)凸轮控制器的结构。如图3-29所示，凸轮控制器主要由操作手轮或手柄、转轴、凸轮、杠杆、弹簧、定位棘轮、触点和灭弧罩等部分组成。

(2)凸轮控制器的工作原理。操作手轮或手柄使转轴转动时，凸轮便随方轴转动，当凸轮凸起部位顶住滚子时，通过杠杆使动、静触点分断；当凸轮凹部对着滚子时，在复位弹簧的作用下，使动、静触点闭合。若在方轴上叠装不同形状的凸轮块，可使一系列的触点按预先安排的顺序接通与分断，从而实现对电动机的控制。

起重机常用的凸轮控制器有KT10、KT14等系列。在电路中，凸轮控制器触点的通、断情况用触点图表示，图中"."点表示该触点在此工作位置是接通的。

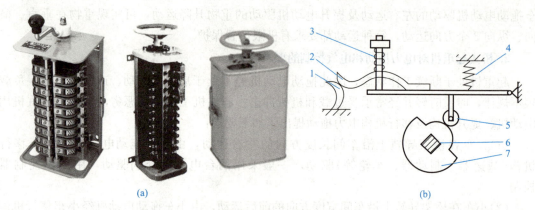

图 3-29 凸轮控制器结构
(a)KT 系列外形图；(b)结构原理示意
1—静触点；2—动触点；3—触点弹簧；4—复位弹簧；5—滚子；6—方轴；7—凸轮

4. 主令控制器

主令控制器是一种可频繁操作，能按一定顺序同时控制多回路的主令电器，但其操作容量小，一般与磁力控制盘(主要由接触器等控制电器组成)配合，构成磁力控制器，实现对起重机、轧钢机等设备的控制。磁力控制器的控制原理是利用主令控制器的触点来控制接触器，再通过接触器的主触点去控制电动机的主电路。

常用的主令控制器有 LK1、LK14、LK16、LK17 等系列，图 3-30 所示为其外形。在电路中，主令控制器触点的通断情况可用触点表表示，表中"×"表示该触点在此工作位置是接通的；也可用触点图表示，图中"·"点表示该触点在此工作位置是接通的。

图 3-30 常用的主令控制器外形
(a)LK1 型；(b)LK16 型；(c)LK17 型

3.6.2 20/5 t 桥式起重机电气控制电路分析

20/5 t 桥式起重机由多台电动机拖动，分为副钩提升电动机 M1、小车拖动电动机 M2、大车拖动电动机 M3 与 M4 和主钩提升电动机 M5，其电气控制原理图如图 3-31 所示。图 3-31 中过电流继电器 KA1～KA5 分别作为 M1～M5 的过电流保护，KA6 为总过电流保护继电器；Q1～Q3 为凸轮控制器，SA 为主令控制器；YA1～YA6 分别是 M1～M5 对应的电磁制动器。根据控制电路的特点，可分为凸轮控制器控制电路、主令控制器控制电路和保护电路几个主要部分。

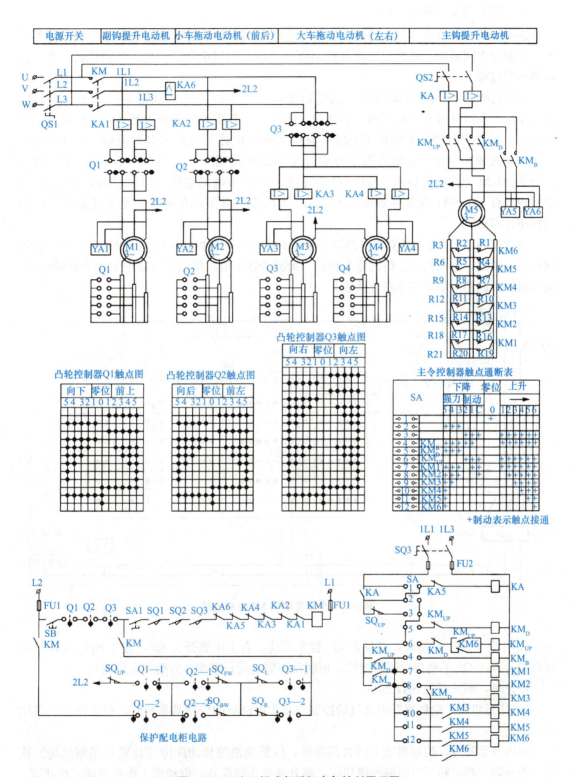

图 3-31 20/5 t 桥式起重机电气控制原理图

1. 凸轮控制器控制电路分析

20/5 t 桥式起重机大车电动机、小车电动机和副钩提升电动机的控制都是用凸轮控制器及控制盘来完成的,其控制原理及控制线路类同。现以小车电动机 M2 的控制为例,说明其控制过程。

(1)电路组成。小车电动机 M2 的控制电路如图 3-32 所示。从图 3-32 可知,凸轮控制器 Q2 在零位时有 9 对常开触点和 3 对常闭触点。其中 4 对常开主触点用于电动机正反转控制,另外 5 对常开主触点用于接入或切除电动机转子回路不对称电阻;3 对常闭触点用来实现零位保护,并配合两个行程开关 SQFW(前限位)、SQBW(后限位)来实现限位保护。KM 为控制接触器,SB 为启动按钮,YA2 为电磁抱闸。FU 做短路保护,KA2 做过电流保护,SA1 为紧急事故开关,SQ1 为门安全开关,在桥架上无人且舱门关好的前提下才可开车。

凸轮控制器 Q2 左右各有 5 个挡位,采用对称接法,即控制器操作手柄处在正转和反转的相应位置时,电动机工作情况完全相同。为减少转子电阻段数及控制电阻切换的触点数,电动机转子回路电阻采用不对称接法。

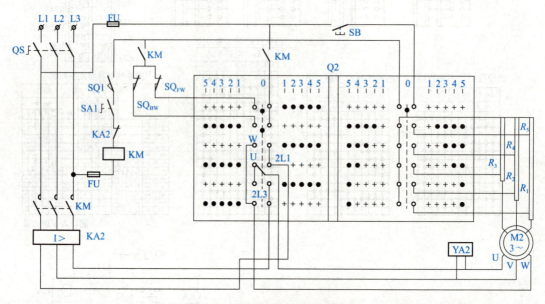

图 3-32 小车电动机 M2 控制电路

(2)工作原理。启动时,必须将 Q2 置于零位,合上电源开关 QS,按下 SB,KM 通电并自锁,再将 Q2 手柄扳到所需挡位,可获得不同的运行速度,向前或向后运行。

停止时,断开开关 SA1 即可。

(3)注意事项。副钩提升电动机的控制与小车电动机的控制基本相同,但在操作上应注意以下几点:

1)提升重物时,控制器第 1 挡力预备级,以低速消除传动间隙并拉紧起吊钢丝绳。从第 2 挡~第 5 挡,转子电阻被逐级切除,提升速度逐级提高,电动机工作在电动工作状态。

2)重载下放重物时,电动机工作在再生发电制动状态。此时,应将控制器手柄由零位直接扳至下降第 5 挡,而且途经中间挡位不允许停留。往回操作时,也应从下降第 5 挡位快速扳回零位，以防止出现重载高速下降。

3）轻载下放重物时，由于重物太轻，甚至重力矩小于摩擦转矩，电动机应工作在强力下降状态。

4）该控制电路不能获得重载或轻载时的低速下降。为了获得下降时准确定位，应采用点动操作，即将控制器手柄在下降第 1 挡与零位之间来回操作，并配合电磁抱闸来实现。

（4）电路特点。由凸轮控制器构成的控制电路具有电路简单、操作维护方便的优点，但其触点直接用于控制电动机主电路，所以要求触点容量大，使控制器体积大，操作不灵活，而且不能获得低速下放重物。

2. 主令控制器控制电路分析

（1）电路组成。图 3-33 所示为 20/5 t 桥式起重机主钩提升机构主令控制器控制电路。图 3-33 中主令控制器 SA 提升与下降各有 6 个工作位置，有 12 对触点。通过这 12 对触点的闭合与断开，来控制电动机定子与转子电路的接触器，实现电动机工作状态的改变，拖动主钩按不同速度提升与下降。KM_{UP}、KM_D 为电动机提升与下放接触器；KM_B 为制动接触器，控制电磁抱闸 YA5 和 YA6；KM1、KM2 为反接制动接触器；KM3～KM6 为启动加速接触器。转子回路电阻采用对称接法，可以获得较好的调速性能。KA5 为过电流保护继电器，KA 为零电压保护继电器，SQ_{UP} 为上限位保护行程开关。

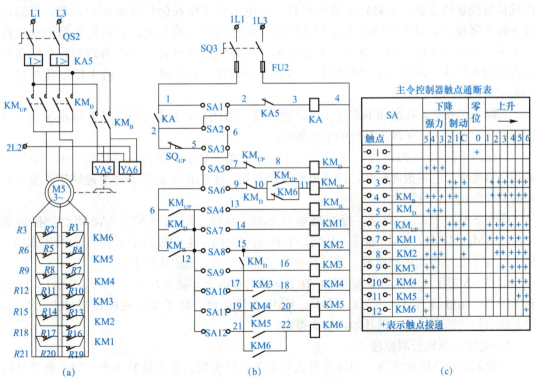

图 3-33　20/5 t 桥式起重机主钩提升机构主令控制器控制电路

（2）提升重物控制原理。提升重物分为 6 个挡位，其控制情况如下。

1）当 SA 置于上升 1 挡时，主令控制器触点 SA3、SA4、SA6 与 SA7 闭合，接触器

KM_{UP}、KM_B 和 KM1 通电吸合,电动机按正转相序接通电源,电磁抱闸 YA5、YA6 通电松闸,转子电阻 $R19 \sim R21$ 被短接,其余电阻全部接入,此时启动转矩小,一般吊不起重物,只作为拉紧钢丝绳和消除传动间隙的预备启动级来用。

2)当 SA 置于上升 2~6 挡时,主令控制器触点 SA8~SA12 依次闭合,接触器 KM2~KM6 相继通电吸合,逐级短接转子各段电阻,使电动机转速逐级提升,可得到 5 级提升速度。SQ_{UP} 用于上升时的限位保护。

(3)下放重物控制原理。下放重物也分为 6 个挡位,需要根据起重量,使电动机合理地工作在不同的状态。

1)制动下降(C 挡、下 1 挡与下 2 挡)。

①当 SA 置于 C 挡时,SA4 触点断开,KM_B 释放,YA5、YA6 断电抱闸制动;同时控制器触点 SA3、SA6、SA7、SA8 闭合,使接触器 KM_{UP}、KM1、KM2 通电,电动机按正转提升相序接通电源($R16 \sim R21$ 被短接),产生一个提升方向的电磁转矩,与向下方向的重力转矩相平衡,并配合电磁抱闸将电动机闸住。此挡的作用:一是提起重物后,使重物稳定地停在空中或移行;二是在控制器手柄由下降其他挡位扳回零位时,通过 C 挡防止溜钩,实现可靠停车。

②当 SA 置于下 1 挡与下 2 挡时,触点 SA4 闭合,KM_B 通电吸合,YA5、YA6 通电松闸,KM2、KM1 相继断电释放,依次串入转子电阻 $R16 \sim R18$ 与 $R19 \sim R21$,使电动机机械特性逐级变软,电磁转矩也逐级减小,电动机工作在倒拉反接制动状态,得到两级重载下降速度,但下 2 挡比下 1 挡速度快。在轻钩或空钩下放时,若控制器手柄误操作在下 1 挡与下 2 挡,由于电动机电磁转矩与重力转矩相反且大于重力转矩,会出现轻钩或空钩不但不下降反而上升的现象。因此,轻钩或空钩下放时,应将手柄迅速推过下 1 挡与下 2 挡。

为防止误操作,在制动下降这 3 挡,使 SA3 一直闭合,并将上限位开关 SQ_{UP} 常闭触点串接在控制电路,以实现上升时的限位保护。

2)强力下降(下 3 挡、下 4 挡、下 5 挡)。控制器手柄置于下降后 3 挡时,电动机按反转相序接电源,电磁抱闸松开,转子电阻逐级短接,主钩在电动机下降电磁转矩和重力转矩的共同作用下,使重物下降。

①当 SA 置于下 3 挡时,控制器触点 SA2、SA4、SA5、SA7、SA8 闭合,接触器 KM_D、KM_B、KM1、KM2 通电,YA5、YA6 通电松闸,电动机转子短接两段电阻($R16 \sim R21$),定子按反转相序接电源,并工作在反转电动状态,强迫重物下放。

②当 SA 置于下 4 挡与下 5 挡时,在下 3 挡的基础上,触点 SA9、SA10、SA11、SA12 相继闭合,接触器 KM3、KM4、KM5、KM6 相继通电,转子电阻逐级短接($R4 \sim R15$),使下放重物的速度从下 3 挡开始,依次提高。

(4)电路的联锁控制原理。

1)限制高速下降的环节。为防止司机对重物估计失误,在下放较重重物时,将手柄扳到了下 5 挡,此时,重物下降速度将超过电动机同步转速进入再生发电制动状态。这时要获得较低的下降速度,手柄应从下 5 挡扳回下 2 挡或下 1 挡。在经过下 4 挡及下 3 挡时,下降速度会更快。

为避免高速下降,在电路中将接触器 KM_D 与 KM6 辅助触点串联后接于 SA8 与 KM6 线圈之间,这时,当手柄置于下 5 挡,KM6 通电并自锁,再由下 5 挡扳回下 4 挡及下 3 挡时，虽然触点 SA12 断开，但 SA8、KM_D、KM6 触点仍使 KM6 线圈通电，转子所串电阻不变，使电动机仍工作在下 5 挡的特性上，从而避免了由强力下降到制动下降过程中的高速现象。

2) 确保反接制动电阻串入再进行制动下放的环节。当控制器手柄由下 3 挡扳回下 2 挡时，其触点 SA5 断开、SA6 闭合，KM_D 断电释放，KM_{UP} 通电吸合，电动机由强力下降转为反接制动状态。为避免反接时过大的冲击电流，需要在转子上串接反接制动电阻，即在控制顺序上要求 SA8 断开，使 KM6 断电释放，保证反接电阻接入，再通过 SA6 使 KM_{UP} 通电吸合。为此，在控制环节中，增设了 KM_D 和 KM6 常闭触点，并与 KM_{UP} 常闭触点构成互锁环节，从而保证了只有在 KM_D 和 KM6 线圈失电时其触点释放，将反接制动电阻接入转子回路后，KM_{UP} 才能通电并自锁。

3) 制动下放挡与强力下放挡相互转换时断开机械制动的环节。控制器在下 2 挡与下 3 挡相互转换时，接触器 KM_{UP} 与 KM_D 之间设有电气互锁，在换接过程中，必有一瞬间这两个接触器均处于断电状态，将使 KMB 断电释放，造成电动机在高速下进行机械制动。为此，在 KM_B 线圈回路中设有 KM_{UP}、KM_D 与 KM_{B3} 对常开触点构成的并联电路，并由 KMB 实现自锁。这就保证了在 KM_{UP} 与 KMD 换接过程中，KM_B 始终通电吸合，从而避免了上述情况的发生。

4) 顺序联锁控制环节。为保证电动机转速平稳过渡，在接触器 KM4、KM5、KM6 线圈回路中串接了前一级接触器的常开触点，使转子电阻按顺序依次切除，以实现特性的平滑过渡，保证电动机转速逐级提高。

3. 控制与保护电路分析

图 3-34 所示为 20/5 t 桥式起重机保护配电柜控制电路。图 3-34 中 SA1 为紧急事故开关，用于在紧急情况下切断电源；SQ1~SQ3 为操纵室门、舱盖出入口、模梁门安全开关，任何一个开关打开时起重机都不能工作；KA1~KA6 为过电流继电器，用于各电动机的过载与短路保护；Q1~Q3 分别为副钩、小车和大车凸轮控制器零位保护触点，其与启动按钮串联，构成起重机的零位保护；Q1—1、Q1—2 为副钩凸轮控制器的零位触点，用于上升、下降的零位启动和自锁；Q2—1、Q2—2 为小车凸轮控制器的零位触点，用于向前、向后的零位启动和自锁；Q3—1、Q3—2 为大车凸轮控制器的零位触点，用于向左、向右的零位启动和自锁；SQ_L、SQ_R 为大车移行机构的左/右限位开关；SQ_{FW}、SQ_{BW} 为小车移行机构的前/后限位开关；SQ_{UP} 为吊钩提升限位开关，这些行程开关实现对应的终端保护；KM 为控制接触器，用于主钩、副钩、小车和大车的总体控制。

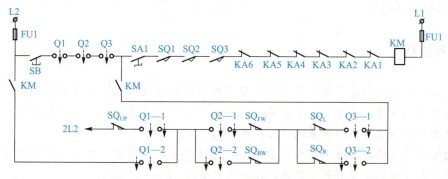

图 3-34　20/5t 桥式起重机保护配电柜控制电路

> 任务实施

3.6.3 起重设备现场观摩与操作体验及故障处理训练

1. 起重设备现场观摩与操作体验

(1)观摩教学。在教师的带领下,到机电实习车间或其他拥有桥式起重机等起重设备的工作现场,观摩桥式起重机的结构、现场岗位工作人员的操作过程、电气设备的拖动情形。

在有条件的情况下,可在教师的带领下,每组 4~6 人分组进入客(货)电梯的提升机机房,观察提升机的牵曳过程、电气控制柜中的电器安装与连接状态。

(2)操作体验。在实习车间配有电动葫芦的条件下,在教师的指导和监督下分组操控电动葫芦,实习电动葫芦的操作程序。

2. 智能化起重设备模拟实训装置上故障处理训练

(1)认真识读智能化起重设备或电动葫芦实训考核装置的原理图和接线图,熟悉其操作方法和控制要领。

(2)教师示范检修。在智能化起重设备或电动葫芦考核实训装置上人为设置故障点。引导学生观察故障现象,并依据电气原理图用逻辑分析法确定最小故障范围,并记录;采用适当的检查方法检出故障点,并正确排除故障,通电试车。

(3)教师设置学生知道的故障点,指导学生如何从故障现象着手进行分析,逐步引导学生采用正确的检查步骤和检修方法进行检修。

(4)教师在线路中设置两处以上故障点,由学生独立检修。

3. 注意事项

(1)故障点的设置必须是起重设备使用中出现的自然故障,不能通过更改线路或更换元件来设置故障,尽量设置不易造成人身或设备故障的故障点。

(2)操作或检修前要认真阅读分析电气原理图,熟练掌握各个控制环节的原理及作用,并认真观摩教师的示范检修。

(3)工具和仪表的使用应符合使用要求。

(4)检修时,严禁扩大故障范围和产生新的故障点。

(5)停电后要验电,带电检修时,必须有教师在场,以确保用电安全。

(6)做好实训记录。

> 任务总结

通过本任务的学习,了解并熟悉典型起重机的结构与运动形式,重点研究典型桥式起重机的电气控制原理,分析并能看懂桥式起重机的电气原理图;具有正确操作使用简单起重设备和处理典型起重机控制系统一般故障的能力。

在检修电路故障时,坚决杜绝野蛮操作、危险作业,严禁扩大故障范围和造出新的故障点。带电作业时,必须有教师在场,以确保安全。

项目评价

表 3-5 "典型生产机械电气控制系统"项目评价表

姓名_____ 班级_____ 学号_____ 总得分_____

项目编号	3	项目选题		考核时间	
技能训练考核内容(60分)			考核标准		得分
电气安装简图的绘制(10分)			能根据原理图,自行或对照绘制出简单生产机械的电气安装位置图、接线图。 思路不对或绘制不合理,一处扣3~5分		
安装与接线(10分)			器件安装、电路连接不当,一次扣5分 接线不牢固、不美观一处扣2~3分		
通电调试(10分)			操作、调试顺序正确,运转一次正常 一次不成功扣5分,二次不成功扣10分		
故障处理(20分)			能处理模拟装置或现场设备上设定的简单故障 故障处理不正确一次扣10分		
安全文明操作(10分)			违反安全文明操作规程一次扣5~10分		
知识巩固测试内容(40分)			见练习与思考		
完成日期		年 月 日		指导教师签字	

项目小结

通过本项目的学习,重点了解典型车床、磨床、镗床、铣床、钻床、桥式起重机电气控制系统的特点和工作原理,学会对照原理图按步骤分析和读懂这些电气控制原理图的方法;具有正确操作使用典型机床和简单起重设备的能力,同时也培养和训练处理典型生产机械一般故障的技能,基本上具备生产机械初级维修电工的理论与专业知识。

练习与思考

1. 简述电气控制原理图的分析步骤。

2. 简述电气控制电路故障的诊断方法和机床电气控制系统的故障检修步骤。

3. 对照 CA6140 型普通车床的电气控制电路说明其工作过程。

4. M7120 型平面磨床中为什么采用电磁吸盘来夹持工件?电磁吸盘线圈为何要用直流供电而不能用交流供电?

5. M7120 型平面磨床电气控制电路中电磁吸盘为何要设欠电压继电器 KV?它在电路中怎样起保护作用?与电磁吸盘并联的 RC 电路起什么作用?

6. 在 Z3040 型摇臂钻床电路中,时间继电器 KT 与电磁阀 YA 在什么时候动作?YA 动作时间比 KT 长还是短?

7. Z3040 型摇臂钻床在摇臂上升过程中,液压泵电动机和摇臂升降电动机是如何配合工作的?

8. T68 型卧式镗床的启动与制动有何特点？

9. T68 型卧式镗床主轴变速拉出后，主轴电动机不能启动，试分析故障原因。

10. 分析 T68 型卧式镗床主轴变速和进给变速控制过程。

11. 说明 X62W 型万能铣床工作台各方向运动，包括慢速进给和快速移动的控制过程，说明主轴变速及制动控制过程，主轴运动与工作台运动联锁关系是什么？

12. 说明 X62W 型万能铣床控制电路中工作台 6 个方向进给联锁保护的工作原理。

13. 在 X62W 型万能铣床控制电路中，若发生下列故障，请分别分析其故障原因。

(1)主轴停车时，正、反方向都没有制动作用。

(2)进给运动中，不能向前右，能向后左，也不能实现圆工作台运动。

(3)进给运动中，能向上下左右前，不能向后。

14. 桥式起重机的电气控制有哪些特点？

15. 起重机上采用了各种电气制动，为何还必须设有机械制动？

16. 起重机上为何不采用熔断器和热继电器做保护？

17. 起重机电动机的控制方式有几种？其主要区别是什么？各用在哪些场合？

18. 简述凸轮控制器与主令控制器控制的起重机提升机构的控制过程。该控制电路中，设置了哪些保护环节？保护作用是如何实现的？

19. 简述主令控制器控制的起重机提升和下降机构的控制过程。

项目4　船舶各种常用泵的模块控制

项目描述

船用电动机及其他运行设备的电气控制，大体上分为两类：一类是常见的用各种控制电器组成的控制线路，这种控制线路是对某一特定控制对象(特定负载)进行设计的，此方法在前述项目中已做过介绍；另一类是采用船用启动器的模块控制，在船舶机舱泵、风机类电动机械的控制中越来越多地采用模块控制。

项目分析

在本项目中，以一艘68 000 t远洋船机舱各种负载泵为控制对象，对机舱内各种泵的控制方法做全面介绍，重点对磁力启动器模块、正反转模块、复电自启动模块等5类控制模块的特点、原理、操作方法等进行详细分析，并将模块控制的几个典型应用实例加以解读。

相关知识和技能

1. 了解船用各类负载泵的特点及控制类型。
2. 掌握船用启动器模块的控制原理，看懂船用启动器的电气控制原理图。
3. 能熟练操作，正确使用船用启动器控制模块。
4. 会设计简单的船用启动器模块控制电路。
5. 掌握安装、调试模块控制电路的方法，并能排除一般的故障。

任务4.1　船舶机舱各负载泵参数及控制方法的选择

任务目标

1. 了解典型机舱各类负载泵控制对象的特点。
2. 熟悉典型机舱各类负载泵控制方法的类型。
3. 学会正确选择机舱各类泵的控制方式。

任务分析

一艘68 000 t远洋船，机舱各种负载泵种类繁多，要求根据控制对象的特点，列表设计哪些采用常规控制，哪些选择模块控制。船用启动模块，它将分散的继电器—接触器控制电路集成化、组合化、简单化，是船舶电气控制发展的必然趋势之一。了解和熟悉它们的种类、功能及控制特点，学会根据不同控制对象选择合适的控制方式。

知识准备

4.1.1 船舶机舱各负载泵控制方法分类

机舱各负载泵的控制方法可分为两类：一类是模块控制；另一类是继电器接触器控制。

1. 采用模块控制

船用启动器电路模块(以下简称模块"Module")由按钮开关、指示灯、接触器、继电器和保险丝组成。以上所有电气部件都集中在一块电路板上，可以很方便地更换此电路板，即模块。因此，提高了控制电路的可靠性，也减小了启动器单元结构的尺寸。

模块有 ESM-101、ESM-102、ESM-103、ESM-104 及 ESM-105。用这些模块可以组成各种控制方法。

(1)模块 ESM-101 组成的控制电路就是磁力启动器控制电路，控制的负载有 PUBLIC SPACE EXH FAN、SANI TRARY SPACE EXH FAN、PAINT STORE EXH FAN、CO_2 ROOM EXH FAN 和 FOAM ROOM EXH FAN 等。

(2)模块 ESM-102 组成的控制电路就是正反转启动控制电路，控制的负载有 GALLEY EXH FAN 和 GALLEY SUPPLY FAN 等。

(3)模块 ESM-103 组成的控制电路的特点是恢复供电后能自行启动，控制的负载有 NOI EIR FAN(SUPPLY)、NO.4 E/R FAN(SUPPLY)、LO TRANSFER PUMP、MDO TRANSFER PUMP 和 HFOTRANSFER PUMP 等。

(4)模块 ESM-104 组成的控制电路的特点是有两级速度且恢复供电后能自行启动，控制的负载有 NO3 E/RFAN(REV)等。

(5)模块 ESM-105 组成的控制电路的特点是组合性负载自动切换且恢复供电后能自行启动，控制的负载有 NO.1/NO.2 MAIN LO PUMP、NO.1/NO.2 M/E CAMSHAFT LO PUMP、NO.1/NO.2 HTFW PUMP、NO.1/NO.2 MAIN SW COOL PUMP、NO.1/NO.2 LTFW PUMP、NO.1/NO.2 M/E FO SUPPLY PUMP、NO.1/NO.2 M/E FO BOOSTER PUMP 和 NO.1/NO.2 DECK SEAL PUMP 等。

2. 未采用模块控制

未采用模块控制的各负载泵的控制电路，和在项目 2 所介绍的基本电气控制电路一样，用各种电器组成各种控制线路，点动控制、长动控制、正反转控制、Y—△控制和自耦变压器控制等。

在该船机舱里没有用模块控制的负载有 ATM COND COOL PUMP、PUMP ROOM EXH FAN、BILGE FIRE CENERAL PUMP、VAC COND COOL SW PUMP、SCRUBBER CSW PUMP、BALLAST FIRE & GENERAL PUMP、CO_2 E/R FAN (REV)、S/G/R AND EM'CY FIRE PUMP FAN、EM'CY FIRE PUMP、PURIFIER ROOM PUMP、FORE HYD PUMP ROOM FAN、HOT WELL FAN、SLUDGE PUMP、CYL OIL TRANSFER PUMP、NO.1 STERN TUBE LO PUMP、M/E AIR COOLER CLEAR PUMP、NO.2 STERN TUBE LO PUMP、FW SUPPLY PUMP、BILGE PUMP、WELDING PLATFORM FAN 和 IGG TOP UP SW PUMP 等。

任务实施

4.1.2 船舶机舱各负载泵城市及控制方法分类选择

该船机舱等处各负载泵参数、启动方式和控制方式等见表4-1。

表4-1 机舱等处各负载泵参数、启动方式和控制方式

名称	电动机额定功率/kW	电动机额定电流/A	启动方式	控制方式	负载供电屏	控制模块类型
大气冷凝器冷却海水泵 ATM COND COOL SW PUMP	22	39	直接	无自动	负载屏	无模块
舱底、消防总用泵 BILGE FIRE & GENERAL PUMP	90	152	自耦变压器	无自动	负载屏	无模块
真空冷凝器冷却海水泵 VAC COND COOL SW PUMP	132	209	自耦变压器	无自动	负载屏	无模块
洗涤塔海水泵 SCRUBBER CSW PUMP	30	52	直接	无自动	负载屏	无模块
压载、消防总用泵 BALLAST FIRE & GENERAL PUMP	90	152	自耦变压器	无自动	负载屏	无模块
应急消防泵 EM'CY FIRE PUMP	37	57	自耦变压器	无自动	负载屏	无模块
油渣泵 SLUDGE PUMP	2.2	4.4	直接	无自动	负载屏	无模块
汽缸油驳运泵 CYL OIL TRANSFER PUMP	0.75	1.7	直接	无自动	负载屏	无模块
1、2号甲板水封泵 NO.1, 2 IGS DESK SEAL PUMP	2.2	4.2	直接	自动切换(低电压、低压力)	负载屏	ESM-105
1、2号艉轴管滑油泵 NO.1, 2 STERN TUBE LO PUMP	0.4	1.1	直接	无自动	负载屏	无模块
主机空冷器清洗泵 M/E AIR COOLER CLEAN PUMP	1.5	3.2	直接	无自动	负载屏	无模块
淡水供给泵 FW SUPPLY PUMP	1.5	3.2	直接	无自动	负载屏	无模块
舱底水泵 BILGE PUMP	2.2	4.2	直接	无自动	负载屏	无模块
惰性气体发生器海水泵 IGG TOP UP SW PUMP	15	25	直接	无自动	负载屏	无模块
泵舱排风机 PUMP ROOM EXH FAN	22	39	直接(延时保护)	无自动	负载屏	无模块

续表

名称	电动机额定功率/kW	电动机额定电流/A	启动方式	控制方式	负载供电屏	控制模块类型
舵机室及应急消防泵室风机 S/G/R AND EM，CY FIRE PUMP FAN	1.5	3.2	直接	无自动	负载屏	无模块
净油机室风机 PURIFIER ROOM FAN	7.5	14	直接(延时保护)	无自动	负载屏	无模块
艏部液压泵室风机 FORE HYD PUMP ROOM FAN	2.2	4.4	直接	无自动	负载屏	无模块
热水排风机 HOT WELL FAN	3.7	7.2	直接	无自动	负载屏	无模块
焊接甲板排风机 WELDING PLATFOM FAN	1.5	3.2	直接	无自动	负载屏	无模块
2号机舱风机(可逆) NO.2 E/R FAN(REV)	15	26	星/三角	无自动	负载屏	无模块
1、2号主滑油泵 NO.1、2 MAIN LO PUMP	65	120	星/三角	自动切换(低电压、低压力)	组合屏	ESM-105
1、2号主机凸轮轴滑油泵 NO.1、2 M/E CAMSHIFT LO PUMP	3.7	6.7	直接	自动切换(低电压、低压力)	组合屏	ESM-105
1、2号高温淡水泵 NO.1、2 HTFW PUMP	15	26	直接	自动切换(低电压、低压力)	组合屏	ESM-105
1、2号低温淡水泵 NO.1、2 LTFW PUMP	74.9	120	星/三角	自动切换(低电压、低压力)	组合屏	ESM-105
1、2号主海水冷却泵 NO.1、2 MAIN SW COOL PUMP	65	110	星/三角	自动切换(低电压、低压力)	组合屏	ESM-105
1、2号主机燃油供给泵 NO.1、2 M/E FO SUPPLY PUMP	2.5	4.3	直接	自动切换(低电压、低压力)	组合屏	ESM-105
1、2号主机燃油增压泵 NO.1、2 M/E FO BOOSTER PUMP	3.5	6.7	直接	自动切换(低电压、低压力)	组合屏	ESM-105
滑油驳运泵 ID TRANSFER PUMP	3.7	6.7	直接	自动停止	组合屏	ESM-103
燃油驳运泵 MDO TRANSFER PUMP	15	26	直接	自动停止	组合屏	ESM-103
重油驳运泵 HFO TRANSFER PUMP	15	26	直接	自动停止	组合屏	ESM-103
1号机舱风机(供风) NO.1 E/R FAN(SUPPLY)	15	26	直接(延时保护)	无自动	组合屏	ESM-103
3号机舱风机(可逆) NO.3 E/R FAN(REV)	15	26	直接(延时保护)	无自动	组合屏	ESM-104

续表

名称	电动机额定功率/kW	电动机额定电流/A	启动方式	控制方式	负载供电屏	控制模块类型
4号机舱风机（供风） NO.4 E/R FAN(SUPPLY)	15	26	直接（延时保护）	无自动	组合屏	ESM-103
公共区域排风机 PUBLC SPACE EXH FAN	6.6	11	直接（延时保护）	无自动	组合屏	ESM-101
厨房排风机 GALLEY EXH FAN	1.1	2.1	直接	无自动	组合屏	ESM-102
油漆间排风机 PAINT STORE EXH FAN	0.75	1.7	直接	无自动	组合屏	ESM-101
CO_2室排风机 CO_2 ROOM EXH FAN	0.75	1.7	直接	无自动	组合屏	ESM-101
泡沫室排风机 FOAM ROOM EXH FAN	0.75	1.1	直接	无自动	组合屏	ESM-101
病房排风机 HOSPITAL EXH FAN	电源由组合屏直接供电，通过专用变压器 440 V/220 V 后，接单相电动机，功率为 0.181 kW					

任务总结

通过本任务的学习，了解和掌握典型机舱各类负载泵控制对象的特点和控制方法，学会根据不同控制对象选择合适的控制方式。

在对机舱及船舶电气控制设备的控制方式进行选择时，一定要根据控制对象的异同进行综合考虑，哪些适合模块控制，哪些适合常规的继电器控制。

任务 4.2　船用典型控制模块的操作使用

任务目标

1. 能看懂船用启动器的电气控制原理图。
2. 能熟练操作，正确使用船用启动器控制模块。
3. 会设计简单的船用启动器模块控制电路。
4. 掌握安装、调试模块控制电路的方法，并能排除一般的故障。

任务分析

船用启动器电路模块，集按钮开关、指示灯、继电器、保险丝等为一体。必须认真分析和解读，才能看懂其电气控制原理，学会安装和使用这些模块，并逐步提高自身对这些模块控制电路的故障处理能力和设计水平。

知识准备

4.2.1 船用启动器电路模块解读

1. 模块基本参数

(1)模块型号。模块包括 ESM-101、ESM-102、ESM-103、ESM-104 和 ESM-105 共 5 种系列模块。对于不同机械控制系统应选用合适的模块,见表 4-2。

表 4-2 模块控制系统

型号	控制系统	备注
ESM-101	欠压保护,不可逆运转	
ESM-102	欠压保护,可逆运转,2 速	
ESM-103	欠压释放,不可逆运转	也应用于欠压保护;应用于过流继电器短路启动系统的辅助机械,例如,净油机电动机
ESM-104	欠压释放,可逆运转,2 速	
ESM-105	欠压释放,不可逆运转	辅助机械自动运行(用两个模块,因此,对具有两种速度的辅助机械能进行自动运行)

对于相同型号的模块,模块板上的电气部件可以很方便地替换,根据各种机械控制系统可以选择不同的部件,各种模块详细清单见表 4-3、表 4-4。

表 4-3 模块详细清单一(包括选件)

型号 \ 部件	继电器"Y"	自动手动开关	时间继电器"T_1"	时间继电器"T_2"	门锁继电器"4C4T"	继电器"6X"	备注
ESM-101C	X	X	—	—	—	—	X—提供
ESM-101D	O	X	—	—	—	—	O—不提供
ESM-101G	X	O	—	—	—	—	
ESM-101H	O	O	—	—	—	—	
ESM-101H-n	O	—	—	—	—	—	
ESM-102D	O	O	—	—	—	—	
ESM-102F	O	O	—	—	—	—	
ESM-102F-n	O	—	—	—	—	—	
ESM-103B-n	O	X	O	X	X	X	
ESM-103D-n	O	X	O	O	X	X	
ESM-103C-n	O	X	X	X	X	X	
ESM-103J-n	O	X	X	O	X	X	
ESM-103K	O	X	O	O	O	X	
ESM-103M	O	X	O	O	X	O	
ESM-103L	O	X	O	O	O	O	

续表

型号\部件	选件						备注
	继电器"Y"	自动手动开关	时间继电器"T₁"	时间继电器"T₂"	门锁继电器"4C4T"	继电器"6X"	
ESM-103S	O	X	O	X	X	X	
ESM-103T	O	O	O	O	X	X	
ESM-103V	O	O	O	O	O	X	
ESM-103X	O	O	O	O	X	O	
ESM-103Z	O	O	O	O	X	O	
ESM-103Y-n	O		O	O	X	O	
ESM-104C	O	X	O	X	—	—	
ESM-104E	O	X	O	X	O	—	
ESM-104G	O	X	O	O	O	—	
ESM-104S	O	O	O	X	O	—	
ESM-104S-n	O	—	O	X	O	—	

表 4-4 模块详细清单二(包括选件)

型号\部件	选件			备注	注意:
	时间继电器"T4"	继电器"Y"	继电器"Z"		
ESM-105A	X	X	X		Y—备用启动报警 Z—不正常停止报警
ESM-105B	X	X	O		
ESM-105C	X	O	X		
ESM-105D	X	O	O		
ESM-105E	O	O	O		
ESM-105E-n	O	O	O		

(2)工作原理。ESM-101、ESM-102、ESM-103、ESM-104、ESM-105 均是把按钮开关、LED 指示灯与微型继电器和接触器组合在一起,形成一个逻辑电路功能。其中,ESM-103、ESM-104、ESM-105 模块具有定时功能。PC 电路板模块内电路示意如图 4-1 所示。

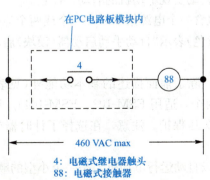

4: 电磁式继电器触头
88: 电磁式接触器

图 4-1 PC 电路板模块内电路示意

(3)电源。19 VAC，单相，50/60 Hz，或 24 VDC。

(4)环境条件。满足相应规范等级要求。

(5)定时器参数。ESM-103、ESM-104 和 ESM-105 具有定时器。

1)设定时间范围：0.2～1 620 s；

2)设定误差：±10%(环境温度为 0 ℃～45 ℃时)；

3)设定方式：时间设置由拨动开关和可变电阻来完成；

4)最小重新设置时间：小于 0.2 s。

(6)电磁式继电器。

1)最大额定电压：460 VAC；

2)电磁式继电器型号：SC 系列(富士电气)。

(7)模块控制和显示的参数。模块控制和显示的参数见表 4-5。

表 4-5 模块控制和显示的参数

	型号 说明	ESM-101	ESM-102	ESM-103	ESM-104	ESM-105
控制	START 按钮开关(绿色)	1 pc	2 pc	1 pc	2 pc	1 pc
	STOP 按钮开关(红色)	1 pc	1 pc	1 pc	1 pc	1 pc
	*M-A 选择开关(白色)*1	1 pc	1 pc	1 pc	1 pc	1 pc
显示 LED	电源指示灯(亮黄色)	1 pc	1 pc	1pc	1 pc	1 pc
	运行指示灯(亮绿色)	1 pc	1 pc	1 pc	1 pc	1 pc
	双色指示灯(红/黄色)*2	1 pc	1 pc	1 pc	1 pc	1 pc
	系统故障指示灯(橘黄色)					1 pc(内部)

注意：*1—此选择按钮开关也可以作为"遥控启动"选择开关；

*2—此指示灯也可以作为自动，手动/备用指示灯；

*M-A—手动－自动或手动－自动转换选择按钮开关。

2. 模块功能

(1)操作功能。通过对模块上启动/停止按钮的操作，或通过对机控台、机旁等上的启动/停止按钮的操作，就可以实现辅助机械(指电动机)的启动/停止。

通过模块上的手动－自动或手动－自动转换选择按钮开关的选择(43)，并根据压力开关信号或浮子液位信号，能自动实现电动机的启动、停止。

(2)显示功能。设备中包含一个电源指示灯，一个或两个运行指示灯。另外，根据要求可以用双色指示灯(红色或黄色)表示"自动手动启动器(模块)启动，遥控启动，备用"。

(3)控制功能。

1)ESM-101～ESM-104。除了前面描述的基本功能外(见表 4-5)，也可以选择计时器(最多两个)或继电器(最多两个，适用 ESM-103、ESM-104)。因此，可以组成更复杂的控制电路，例如，自动切换、欠压保护。注意，在选择了计时器或继电器后，必须另外提供 24 VDC 电源。

2)ESM-105。此模块可以自动运行电动机，是一个小型的顺序启动器。

(4)信号输出功能。

1)ESM-101～ESM-104。模块中可以把电动机的运行信号、手动停止信号输送到机控台。另外，也能输出备用状态信号、自动启动信号和不正常工作信号等，以上各信号都是通过触头与触点输出。

2) ESM-105。从模块中可以输出电动机运行信号、自动停止信号、备用状态信号、备用状态启动报警信号、不正常工作信号及系统失败信号，以上各信号也都是通过触头与触点输出。

(5) 自检功能。模块 ESM-105 具有自检功能，在 ESM-105 中具有一位 CPU 自动运行执行程序，该程序执行周期性循环，当该程序出现不正常执行时，将发出 ESM-105 系统故障信号，同时在模块 ESM-105 上的系统故障指示灯点亮。

任务实施

4.2.2 船用启动器模块的操作控制

1. 概述

下面描述各模块对电动机的基本控制，模块及典型辅机电动机控制方法见表 4-6。

表 4-6 模块及典型辅机电动机控制方法

模块型号	控制系统	电路图号	流程图号	备注
ESM-101	UVP，定方向	图 4-2		
ESM-102	UVP，可逆	图 4-3		
ESM-103	UVP-T，可逆	图 4-4		
ESM-104	UVP-T，2 速	图 4-5		顺序启动
ESM-105	UVP-T，定方向，自动切换	图 4-6		顺序启动

注意：UVP—欠压保护；UVR—欠压释放。

2. ESM-101 模块操作控制

ESM-101 模块（欠压保护，定方向）辅机控制电路原理如图 4-2 所示。操作控制过程如下：

(1) 启动。按模块上的启动按钮(3C)或按遥控启动按钮[(3C)(START)]，启动继电器"4"获电，运行指示灯(L)点亮，接触器"88"获电，电动机启动。接触器"88"的辅触头闭合使继电器"4"实现自锁。

(2) 停止。按模块上的停止按钮(3-0)或按遥控停止按钮[(3-0)(STOP)]，停止继电器"5"获电；相反，启动继电器"4"失电，接触器"88"失电，电动机停止，运行指示灯(L)熄灭。

(3) 过载保护。在电动机运行过程中，由于某些原因使电动机过载，则热继电器(51)动作，其触头打开，启动继电器"4"失电，接触器"88"失电，电动机停止。

3. ESM-102 模块操作控制

ESM-102 操作与装接（欠压保护，可逆）控制电路原理如图 4-3 所示。操作控制过程如下：

(1) 正向启动。按模块上的正向启动按钮（3CF）或按遥控正向停止按钮[(3CF)(START)]，继电器"4FX"获电，继电器"4F"也获电，运行指示灯(LF)点亮，接触器"88F"获电，电动机正向启动。

继电器"4F"的辅触头闭合使接触器"88F"实现自锁，保持电动机运行。由于接触器"88F"的辅触头打开，按反向启动按钮(3CR)时，电动机不能反向启动。

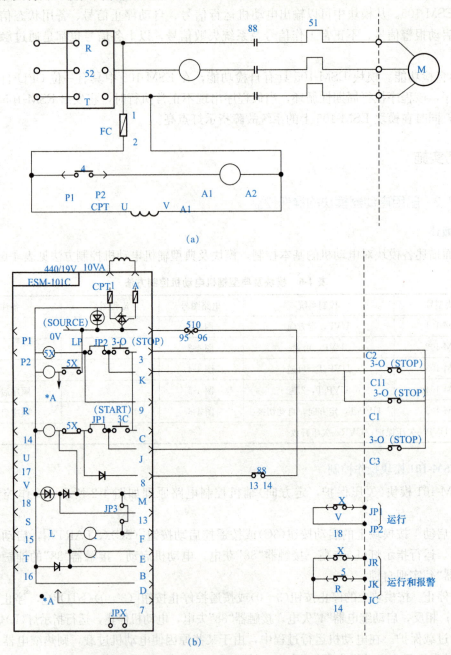

图 4-2 ESM-101 模块(欠压保护，定方向)控制电路原理图

(2)停止。按模块上的停止按钮(3—0)或按遥控启动按钮[(3.0)(STOP)]，停止继电器"5"获电，继电器"4F"失电，接触器"88F"失电，电动机停止，运行指示灯(LF)熄灭。

(3)反向启动。首先停止电动机，再用类似正向启动的方法反向启动电动机。

(4)过载保护。在电动机运行过程中，由于某些原因使电动机过载，则热继电器(51)动作，其触头打开，启动继电器"4"失电，接触器"88"失电，电动机停止。

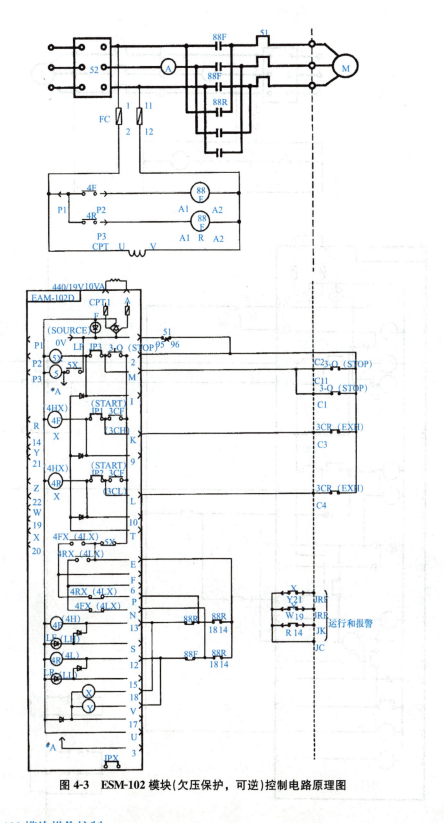

图 4-3 ESM-102 模块(欠压保护，可逆)控制电路原理图

4. ESM-103 模块操作控制

ESM-103 操作与装接(UVR-T，定方向)控制电路原理如图 4-4 所示。操作控制过程如下：

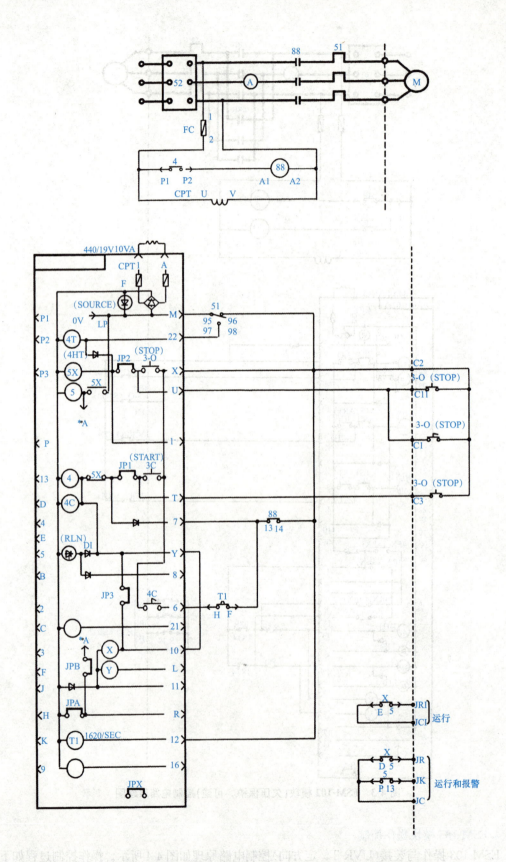

图 4-4 ESM-103 模块(UVR－T,定方向)控制电路原理图

(1)启动。按模块上的启动按钮(3C)或按遥控启动按钮[(3C)(START)],继电器"4"获电,继电器"4C"获电,运行指示灯(L)点亮,接触器"88"获电,电动机启动。接触器"88"的辅触头闭合使继电器"4"实现自锁。

(2)停止。按模块上的停止按钮(3-0)或按遥控停止按钮[(3.0)(STOP)],继电器"5"获电,继电器"4T"获电,相反,继电器"4"失电,接触器"88"失电,电动机停止,指示灯(L)熄灭。

(3)连续启动。在运行时模块失电,电动机停止运行。当恢复供电时,连续启动计时器(T)开始计时,当计时时间到,计时器触头闭合,由于继电器"4C"保持闭合,所以继电器"4"获电,运行指示灯(L)点亮,接触器"88"获电,电动机启动。

(4)过载。在电动机运行过程中,由于某些原因使电动机过载,则热继电器(51)动作,其触头闭合。

5. ESM-104 模块操作控制

ESM-104 操作与安装接线(UVR-T,定方向)控制电路原理如图 4-5 所示。操作控制过程如下:

(1)低速启动。按模块上的启动按钮或按遥控停止按钮(3CL),继电器"4LX"获电,延时继电器"4L"获电,运行指示灯(LL)点亮,接触器"88L"获电,电动机低速启动。接触器"88"的辅触头闭合使继电器"4L"实现自锁。同时,门锁继电器"4LC"获电。

(2)低速切换到高速。运行时,直接按高速启动按钮(3CH),电动机将运行到高速。

(3)连续启动。电动机在运行(低速或高速)时模块失电,电动机将停止运行。当恢复供电,连续启动计时器(TI)开始计时,当计时时间到,计时器触头闭合,因为继电器"4HC"(或"4LC")保持闭合,所以继电器"4H"(或"4L")获电,接触器"88H"(或"88L")获电,电动机将以高速(或低速)重新启动。

(4)停止。按模块上的停止按钮(3—0)或按遥控停止按钮,继电器"5"获电,继电器"4HT"(或"4LT")获电,继电器"4H"(或"4L")失电,接触器"88H"(或"88L")失电,电动机停转,运行指示灯熄灭。

(5)过载。在电动机运行过程中,由于某些原因使电动机过载,则热继电器(51)动作,触头"51H"(或"51L")闭合,使继电器"5"获电,继电器"4HT"(或"4LT")获电,继电器"4H"(或"4L")失电,接触器"88H"(或"88L")失电,电动机停止。当热继电器复位时,由于继电器"4HC"(或"4LC")打开,因此,电动机不能启动。

6. ESM-105 模块操作控制

ESM-105 模块(UVR-T,自动切换)控制电路原理与接线如图 4-6 所示。操作控制过程如下:

(1)手动操作。手动操作时,必须将在 NO.1 和 NO.2 模块上的 MANU-AUTOCHANGE("手动—自动转换")选择开关(43)位置置于手动。此时,MANU/STANDBY(手动,备用)指示灯(LM,LS)亮红灯。

1)启动。按 NO.1 模块上的启动按钮或按遥控启动按钮(3C),继电器"4"获电,运行指示灯(L)点亮,接触器"88"获电,电动机启动。接触器"88"的辅触头和模块相通实现自锁。

2)停止。按 NO.1 模块上的停止按钮或按遥控停止按钮(3—0),继电器"4"失电,接触器"88"失电,电动机停止,指示灯(L)熄灭。

3)过载。在电动机运行过程中,由于某些原因使电动机过载,则热继电器(51)动作,其触头打开,接触器"88"失电,电动机停止。当热继电器(51)复位时,电动机不能启动。

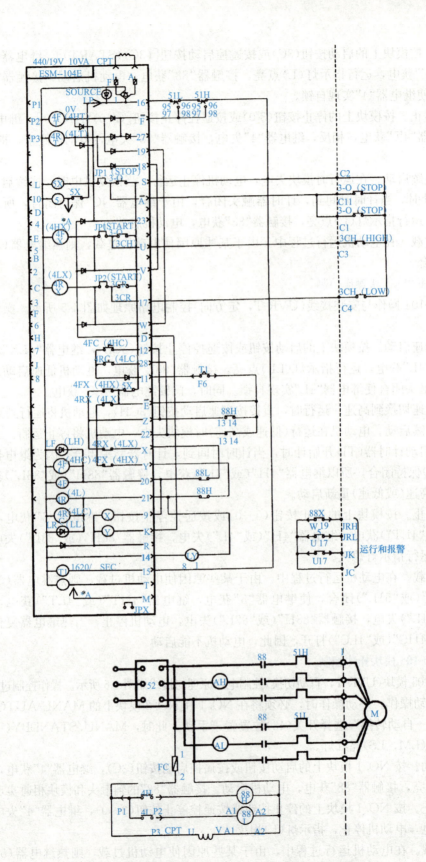

图 4-5 ESM-104 模块(UVR-T,定方向)控制电路原理图

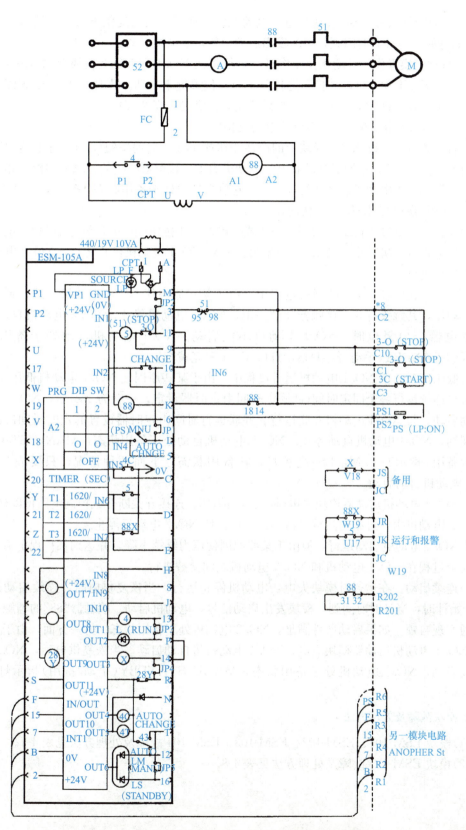

图 4-6 ESM-105 模块(UVR-T，自动切换)控制电路原理图

4)连续启动。在运行时模块失电，电动机停止运行。当恢复供电时，连续启动计时器(T)开始计时，当计时时间到，模块发出启动信号，电动机启动。

(2)自动切换操作。自动切换操作时，必须将在 NO.1 和 NO.2 模块上的 MANU-AUTOCHANGE("手动—自动转换")选择开关(43)位置置于自动。此时，MANU/STANDBY (手动/备用)指示灯(LM，LS)熄灭(如果备用条件满足，亮黄灯)。

例如：NO.1 电动机运行，NO.2 电动机备用。

1)启动和备用。按 NO.1 模块上的启动按钮或按遥控启动按钮(3C)，继电器"4"获电，运行指示灯(L)点亮，接触器"88"获电，电动机启动。接触器"88"的辅触头和模块相通实现自锁。如果 NO.1 电动机启动运行，NO.2 电动机自动处于备用状态，MANU/STANDBY (手动，备用)指示灯(LM，LS)亮黄灯。

2)停止。按 NO.1 模块上的停止按钮或按遥控停止按钮(3—0)，继电器"4"失电，接触器"88"失电，电动机停止，指示灯(L)熄灭。如果 NO.1 电动机停止运行，NO.2 电动机备用状态自动复位。

3)过载。在 NO.1 电动机运行过程中，由于某些原因使 NO.1 电动机过载，则热继电器(51)动作，其触头打开，接触器"88"失电，NO.1 电动机停止。NO.2 电动机自动启动。当热继电器(51)复位时，NO.1 电动机不能启动。NO.1 电动机自动处于备用状态，MANU/STANDBY(手动/备用)指示灯(LM，LS)亮黄灯。

4)低压情况。在 NO.1 电动机运行过程中，由于某些原因使 NO.1 电动机低压，NO.1 电动机将连续运行一个固定时间(此固定时间由定时器设定，一般为 1 s)后，NO.2 电动机将自动启动，与 NO.1 电动机并联运行。并联运行时间由定时器设置的定时时间决定，定时时间到，NO.1 电动机自动停止。NO.1 电动机自动处于备用状态，MANU/STANDBY (手动/备用)指示灯(LM，LS)亮黄灯。在备用状态，下面两种情况，只要满足一个，NO.1 电动机自动启动。

①NO.2 电动机启动器模块失电(模块电路损坏、连接开关断开或控制电路保险丝熔断)或 NO.2 电动机由于过载使热继电器(51)动作，使 NO.2 电动机停止运行。

②NO.2 电动机启动运行，但由于某些原因使压力继续下降，并达到某一规定值。

这个过程在 NO.1 电动机和 NO.2 电动机之间交替进行。

5)连续启动。在运行时模块失电，电动机停止运行。当恢复供电时，连续启动计时器(T)开始计时，当计时时间到，模块发出启动信号，电动机启动。接触器"88"的辅触头和模块相通实现自锁。如果启动条件满足，NO.2 电动机处于备用状态。另一方面，由于某些原因使 NO.1 电动机启动器模块失电，NO.2 电动机将自动启动。当恢复供电后，NO.1 电动机不能启动，NO.1 电动机处于备用状态，MANU/STANDBY(手动/备用)指示灯(LM，LS)亮黄灯。

7. 模块故障及处理方法

(1)模块 ESM-101、ESM-102、ESM-103、ESM-104 故障及处理方法见表 4-7。

(2)模块 ESM-105 故障及处理方法见表 4-8。

表 4-7 ESM-101、ESM-102、ESM-103，ESM-104 模块故障及处理方法

可能原因 \ 故障现象		电源指示灯不亮	电动机不能启动	运行指示灯不亮	电动机只能点动	电动机不正常停止	电动机不能停止	不能连续启动	自动指示灯不亮	不能自动操作	保险丝熔断	处理方法
MCCB 或隔离开关断开		0										转动 MCCB 或隔离开关
接触器动作失败			0		0	0	0	0		0		替换
变压器原边保险丝熔断		0				0						替换
模块上保险丝熔断		0				0						替换
热继电器动作进行保护			0			0		0		0		设置热继电器动作值
控制电路连接头脱落		0						0				插牢控制电路连接头
控制器连接头脱落			0					0		0		插牢控制器连接头
模块上	继电器损坏		0			0	0	0		0		替换
	开关损坏		0				0		0		0	替换
	连续启动计时器损坏						0					替换
	LED 指示灯损坏	0		0				0				替换
	跳线没有连接		0									重新连接跳线
外电路短路											0	排除短路点

表 4-8 ESM-105 模块故障及处理方法

可能原因 \ 故障现象	电源指示灯不亮	系统失败指示灯不亮	电动机不能启动	运行指示灯不亮	电动机只能点动	电动机不正常停止	电动机不能停止	连续启动不能进行	手动指示灯不亮	备用指示灯不亮	自动切换不能实现	模块上保险丝熔断	每个流程不能操作	处理方法
MCCB 或隔离开关断开	0													转动 MCCB 或隔离开关
接触器动作失败			0		0	0	0							替换
变压器原边保险丝熔断	0					0								替换
模块上保险丝熔断	0					0								替换

续表

故障现象 可能原因	电源指示灯不亮	系统失败指示灯亮	电动机不能启动	运行指示灯不亮	电动机只能点动	电动机不正常停止	电动机不能停止	连续启动不能进行	手动指示灯不亮	备用指示灯不亮	自动切换不能实现	模块上保险丝熔断	每个流程不能操作	处理方法
热继电器动作进行保护			0			0		0						设置热继电器动作值
控制电路连接头脱落	0													插牢控制电路连接头
控制器连接头脱落			0											插牢控制器连接头
继电器损坏			0			0	0	0						替换
开关损坏			0				0		0	0				替换
连续启动计时器损坏								0						替换
LED损坏	0			0					0	0				替换
跳线没有连接			0							0				重新连接跳线
CPU损坏	0													替换
M-A开关手动											0	0		转换到自动切换
复位开关"OFF"													0	复位开关打开"ON"
软件开关设错			0								0	0		重新设置软件选择开关
M-A自动切换								0						转换到手动

任务总结

通过本任务的学习,了解船用启动器电路模块的具体功能,学会识读模块电路的基本方法,掌握如何正确使用控制模块。

在进行模块操作控制时,一定要注意安全。同时,模块一旦出现故障时,能学会及时、准确、快速的处理故障。

项目评价

表 4-9 "船舶各种常用泵的模块控制"项目评价考核表

姓名_____ 班级_____ 学号_____ 总得分_____

项目编号	4	项目选题		考核时间	
技能训练考核内容(60分)			考核标准		得分
电气安装接线简图的绘制(10分)			自行或对照绘制出电气安装接线图。 思路不对或绘制不合理,一处扣 3~5 分		
安装与接线(10分)			器件安装、电路连接不当,一次扣 5 分 接线不牢固、不美观一处扣 2~3 分		
通电调试(10分)			操作、调试顺序正确,运转一次正常 一次不成功扣 5 分,二次不成功扣 10 分		
故障处理(20分)			能处理典型模块控制实用系统的一般故障 故障处理不正确一次扣 10 分		
安全文明操作(10分)			违反安全文明操作规程一次扣 5~10 分		
练习与思考(40分)			见练习与思考		
完成日期		年 月 日		指导教师签字	

项目小结

通过本项目的学习,了解船用各类负载泵的特点,学会如何根据不同控制对象选择传统的继电器控制还是新兴的模块控制。掌握模块电路的识读方法和使用方法,熟悉模块电路的常用故障处理方法。

练习与思考

1. 说明常用船舶启动器模块有哪几种?各模块的作用是什么?
2. 如何选择船舶机舱各主要负载泵的控制方法?
3. 对照图 4-5,说明其工作过程?
4. 模块 ESM-105 的故障及处理方法主要有哪些?

项目 5　船舶电动机典型控制电路

📇 项目描述

随着船舶现代化的要求，船舶自动化的程度也在不断提高，船舶电气设备的基本控制也在不断向集成化、模块化、智能化等方向发展。特别是在船舶机舱泵、风机类电动机械的控制中越来越多地采用模块控制或组合启动器控制。

📇 项目分析

本项目通过 68 000 t 远洋船机舱中一些典型电动机，如风机、油泵、海水泵、空压机等的控制实例，来掌握船用模块或启动器等控制的具体应用方法。

🧰 相关知识和技能

1. 了解船舶机舱典型电动机控制系统的控制方法。
2. 能看懂典型模块控制线路的工作原理。
3. 学会按照模块控制线路图，完成实用电路安装与调试。
4. 能完成简单的船用启动器控制的工艺设计与装调。

任务 5.1　船舶机舱常用模块控制系统

🧰 任务目标

1. 分析并能看懂船 CO_2 室排风机 ESM-101、厨房风机 ESM-102 模块控制线路的原理。
2. 分析并能看懂滑油输送泵 ESM-103、主海水泵 ESM-105 模块控制线路的原理。
3. 学会按照典型模块控制线路图，完成实用电路安装与调试。

📇 任务分析

远洋船机舱中一些典型电动机，如风机、油泵、海水泵等的电气设备也越来越多地使用模块控制，特别是对于一些大型电气设备来说，模块控制是必然的发展趋势之一。掌握这些典型电气设备控制模块的应用，对船舶电气工作很有必要。

🧰 知识准备

5.1.1　远洋船舶机舱模块控制系统分析

前面已详细介绍了 ESM-101、ESM-102、ESM-103、ESM-104 及 ESM-105 五种模块的

功能，用这些模块可以组成各种控制电路。下面是某艘 68 000 t 远洋船上模块控制应用实例。

1. CO_2 室排风机的控制线路分析

在该艘远洋船上 CO_2 室排风机的控制线路(图 5-1)是用模块 ESM-101 组成的控制电路，实际上就是磁力启动器控制电路。相同的负载还有 PUBLIC SPACE EXH FAN、SANITRARY SPACE EXH FAN、PAINT STORE EXH FAN 和 FOAM ROOM EXH FAN 等。

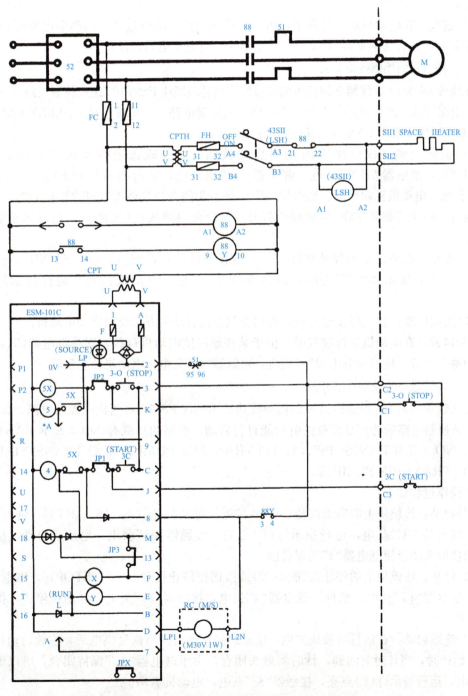

图 5-1　CO_2 室排风机 ESM-101 模块控制线路

CO_2 室排风机的操作过程如下：

（1）启动：按模块上的启动按钮(3C)或按遥控启动按钮[(3C)(START)]，启动继电器"4"获电，运行指示灯(L)点亮，接触器"88"线圈获电吸合，电动机启动。接触器"88"的辅触头闭合使继电器"4"实现自锁。

（2）停止：按模块上的停止按钮(3—0)或按遥控停止按钮[(3—0)(STOP)]，停止继电器"5"获电，相反，启动继电器"4"失电，接触器"88"线圈失电，电动机停止，运行指示灯(L)熄灭。

（3）过载：在电动机运行过程中，由于某些原因使电动机过载，则热继电器(51)动作，其触头断开，使启动继电器"4"失电，接触器"88"失电，电动机停止。

2. 厨房风机的控制线路分析

在该艘 68 000 t 远洋船上厨房风机的控制线路是用模块 ESM-102 组成控制电路，如图 5-2 所示。由图可知，该线路实际上就是正反转启动控制电路，其负载包括 GALLEY EXH FAN 和 GALLEY SUPPLY FAN 等。其操作过程如下：

（1）正向启动：按模块上的正向启动按钮(3CF)或按遥控正向启动按钮[3CF(START)]，继电器"4FX"获电，继电器"4F"也获电，运行指示灯(LF)点亮，接触器"88F"获电，电动机正向启动。继电器"4F"的辅触头闭合使接触器"88F"实现自锁，保持电动机运行。由于接触器"88F"的辅触头打开，按反向启动按钮(3CR)时，电动机不能反向启动。

（2）停止：按模块上的停止按钮(3—0)或按遥控停止按钮[(3—0)(STOP)]，停止继电器"5"获电，继电器"4F"失电，接触器"88F"失电，电动机停止，运行指示灯(IF)熄灭。

（3）反向启动：首先停止电动机，再用类似正向启动的方法反向启动电动机。

（4）过载：在电动机运行过程中，由于某些原因使电动机过载，则热继电器(51)动作，其常闭触头打开，使启动继电器"4"失电，接触器"88"失电，电动机停止运转。

3. 滑油输送泵的控制线路分析

在该艘 68 000 t 上滑油输送泵的控制线路是用模块 ESM-103 组成的控制电路，如图 5-3 所示。该控制电路的特点是恢复供电后能自行启动，控制的负载有 NO.1 E/R FAN(SUPPLY)、NO.4 E/R FAN(SUPPLY)、LO TRANSFER PUMP、MDO TRANSFER PUMP 和 HFO TRANSFER PUMP 等。

其操作过程如下：

（1）启动：按模块上的启动按钮(3C)或按遥控停止按钮[(3C)(START)]，继电器"4"获电，继电器"4C"获电，运行指示灯(L)点亮，接触器"88"获电，电动机启动。接触器"88"的辅触头闭合使继电器"4"实现自锁。

（2）停止：按模块上的停止按钮(3—0)或按遥控停止按钮[(3-0)(STOP)]，继电器"5"获电，继电器"4T"获电，相反，继电器"4"失电，接触器"88"失电，电动机停止，指示灯(L)熄灭。

（3）连续启动：在运行时模块失电，电动机停止运行。当恢复供电后，连续启动计时器(T)开始计时，当计时时间到，计时器触头闭合，由于继电器"4C"保持闭合，所以继电器"4"获电，运行指示灯(L)点亮，接触器"88"获电，电动机启动。

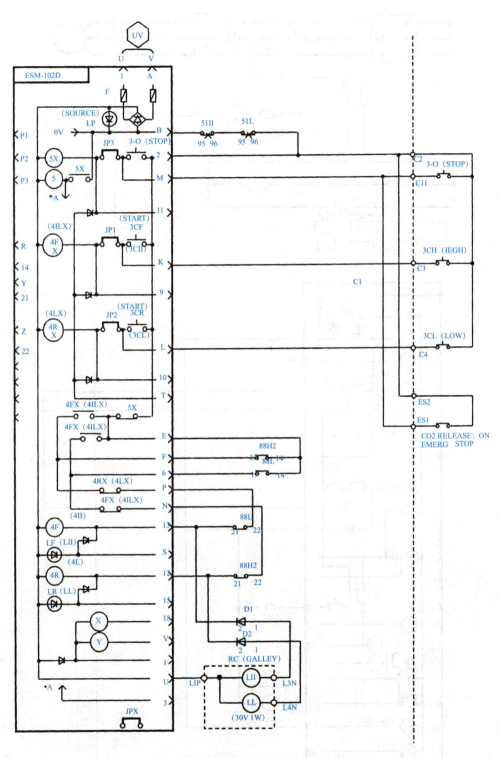

图 5-2 厨房风机 ESM-102 模块控制线路

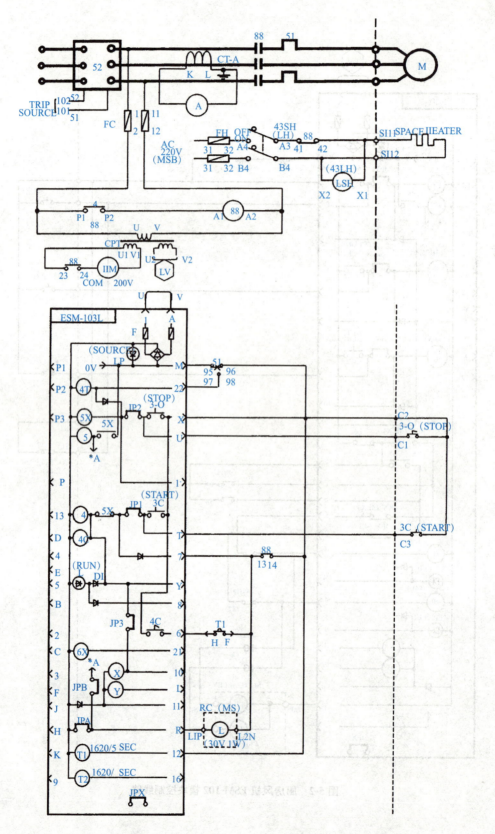

图 5-3 滑油输送泵 ESM-103 模块控制线路

(4)过载：在电动机运行过程中，由于某些原因使电动机过载，则热继电器(51)动作，其触头闭合，使继电器"4T"和继电器"5"获电，继电器"4"失电，接触器"88"失电，电动机停止运转。当热继电器(51)复位时，由于继电器"4C"打开，因此，电动机不能启动。

4. 主海水泵的控制线路分析

在该船上，1号、2号主海水泵的控制线路是用两块 ESM-105 模块组成的控制电路，图 5-4 所示为 NO.1 主海水泵 ESM-105 模块控制线路，NO.2 主海水泵 ESM-105 模块控制线路类似。该控制电路主要是组合性负载的控制，其特点是能自动切换且恢复供电后能自行启动。控制的负载还有 NO.1/NO.2 MAIN LO PUMP、NO.1/NO.2 M/E CAMSHAFT LO PUMP、NO.1/NO.2 HTFW PUMP、NO.1/NO.2 LTFW PUMP、NO.1/NO.2 M/E FO SUPPLY PUMP、NO.1/NO.2 M/E FO BOOSTER PUMP 和 NO.1/NO.2 DECK SEAL PUMP 等。

其操作过程如下：

(1)手动操作。手动操作时，必须把在 NO.1 和 NO.2 模块上的 MANU－AUTOCHANGE("手动—自动转换")选择开关(43)置于手动位置。此时，MANU/STANDBY(手动，备用)指示灯(LM.LS)红灯亮。

1)启动：按 NO.1 模块上的启动按钮(3C)或按遥控启动按钮，继电器"4"获电，运行指示灯(L)点亮，接触器"88"获电，电动机启动。接触器"88"的辅触头和模块相通实现自锁。

2)停止：按 NO.1 模块上的停止按钮(3-0)或按遥控停止按钮，继电器"4"失电，接触器"88"失电，电动机停止运转，指示灯(L)熄灭。

3)过载：在电动机运行过程中，由于某些原因使电动机过载，则热继电器(51)动作，其触头打开，接触器"88"失电，电动机停止运转。当热继电器(51)复位时，电动机不能启动。

4)连续启动：在运行时模块失电，电动机停止运行。当恢复供电时，连续启动计时器(T)开始计时，当计时时间到，模块发出启动信号，电动机启动。

(2)自动切换操作。自动切换操作时，必须把在 NO.1 和 NO.2 模块上的 MANU-AUTOCHANGE("手动—自动转换")选择开关(43)置于自动位置。此时，MANU/STANDBY(手动/备用)指示灯(LM，LS)熄灭(如果备用条件满足，亮黄灯)。

例如：NO.1 主海水泵运行，NO.2 主海水泵备用。

1)启动和备用：按 NO.1 模块上的启动按钮(3C)或按遥控启动按钮，继电器"4"获电，运行指示灯(L)点亮，接触器"88"获电，电动机启动。接触器"88"的辅触头和模块相通实现自锁。

如果 NO.1 电动机启动运行，NO.2 电动机自动处于备用状态，MANU/STANDBY(手动/备用)指示灯(LM，LS)亮黄灯。

2)停止：按 NO.1 模块上的停止按钮(3-0)或按遥控启动按钮，继电器"4"失电，接触器"88"失电，电动机停止运转，指示灯(L)熄灭。

如果 NO.1 电动机停止运行，NO.2 电动机备用状态自动复位。

3)过载：在 NO.1 电动机运行过程中，由于某些原因使 NO.1 电动机过载，则热继电器(51)动作，其触头打开，接触器"88"失电，NO.1 电动机停止运转。NO.2 电动机自动启动。当热继电器(51)复位时，NO.1 电动机不能启动。NO.1 电动机自动处于备用状态，MANU/STANDBY(手动/备用)指示灯(LM，LS)亮黄灯。

4)低压(压力)情况：在 NO.1 电动机运行过程中，由于某些原因使 NO.1 电动机低压，NO.1 电动机将连续运行一个固定时间(此固定时间由定时器设定，一般为 1 s)后，NO.2 电动机将自动启动，与 NO.1 电动机并联运行。并联运行时间由定时器设置的定时时间决定，定时时间到，NO.1 电动机自动停止。NO.1 电动机自动处于备用状态，MANU/STANDBY(手动，备用)指示灯(LM，LS)亮黄灯。

在备用状态，下面两种情况，只要满足一个，NO.1 电动机自动启动。

①NO.2 电动机启动器模块失电(模块电路损坏、连接开关断开或控制电路保险丝熔断)或 NO.2 电动机由于过载热继电器(51)动作，使 NO.2 电动机停止运行。

②NO.2 电动机启动运行，但由于某些原因使压力继续下降，并达到某一具体值。这个过程在 NO.1 电动机和 NO.2 电动机之间交替进行。

5)连续启动：在运行中模块失电时，电动机停止运行。当恢复供电，连续启动计时器(T)开始计时，当计时时间到，模块发出启动信号，电动机启动。接触器"88"的辅触头和模块相通实现自锁。

如果满足启动条件，NO.2 电动机处于备用状态。另外，由于某些原因使 NO.1 电动机启动器模块失电，NO.2 电动机将自动启动。当恢复供电后，NO.1 电动机不能启动，NO.1 电动机处于备用状态，MANU/STANDBY(手动/备用)指示灯(LM，LS)亮黄灯。

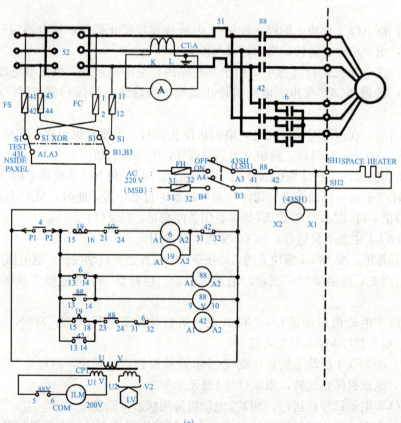

(a)

图 5-4　NO.1 主海水泵 ESM-105 模块控制线路

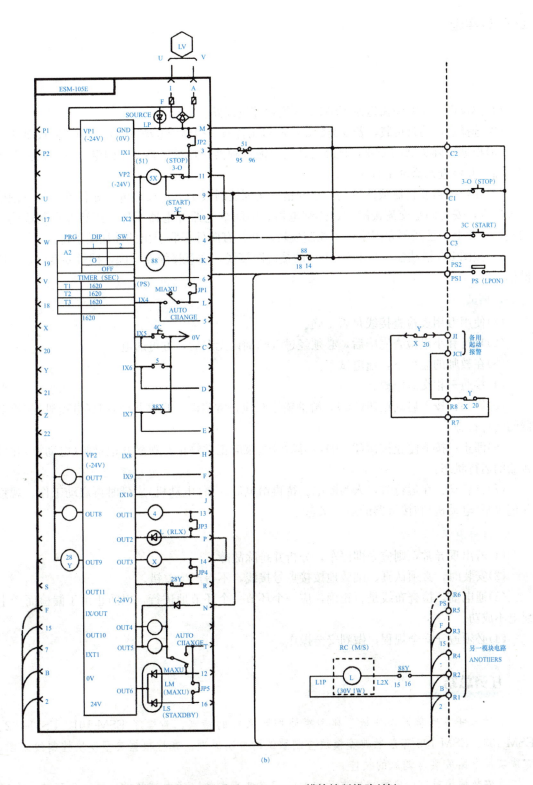

图 5-4　NO.1 主海水泵 ESM-105 模块控制线路（续）

任务实施

5.1.2 滑油输送泵模块控制线路安装与调试

1. 安装

（1）熟读图 5-3 滑油输送泵 ESM-103 模块控制线路。

（2）选择合适的泵负载，若泵类数量有限可用普通三相异步电动机代替，功率一致即可。

（3）根据实际负载的需要，选择合适的交流接触器、热继电器、中间继电器、按钮等电器元器，并检查元器件是否完好。

（4）在根据需要自制或购置的一定规格的实训控制板 1 上，按照电器元件安装位置图的有关原则，安排固定交流接触器、热继电器、中间继电器等电器元件。注意在自制或购置的实训板 2 上，已经预先固定好了控制模块，并备有向外串联引出的外加端子排。

（5）按图 5-3 滑油输送泵 ESM-103 的接线图接线。注意接线要牢固，接触要良好，文明操作。

2. 调试

（1）使用万用表检查接线是否正确。

（2）自行和小组检查完毕后，必须经过教师确认无误后，方可通电。

（3）在教师的监护下，通电试车。

（4）接通三相交流电源。

（5）启动：按下启动按钮(3C)，滑油输送泵应正常启动，观察并记录泵（电动机）和接触器的运行状态。

（6）停止：按下停止按钮(3—0)，滑油输送泵应正常停止。观察并记录泵（电动机）和接触器的运行状态。

（7）自启动：在运行时，人为断电。待再给电后，泵（电动机）应延时再启动工作。观察并记录泵（电动机）和接触器的运行状态。

3. 注意事项

（1）若出现异常，则应立即停车，分析并排除故障。

（2）安装时，必须认真、细致地按接点号接线，不得产生差错。

（3）通电前，检查布线是否正确，应一个环节一个环节地进行，以防止由于漏检而产生通电不成功。

（4）必须遵守安全规程，做到安全操作。

任务总结

通过本任务的学习，分析了典型模块控制系统的特点，看懂了 ESM-101、ESM-102、ESM-103、ESM-105 等船舶典型模块控制系统的控制原理；掌握根据典型模块控制线路图，完成实用电路安装与调试的技能。

在安装接线时，一定要按接点号接线，不得产生差错。通电试验前，应一个环节一个环节地进行检查，看布线是否正确，以防止由于漏检而产生通电不成功。必须经过指导教师确认无误后，方可通电。

任务 5.2　船舶泵类电动机启动器控制系统

🧰 任务目标

1. 熟悉船舶典型泵类电动机启动器的控制特点。
2. 能看懂船用空压机、离心泵、机舱风机等典型启动器控制电路的工作原理。
3. 能正确使用和装调船舶泵类电动机典型启动器控制系统。
4. 能完成简单的船用启动器控制的工艺设计与装调。

🧰 任务分析

远洋船中一些典型电动机如油泵、日用水泵、风机、空气压缩机、离心水泵等除了使用模块控制外，大多使用传统电动机启动器。这些启动器，由于维修简单，价格低，在船舶中使用较多。掌握这些电动机启动器的典型应用，也是一个优秀的船舶电气工作者必备的技能。

🧰 知识准备

5.2.1　空压机控制电路实例分析

机舱很多设备都采用自动调节和自动控制方式，它们大多是根据温度、压力、液位（高度）和转速等物理量的变化，由相应的传感器和继电器或调节器来代替按钮自动控制电动机的启动和停止。

众所周知，冷藏、空调的温度，空气瓶的压力，水柜、油柜的液位（高度）等，并不需要严格地维持在某一恒定值上，而是往往要求维持在某一设定的低限和高限之间，这就是"双位控制"。这样既满足了设备的要求，又不频繁地启、停电动机。

双位控制的特点是当被调量低（或高）于低（或高）限时，系统自动投入运行，使被调量上升（或下降），上升（或下降）到高（或低）限时，系统又自动停止运行。停止运行后，被调量将下降（或上升），下降（或上升）到低（或高）限时，系统再次自动投入运行。空压机、离心水泵、生活水泵等就常常采用双位控制。

1. 空气压缩机工作简介

将空气进行压缩而获得高压压缩空气的机械称为空气压缩机，简称空压机。

压缩空气用来向主机、辅机的启动和控制提供动力源；向汽笛、压载水舱测量、压力水箱充气和排污设施等提供气源。

压缩空气系统如图 5-5 所示，电动机驱动空压机吸入空气进行压缩，排出进入空气瓶储存，并输出给用户。空气瓶中储存的空气增加，压力升高至上限设定值，压力开关输出信号给启动器，停止电动机运行。随着压缩空气使用，空气瓶压力下降至下限设定值，压力开关输出信号启动电动机。启动时需要动作电磁阀卸载后才能正常启动。机械系统与电动机启动器控制电路有关的操作有以下几点：

（1）卸载。如图 5-5 所示，受交流笼型电动机启动转矩的限制，空压机在启动运转过程中如果进行空气压缩工作,将无法启动。必须让电动机在空载的状态下启动,待启动结束达到正常转速后,才能进行正常压气工作。为此在空压机的压缩空气出口处设有卸载阀,启动时打开卸载阀泄气,待启动运转后关断卸载阀,进行正常压气工作。处于自动控制的空压机,卸载阀用电磁线圈控制。

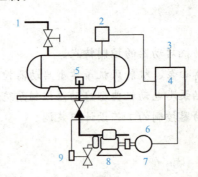

图 5-5　压缩空气系统
1—空气出口；2—压力开关；3—电源；4—启动器；5—空气瓶；
6—空气进口；7—电动机；8—空压机；9—卸载电磁阀

卸载电磁阀一般是制作成断电泄气。电动机停止,卸载电磁阀断电,将出口管道中的高压空气排出到大气中去,为下一次启动做好准备。空压机通过止回阀进入空气瓶,电磁阀断电排气,瓶中的压缩空气不会返回。为了使启动时气缸中的空气不因被压缩而形成负载,启动时电磁阀延时一段时间通电,启动运转后通电,停止卸载。

(2)疏水。空气在压缩的过程中会产生水气和油雾凝聚,在气缸出口处装有疏水器,盛接凝聚的油水,每隔一段时间打开疏水器下面的阀,泄放。疏水器在气缸出口处,卸载电磁阀也在出口处,疏水阀也可以卸载。疏水阀用电磁线圈控制,每次电动机停止,电磁阀断电泄气、泄油水。对大容量的空压机,单靠每次停机泄油水可能不满足要求,需要在运行中每隔一段时间泄油水。

看电路图要注意,卸载电磁阀的控制一般是启动延时接通,用通电延时继电器控制。需要定期疏水的,采用振荡继电器,重复接通、断开。

(3)冷却水。活塞在气缸中往复运动,产生大量热,需要冷却水。有的空压机自带水泵供水,有的需要外部水泵供水。用外部水泵供水的空压机,电动机启动需要提供供水(压力)信号。

(4)润滑油。空压机各运动部件工作需要润滑油。用外部油泵提供滑油的空压机,需要提供润滑油压力正常的信号,如果供油有故障,润滑油压力低,应停机报警。

2. 空压机分离元件基本控制电路分析

图 5-6 所示为空压机分离元件基本控制线路,图中的 2YJ(高)和 2YJ(低)是组合式高、低压压力继电器的高压触头和低压触头,使空气瓶压力高于 3.0 MPa 线圈失电,电动机停转；当空气瓶压力低于 2.5 MPa 时,线圈有电,电动机自行启动。该电路既能自动启动又可手动操作。当转换开关 HK 扳到手动位置时,由按钮操作,这就是一般的多地点自锁控制线路。

当将转换开关 HK 扳到自动位置时,由压力继电器控制。分析此线路时,暂不考虑冷却水压力继电器 1YJ 的作用,将它视为短路。

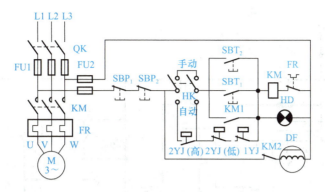

图 5-6　空压机分离元件基本控制线路

低压开关触头 2YJ(低)在此相当于遥控启动按钮,故与 SBT2 并联;高压开关触头 2YJ(高)在此相当于遥控停止按钮,故与 SBP2 串联。

当空气瓶中压力低于下限时,2YJ(低)闭合,接通主接触器 KM 线圈回路,KM 线圈得电吸合,电动机启动向空气瓶充气,并且自锁触头 KM1 闭合。当空气瓶压力高于下限 P2 时,2YJ(低)断开,但由于自锁触头 KM 保持线圈有电,故电动机继续向空气瓶充气,当压力升高到高限 PL 时,2YJ(高)断开,KM 线圈断电,主触头释放,电动机停转,并且自锁触头也断开。当空气瓶压力下降到高限以下时,2YJ(高)重新闭合,但由于 2YJ(低)和自锁触头 KM1 均为断开状态,故 KM 线圈仍不通电。但 2YJ(高)的闭合,为电动机的重新启动做好了准备。当空气瓶压力下降到下限时,2YJ(低)重新闭合,电动机重新启动。

上面的分析没有考虑空压机的冷却问题,实际上,空压机无冷却水是不能自动开机的。这就需要控制电路与装在冷却水入口管路上的压力继电器 1YJ 进行联锁。管路无冷却水或压力不正常时,1YJ 断开;当冷却水压力正常时,触头 1YJ 闭合。因此,将触头 1YJ 和 2YJ(低)相串联再与自锁触头并联。即只有当 1YJ 和 2YJ(低)都闭合才接通 KM 线圈电路,其中有一个不闭合就不能自动启动。或者将 1YJ 常开触头与 KM 线圈串联,也会起到同样作用。

图中电磁阀 DF 是受接触器的常闭辅助触头控制的。它的作用是泄放空压机中的残气。即当 KM 线圈有电、空压机工作时,常闭触头 KM 断开,电磁阀 DF 线圈无电,电磁阀关闭;当线圈 KM 无电、空压机停转时,常闭触头 KM 闭合,接通电磁阀线圈,电磁阀打开,泄放掉空压机内的残气,使带动空压机的电动机能在空载下启动,缩短启动时间。

图 5-6 中 HD 为空压机运行指示灯。

此控制线路除了具有通常的过载、失压(欠压)保护外,还具有冷却水低压(或失压)保护。

3. 空压机 Y—△启动器控制电路分析

(1)电路特点。空压机 Y—△启动器的典型电路如图 5-7 所示。电动机采用 Y—△降压启动。主(接触器)电路和中间继电器控制电路都由变压器 T1 降压、隔离供电。Y—△启动切换由 Y—△启动时间继电器 K4 控制。电源接通,启动指令 K11 接通 K4 工作,K4 输出瞬动触点(端子 17、18)接通 Y 接法的中间接触器 K3,K3 输出接通主接触器 K1,K1 动作自保,电动机按 Y 接法启动经设定的启动时间(如 3 s)K4 延时触点(端子 27、28)接通、瞬动触点断开,K3 释放,输出常闭接通△接法接触器 K2,电动机进入△接法全压运行。

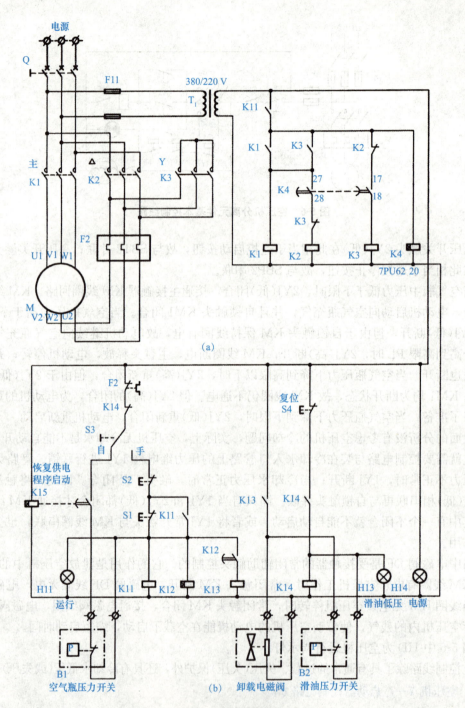

图 5-7 空压机 Y—△启动器的典型电路
(a)主电路；(b)控制电路

(2)工作原理。运行方式：选择开关 S3 置于手动位置，用面板上的按钮进行操作；置于自动位置，用空气瓶上的压力差开关 B1 控制空气瓶内的压力，压力达到上限，开关断开，K11 释放，电动机停；压力低到下限，开关接通，K11 动作，电动机启动运行。

(3)其他说明。卸载电磁阀的工作状态：通电，阀不通；断电，阀通、卸载。启动时，卸载电磁阀不通电，气缸空气向大气排出，电动机处于空载启动状态，经过 K12 设定的启动时限(例如 5 s)，K12 动作输出使中继 K13 动作，K13 输出接通卸载电磁阀，关断向大气排气卸载，空压机进入正常的压气工作。

空压机的润滑油由机带滑油泵提供。电动机正常运转才能保证压力正常，因此在启动时需要阻塞润滑油低压报警和保护(停机)。滑油低压信号用卸载时间 K12 设定的启动时限来阻塞。启动时润滑油压力开关信号被 K13 断开，设定的启动时间到，K13 动作，滑油低压信号被接入。在正常运行的情况下发生润滑油低压，K14 动作自保，切断拉制电路，电动机停。K14 可向值班处所发出报警。故障解除后，用 S4 复位。

具有物理量自动控制的机械都有可能纳入欠电压释放功能，即恢复供电后能自动按程序启动。用按钮操作需要对操作进行记忆，才能自动按程序启动。用物理量控制的机械，手动操作只是应急或检修用，手动启动不需要对启动进行记忆。自动控制由空气瓶的压力决定，也不需要记忆。只要用监视电源的延时继电器，按设定程序启动时间动作，接入压力继电器即可。图 5-7 中 K15 在电源接通后，延时动作接入压力开关 B1，就实现恢复供电后的程序启动。

5.2.2 离心泵启动器控制电路实例分析

1. 离心泵工作简介

离心泵是利用叶轮在泵壳中做等速回转，使处于叶轮中的液体随叶轮一起转动，产生离心力，飞离叶轮，从而达到吸排液体的一种泵。

通常泵的安装位置高于吸口液面，为了防止在泵内无水的情况下"干"运转，运转前要向泵内注水，即"引水"，待泵充水后才能运转。如果需要遥控或自动启动运行，泵上附加一个抽气器。启动时先接通抽气器上的电磁阀，用压缩空气抽去水管中的空气，水源的水被大气压入泵内，这时才可启动泵。待泵出口有水压后，关断电磁阀，抽气器停止工作。

2. 离心泵启动器控制电路分析

如图 5-8 所示，离心泵上设有辅助的抽气器，抽气器上装有控制压缩空气的电磁阀，电磁阀受泵出口压力开关触点控制。采用面板操作与遥控操作两地控制。

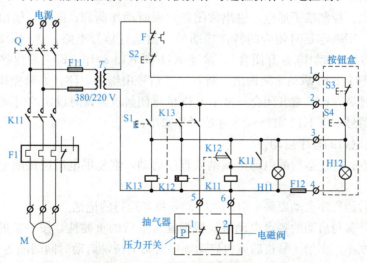

图 5-8 离心泵启动器控制电路

(1)启动：按下操作面板上的启动按钮 S1 或遥控按钮盒上的启动按钮 S4，使 K13 动作,输出接通辅助装置电磁阀工作,同时接通时间继电器 K12,在 K12 设定的预备工作时间内,水源的水被大气压入泵内,K12 动作输出接通主接触器 K11 动作并自保,电动机运转,泵正常泵水。出口压力继电器动作,断开电磁阀,泵正常运行。

(2)停止:按下操作面板上的停止按钮 S2 或遥控按钮盒上的停止按钮 S3,使控制电路断电,K11 失电,泵自然停止工作。

5.2.3 机舱风机启动器控制电路实例分析

1. 机舱风机工作简介

机舱风机有"送风"和"抽风"两种;也有兼有"送风"和"抽风"两种功能的。单一功能的风机,电动机只做单向运行,兼有两种功能的,需要可逆向运行。

机舱风机通常也作为保证机舱工作环境的重要设备纳入恢复供电后的程序启动。

发生火灾时,风机是助燃的设备,必须纳入"应急切断"控制。

2. 具有恢复供电自动启动功能的可逆机舱风机启动器控制电路分析

图 5-9 所示为具有恢复供电自动启动功能的可逆机舱风机启动器控制电路。

(1)可逆控制。

1)电路特点。机舱风机都是由手动操作启动、停止。可逆控制的启动器,面板上设"送风""抽风"和"停止"按钮。

为了防止立即反向操作引起对电网的冲击和引起损伤机械,正常情况下电动机的正、反转启动操作,最好是在电动机停转时操作反转。机舱风机与启动器相隔较远,操作者无法知晓是否停转,考虑到操作上的随意性(例如在送风运行时按停止按钮后立即操作抽风),电路上采取"限时反转"的措施,即从一种转向运行操作到另一种转向,限定一段足够风机停转的时间,反向操作才有效。

图 5-9 中送风运行接触器 K1、排风运行接触器 K2 相互联锁,分别受中继 K11、K12 控制。可逆限时控制由断电延时继电器 K13、K14 执行,这种继电器有 3 个端子、2 个电源端子和 1 个控制端子。

2)控制原理。控制端子通电,输出常闭触点瞬时动作断开;断电,输出常闭触点经设定的时间闭合。用断电延时闭合的特性接通另一侧运行信号电路,达到限时反向的目的。例如,送风指令 K15 动作(常开闭合),接通 K11 和 K13 动作,K11 输出接通送风接触器 K1,电动机运转;K13 瞬动常闭输出,断开排风信号中继的电路。如果操作停止,K15 断开,立即操作排风,K16 常开闭合,由于 K13 的常闭触点需延时设定的时间,例如 60 s 闭合,因此排风信号中继 K12 需经 60 s 才能动作输出。

(2)恢复供电后的程序启动。

1)电路特点。可逆运行的电动机械纳入程序启动,恢复供电后应按断电前的运转方向自动启动运转。

恢复供电后的程序启动要解决启动的时间安排和运行的记忆。

程序启动是参与启动的各台电动机,根据其对航行的重要性,按一定的时间间隔,逐一安排启动的顺序。例如 4 号机舱风机启动顺序为第 7 位,启动时间间隔为 3 s,则恢复供电后的 3×6=18(s)启动。程序启动时间继电器 K17 监视电源。

2)控制原理。恢复供电后 K17 通电,经设定的时间(例如 18 s)动作,输出接通中继和指令控制电路的电源,控制电路输出动作接触器,电动机启动。实现按时间顺序启动。

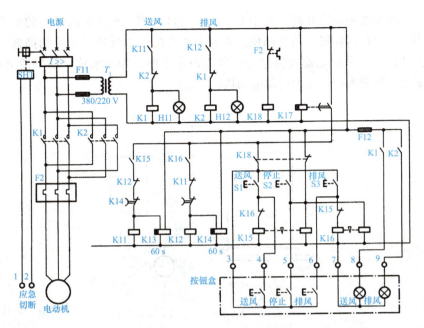

图 5-9　具有恢复供电自动启动功能的可逆机舱风机启动器控制电路

3)其他说明。断电前,风机有可能送风、也可能在排风,因此两种运行状态都需要记忆。对按钮指令的记忆由锁扣继电器执行。K15 记忆送风按钮 S1 的指令;K16 记忆排风按钮 S3 的指令。记忆动作相互联锁。记忆动作由停止按钮 S2 和过载热继电器 F2 动作 K18 释放进行复位。K18 释放输出断开按钮的置位电源,禁止启动操作。

电动机从一种转向改变到另一种转向必须通过停止按钮操作。停止按钮操作时两只锁扣继电器复位,允许向反方向操作。例如,原来送风运行,K15 置位,停止按钮操作时 K15 复位,K11 和 K13 断电,再反向排风操作,K16 置位记忆,操作者可以离开,等到 K13 断电延时结束,K12 动作,电动机反向运行。

也有用一只断电延时继电器来实现反向限时启动的启动器。任意正、反转信号(记忆)中继,例如 K15 动作,对应的启动指令中继 K11 动作,电动机按指令如送风方向运转。K11 动作后接通断电延时继电器 K13 工作,K13 输出常闭触点瞬时断开,K11 的动作因自保被保持。在这种情况下操作排风,中继 K15 释放,K11 的动作被解除,K13 断电;中继 K16 动作,而 K12 需等到 K13 延时闭合后才能动作。

机舱风机需要纳入应急切断控制,图 5-9 中电源开关 Q 的分励脱扣线圈 SHT,供外部控制应急切断用。

任务实施

5.2.4　船舶日用水泵启动器控制线路的设计、安装与调试

1. 实训任务

(1)船舶用日常水泵系统简介。船舶日常生活用的淡水和海水是通过压力水柜提供使用的。日用水系统如图 5-10 所示,电动机带动水泵运转,将水从进口处吸入,通过止回阀排

入压力水柜。随着水柜水位升高，水柜上部的空气被压缩，水位越高产生的压力越高，在压力的作用下，水被送到船的各个部位。水柜内压力的大小反映了水位的高低。压力开关测量出水柜的压力，向启动器提供信号，压力设定上限，即高水位，输出使电动机停止；压力设定下限，即低水位，输出启动电动机。

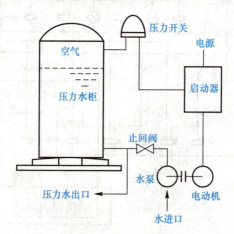

图 5-10 日用水系统

（2）具体任务。设计一个日用水泵启动器控制线路，并完成电路的安装与调试。要求：能进行手动控制和自动控制切换。自动控制可用上下限压力或水位控制。

2. 电路设计

根据要求，设计并绘制图 5-11 所示的日用水泵启动器控制电路。

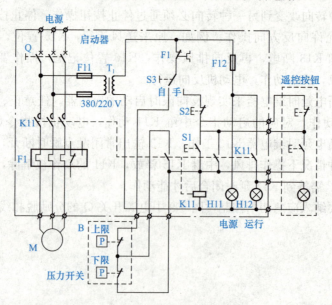

图 5-11 日用水泵启动器控制电路

（1）设计思路。日用水泵电动机的容量相对电网是很小的，日用水泵电动机采用直接启动的方式。上下限压力继电器作为自动控制节点器件。

(2)电路结构。

1)主电路。断路器 Q 为电源开关，做短路保护；接触器 K11 控制电动机 M 的运行；热继电器 F1 做过载保护。

2)控制电路。通过变压器 T_1 提供 220 V 电源。面板上设手、自动选择开关 S3，启动按钮 S1，停止按钮 S2，电源指示灯 H11 和运行指示灯 H12。为了避免指示灯电路短路故障影响控制电路工作，通过熔断器 F12 供电。机旁设遥控按钮盒，盒上设启动、停止按钮和运行指示灯。采用双值压力开关自动控制压力水柜压力。

选择开关 S3 置于自动位置，接入压力开关 B 控制电动机运行；置于手动位置，接入面板按钮和遥控按钮操作。

接触器 K11 输出 3 副常开辅触头，提供压力开关下限开关自保、启动按钮信号自保和运行指示灯。

3. 安装

(1)根据实际负载的需要，选择合适的交流接触器、热继电器、按钮、变压器等电器元器件，并检查元器件是否完好。若压力继电器数量有限，可用 SA 转换开关代替，以便手动模拟上下限水位点。

(2)根据电气原理图，自行绘制实训电路的电器元件布置图，自行绘制电气安装接线图简图。经小组讨论确定，教师确认正确后，作为最后的实用安装接线图。

(3)按照电器元件布置图，固定好启动器各电器元件和电动机。

4. 接线

对照接线图，进行板前明线布线接线，先接控制电路，后接主电路。布线做到：正确、牢固、美观、接触要良好，文明操作。

5. 检查

在接线完成后，使用万用表检查电路的通断。分别检查主电路，控制电路的启动控制、联锁电路，若检查无误，经指导教师检查允许后，方可通电调试。

6. 调试

(1)调试时小组人员必须相互配合进行，分工控制水阀门和按钮等。

(2)手动控制。

1)启动：S3 置于手动位置，按下 S1，K11 交流接触器得电并自锁，启动电动机运转，确认电动机的转向。小组其他人员操作阀门，水泵向水柜泵水。

2)停止：观察水位变化，当水位达到上限值时，按下停止按钮 S2，K11 交流接触器失电，电动机停止工作。

(3)自动控制。调试前，压力一般都在高压值以下，上限开关触点闭合。

S3 置于自动位置，如果电动机启动运行说明下限开关触点也闭合；如果不自动启动说明下限开关触点断开，可以短接触点接线端子使电动机启动。

(4)上限整定。在电动机运行的情况下观察压力表读数，如果压力未达到高压值，电动机停止，说明整定值低，向升高整定值方向(拧紧)整定，再短接低压触点端子使电动机再启动。当压力接近等于高压值时，向降低整定值方向(拧松)整定，使电动机停止，高压整定结束。

(5)下限整定，轮机操作使压力下降。如果压力未达到低压值，电动机启动，说明整定值高，应向降低整定值方向（拧松）整定。为了确定低压值，应使电动机停止，可以将 S3 置于手动位置，按停止按钮，电动机停止。再使压力下降，如果接近等于低压值时电动机不自动启动，应向升高整定值方向（拧紧）整定，使电动机自动启动，低压整定结束。

整定结束，再泵水、放水复验动作。

7. 注意事项

（1）调试前最好把水柜水放掉，确认压力水柜密封后进行。上限高压值整定好，电动机停止，很快又自动启动，运转一会又停止，反复启动、停止。先怀疑是压力开关没有整定好，后来发现水柜的水位很高，柜内几乎没有空气。电动机运行，因为水不能压缩，压力很快升高到上限值；电动机停止压力很快下降。水柜压力是靠水位上升使空气压缩产生压力。将水柜水放掉后，让里面有足够的空气，再开始试验，试验才正常。

（2）若无足够的水泵，可用小型三相异步电动机代替水泵，用两个转换开关分别代替上下限压力继电器，教学模拟上下限水位自动控制。

（3）若出现异常，则应立即停车，分析并排除故障。

任务总结

通过本任务的学习，了解并熟悉船舶典型泵类电动机启动器的控制特点。掌握船用空压机、离心泵、机舱风机等典型启动器控制电路的工作原理。学会正确使用和装调这些典型启动器控制系统，具有简单的船用启动器控制的工艺设计与装调的能力。

在进行装调时，要遵照原理图，先接控制电路，后接主电路。布线做到：正确、牢固、美观、接触要良好，文明操作。在接线完成后，使用万用表检查电路的通断，分别检查主电路，控制电路的启动控制、联锁电路。在对电路进行通电调试时，一定要先让指导教师检查好安装接线正确后，才可以按步骤进行通电试验，试验时一定要有指导教师监护，注意安全生产。

项目评价

表 5-1 "船舶电动机的典型控制"项目评价表

姓名_____   班级_____   学号_____   总得分_____

项目编号	5	项目选题		考核时间	
技能训练考核内容（60分）			考核标准		得分
电气控制原理图、位置图与安装接线简图的设计与绘制（10分）			自行设计并绘制出电气原理图、位置图和安装接线简图，思路不对或绘制不合理，一处扣3~5分		
安装与接线（10分）			器件安装、电路连接不当，一次扣5分 接线不牢固、不美观一处扣2~3分		
通电调试（10分）			操作、调试顺序正确，运转一次正常 一次不成功扣5分，二次不成功扣10分		
故障处理（20分）			能处理典型模块控制实用系统的一般故障 故障处理不正确一次扣10分		

项目编号	5	项目选题		考核时间	
安全文明操作(10 分)			违反安全文明操作规程一次扣 5～10 分		
知识巩固测试内容(40 分)			见练习与思考		
完成日期			年　月　日	指导教师签字	

项目小结

通过本项目的学习，了解船舶机舱典型电动机控制系统的控制方法及特点，分析能并看懂 ESM-101、ESM-102、ESM-103、ESM-105 等船舶典型模块控制系统的控制原理，分析并能看懂船舶空压机、离心泵、机舱风机等典型启动器控制线路的工作原理；具备使用和装调这些典型的模块控制及启动器的技能，同时也具有设计简单的船用启动器控制的能力。

练习与思考

1. 说明 CO_2 室排风机、厨房风机、润滑油输送泵一般采用 ESM 系列什么模块？
2. 对照 ESM-105 主海水泵模块控制电路原理图，说明其工作过程。
3. 什么是"双位控制"，在船舶机舱中哪一些电气设备往往使用"双位控制"？
4. 密闭水柜水位控制中，为什么在调试前要把水柜水放掉，确认压力水柜密封后进行？

附录 常用电气图形符号和文字符号的新旧对照表

名称		新标准		旧标准		名称		新标准		旧标准	
		图形符号	文字符号	图形符号	文字符号			图形符号	文字符号	图形符号	文字符号
一般三极电源开关			QS		K	接触器	线圈		KM		KM
低压断路器			QF		UZ		主触头				
位置开关	常开触头		SQ		XK		常开辅助触头				
	常闭触头						常闭辅助触头				
	复合触头					速度继电器	常开触头		SQ		SQ
熔断器			FU		RD		常闭触头				
按钮	启动		SB		QA	时间继电器	线圈		KT		SJ
	停止				TA		常开延时闭合触头				
	复合				AN		常闭延时打开触头				
							常闭延时闭合触头				

续表

名称		新标准		旧标准		名称	新标准		旧标准	
		图形符号	文字符号	图形符号	文字符号		图形符号	文字符号	图形符号	文字符号
时间继电器	常开延时打开触头		KT		SJ	桥式整流装置		VC	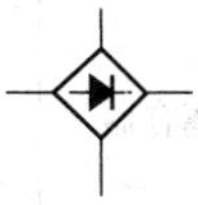	ZL
时间继电器	热元件	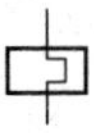	KT	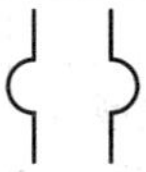	SJ	照明灯	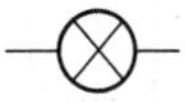	EL	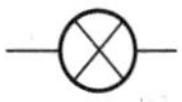	HL
	常闭触头					信号灯		ZD		XD
继电器	中间继电器线圈	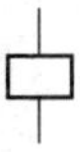	KA	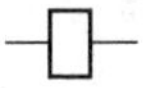	ZJ	电阻器	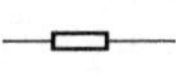	R	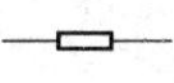	R
	欠电压继电器线圈		KV	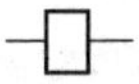	QYJ	接插器	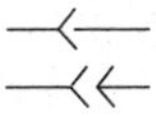	X	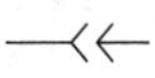	CZ
	过电流继电器线圈	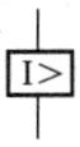	KI	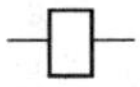	GLJ	电磁铁	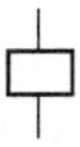	YA	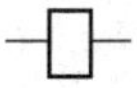	DT
	常开触头		相应继电器符号	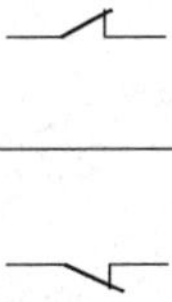	相应继电器符号	电磁吸盘	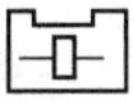	YH		DX
	常闭触头					串励直流电动机	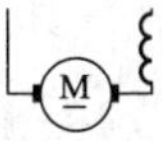			
	欠电流继电器线圈		KI	与新标准相同	QLJ	并励直流电动机	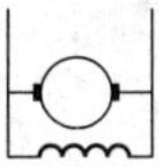	M	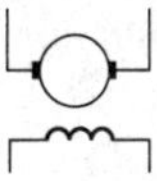	ZD
万能转换开关		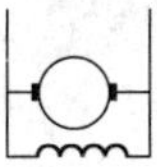	SA	与新标准相同	HK	他励直流电动机	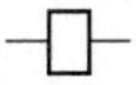		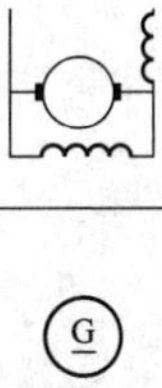	
制动电磁铁		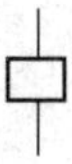	YB	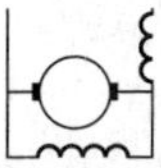	DT	复励直流电动机	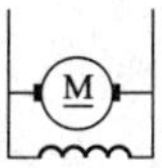			

· 207 ·

续表

名称	新标准		旧标准		名称	新标准		旧标准	
	图形符号	文字符号	图形符号	文字符号		图形符号	文字符号	图形符号	文字符号
电磁离合器		YC	Ⓔ	CH	直流发电动机	Ⓖ	G	Ⓔ	ZF
电位置		RF	与新标准相同	W	三相笼型异步电动机		M		D

参考文献

[1] 张永平. 电气控制与PLC应用项目教程[M]. 北京：北京理工大学出版社，2014.
[2] 胡晓林. 电气控制与PLC应用技术[M]. 2版. 北京：北京理工大学出版社，2014.
[3] 吴丽. 电气控制与PLC应用技术[M]. 3版. 北京：机械工业出版社，2018.
[4] 赵殿礼. 船舶辅机电气控制系统[M]. 大连：大连海事大学出版社，2009.
[5] 赵俊生. 电气控制与PLC技术项目化理论与实训[M]. 北京：电子工业出版社，2009.
[6] 王永华. 现代电气控制及PLC应用技术[M]. 6版. 北京：北京航空航天大学出版社，2020.
[7] 黄净. 电气控制与可编程序控制器[M]. 北京：机械工业出版社，2011.
[8] 苗玲玉. 电气控制技术实训[M]. 2版. 北京：机械工业出版社，2019.
[9] 施利春，李伟. PLC操作实训（西门子）[M]. 北京：机械工业出版社，2007.
[10] 杨玉菲. 电气控制技术[M]. 北京：中国铁道出版社，2006.